KB167372

모순에 직면했을 때 '늘 하던 방식'이라는 이유로 도망치지 말라. 미래로 도약하기 위해서는 당연하다고 여겼던 기본 가정들에 질문을 던져야 한다. 우리가 사는 세상과 그 세상을 이끌어가는 기본 원리들을 더 잘 이해할 수 있다면, 우리의 삶은 더 나아질 것이다.

엘리 골드렛, 『더 골The Goal』

불신과 비효율을 자율과 창의로 바꾸는 경영의 언어

회사언어 번역기

ⓒ Peter, 2017

초판 1쇄 인쇄 2017년 9월 5일
초판 1쇄 발행 2017년 9월 18일

지은이 Peter
펴낸이 유정연

주간 백지선
기획편집 장보금 신성식 조현주 김수진 김경애 **디자인** 안수진 김소진
마케팅 임충진 이재후 김보미 **제작** 임정호 **경영지원** 전선영

펴낸곳 넥스트웨이브미디어(주) **출판등록** 제313-2003-199호.(2003년 5월 28일)
주소 서울시 마포구 홍익로5길 59 남성빌딩 2층
전화 (02)325-4944 **팩스** (02)325-4945 **이메일** book@hbooks.co.kr
홈페이지 http://www.hbooks.co.kr 블로그 blog.naver.com/nextwave7
출력·인쇄·제본 (주)상지사 **용지** 월드페이퍼(주) **후가공** (주)이지앤비(특허 제10-1081185호.)

ISBN 978-89-6596-231-1 03320

이 도서의 국립중앙도서관 출판예정도서목록(CIP)은 서지정보유통지원시스템 홈페이지(http://seoji.nl.go.kr)와 국가자료공동
목록시스템(http://www.nl.go.kr/kolisnet)에서 이용하실 수 있습니다.(CIP제어번호: CIP2017020309)

살아가는 힘이 되는 책 흐름출판은 넥스트웨이브미디어(주)의 출판 브랜드입니다.

회사언어 번역기

불신과 비효율을 자율과 창의로 바꾸는 경영의 언어   Peter 지음

흐름출판

프롤로그

저는 회사원입니다. 거의 10년간 기업에서 전략기획과 영업 업무를 주로 담당해온, 여러분 주변에서 흔히 볼 수 있는 그런 사람 중 한 명입니다. 작지 않은 규모의 조직에서 실무자와 팀장으로 있으면서 길지 않은 시간이었지만 참 많은 경험을 했습니다. 가끔 고속성장으로 이어진 사업도 있었지만 대부분은 실패와 관련된 경험이었습니다.

조직에 아이디어 없어서 실패한 것이 아니었습니다. 오히려 너무 많았죠. 인재가 없어서 사업이 실패한 것도 아니었습니다. 처음 조직에 들어올 때는 다들 대단했습니다. 곧 떠나갔지만요. 경영 이론이 없어서 실패한 것도 아니었습니다. 단언하자면 어떤 조직보다도 많은 경영 담론이 떠다녔고 분기마다 새로운 이론을 조직에 어떻게 적용시킬지 숱한 논의가 있었습니다.

그런데, 아니 그래서 실패가 많았습니다. 실패는 꿈 많던 신입사원들을 젊은 나이에 커리어의 막다른 길로 몰아넣었고 회사를 믿고 투자한 많은 사람들의 삶을 어렵게 만들었습니다. 함께 일했던 협력업체들도 생존의 위협에 처한 곳이 많아졌습니다. 기업의 실패는 사회적으로 큰 파장을 일으킵니다. 물론 저도 그 파장을 온몸으로 맞아야만 했습니다. 몸 곳곳이 상했고 칼을 대고 약을 먹고 하면서 회사생활의 실패 못지 않게 야근과 특근으로 건강도 실패했습니다. 회사생활이 어려우면 가정생활에도 최선을 다하기 어려운 경우가 많은데 어리석게도 저 역시 그랬습니다.

왜 실패했을까? 그 하나의 물음이 이 책을 쓰게 된 계기가 되었습니다. 이렇게 실패하고 조용히 사라질 수 있는데 그러기에는 지금까지 들인 시간과 땀이 너무 아까웠습니다. 정리하고 싶었습니다. MBA를 방불케 하는 케이스 스터디에, 컨설팅 회사에서 쓰는 템플릿이 난무하고, 심리학 기법을 동원한 인사 제도까지 도입하고, 높은 수준의 복지와 보상이 이루어진 조직이 왜 실패했을까? 아이러니하게도 회사에서 주장하던 전략 안에 이미 답이 있었습니다.

현대 경영학을 열어젖힌 피터 드러커는 피드백이 유일한 학습 도구임을 강조했지만 회사는 늘 기획과 실행을 마치고 피드백을 하는 단계에서 정말 무엇을 피드백해야 하는지 알지 못했습니다. 재무상태, 시장전략, 서비스 품질 같은 눈에 보이는 것은 쉽게 피드백하면서도 정작 그것을 만든 기업문화, 인사 제도, 경영관리 방식 같은 것은 말하는 것조차 터부시했습니다. 무엇을 피드백해야 하는지 모른 채 늘 수많은 보고서들이 넘쳐났고 그것들을 정리하고 발표하기 위한 무수한 회의만 일정을 가득 채웠습니다.

유수한 경영이론에 근거한 전략은 어떻습니까? 회사 어딘가에서 만들어진 전략은 그 자체로는 나무랄 데 없이 훌륭한 의도를 가졌지만 그 쓰임이 항상 엇나갔습니다. 처음 의도는 곧 사라지고 개인과 부서의 이해관계가 이론을 변질시키고 토양이 어떤지에 상관없이 유행하는 묘목을 여기저기 심었습니다. 기획팀에서 일하면서 회사의 경영진과 실무진이 서로 답답해 하면서도 대화를 진전시키지 못하는 상황들을 자주 목격했습니다. 전략은 늘 현장에서 제대로 작동하지 않았습니다. 회사에서 마구잡이로 응용하던 경영이론들을 되짚어보면 원래 그런 뜻이 아닌데 우리 회사에서는 왜 그렇게 오용되고 있을까? 다시 펴본 책에서는 회사 상사의 주장과는 다른 얘기를 하고 있었습니다.

이런 생각을 모아 카카오 브런치에 〈흔한 전략기획의 브랜드 지키기〉란 매거진을 연재한 지 1년이 넘었습니다. 많은 분들이 공감해 주셨고 때로는 분에 넘치는 인기를 얻은 적도 있습니다. 이제 이 책에서 그 이야기를 더 쉽게 해보고자 합니다. 바다 건너 인정받은 경영이론이 여기로 오면 어떻게 변하는지, 잘해보려고 할수록 사업은 왜 더 안 되는지를 생생한 스토리로 함께 나누고자 합니다. 기업에서 가장 피드백이 중요한 부분들을 선명하게 드러내고 싶었습니다.

이 책에는 여러 회사원들이 등장합니다. 회사의 대표도 있고 팀장, 실무자도 있습니다. 그들은 맡은 바 역할이 있지만 종종 제 역할을 하지 못합니다. 읽으시면서 '이럴 때는 이렇게 하는 게 맞는 건데', '저렇게 하면 저런 결과가 나올 텐데' 하면서 공감하는 부분이 많으실 겁니다. 거기에 답이 있다는 것도 알게 되실 겁니다. 기업문화는 어느 한 명이 전부 만드는 게 아니기에 제대로 된 기업문화도 한 사람의 노력만으로 만들 수는 없습니다. 하지만 한 명 한 명이 오롯이 해야 하는 고유의 역할들이 있습니다. 이 책은 각자 제자리에서 할 수 있는 게 뭔지 그려내고자 했습니다.

각각의 에피소드들은 회사에서 벌어지는 모순적인 상황들을 극화해서 보여줍니다. 하지만 회사의 부조리한 모습을 드러내는 데서 그치지는 않습니다. 저마다 다른 말을 해서 의도와 결과가 왜곡되고 변형되는 불통의 현실을 바꾸기 위해 서로 알아들을 수 있는 올바른 언어로 소통하는 방법을 각 에피소드 말미에 별도의 코너로 제시했습니다. 현대 경영학은 조직에 속해 함께 일하는 사람들이 어떻게 하면 최고의 성과를 거둘 수 있을까에 답하는 다양한 연구

결과를 내놓았습니다. 이런 이론들에서 인사이트를 얻어 수많은 사람들이 매일매일 회사생활에서 겪는 고통을 해결하는 실마리를 여러분과 함께 찾고자 합니다.

아울러 이 자리를 빌어 이런 회사생활을 온몸으로 겪어내며 저를 키워주신 사랑하는 부모님을 비롯한 인생 선배들에게 존경의 마음을 전합니다. 출산할 때도 옆에서 회사일을 하고 있었던 저와 함께 살아준 아내, 아빠 얼굴도 자주 못 보며 자란 아들에게도 감사의 마음을 보냅니다. 그리고 이 책이 세상 밖으로 나와 많은 분들과 이런 이야기를 터놓고 나눌 수 있게 만들어 준 흐름출판과 백지선 편집장님, 피드백을 아낌없이 준 학연 군에게도 깊은 감사를 전합니다. 부디 회사 안에서 겉도는 서로 다른 언어들을 모두 알아들을 수 있게 되는, 열린 경영의 세상이 오길 소원합니다.

회사 이야기를 필명으로밖에 남길 수 없는 '피터Peter' 드림

1장

이직한 첫 주, 경영계획을 짤 수 있었다
전략 부재가 반복되는 충성 게임

4장

눈은 컴퓨터를 보지만 귀는 상사를 향해 있다
끌려다니는 실행 방법

이직한 첫 주,
경영계획을 짤 수 있었다

전략 부재가 반복되는 충성 게임

"원점에서 이야기해봅시다"

> 올해 것을 복사하면 내년 것이 되는 마술 ↓↑

`#어젠다` `#GEBeliefs` `#혁신`

"진정한 혁신가는 절대 그 대안이 무엇인지에 얽매이지 않는다.
대신 그런 대안이 될 수 있는 것을 만들려고 꿈꾼다."

게리 해멀Gary Hamel, 『경영의 미래』

· 혁신을 말하면서 왜 매년 비슷한 목표를 추구할까?

· 개인이라면 하지 않을 실수를 조직은 반복한다.

· 소통의 방향과 방향을 중재하는 중간관리자가 출발점이다.

"우리 회사는 서로 영어 이름으로 불러요. 직급도 폐지했어요. 사원, 대리, 과장, 차장, 부장, 임원…. 이런 걸 그냥 대표, 팀장, 팀원으로 바꾸었죠. 아마 전에 다니던 회사보다는 더 평등하고 말이 더 잘 통할 거예요. 호칭으로 쓸 영어 이름 알려주세요."

"오기 전에 들었습니다. 피터라고 하겠습니다."

"환영해요, 피터 씨. 전략기획팀은 여기서 복도를 따라 쭉 가다 오른쪽 구석이에요. 저기 창가 쪽이죠. 저랑 같이 가시죠."

이직한 첫날 한 일은 자리 파악, 부서 사람들과 데면데면한 인사, 그리고 사원증에 넣을 이름을 말하는 것이었다. 나는 이전 회사에서 대리였다. 하지만 옮긴 회사에서는 이렇게 영어 이름을 부른단다. 인사팀장은 평등한 문화, 새로운 도약을 위해서라고 그 취지를 자랑스럽게 설명했다. 흥미로운 말이다.

점심은 전략기획팀 팀장과 먹었다. 팀장은 종일 바쁜지 업무 시간에는 모습을 보이지 않다가 점심때 나타나서 나를 불러낸다.

"피터 씨, 오늘 약속 없지? 점심 같이 먹어요."

잔뜩 긴장했으면서도 마인드 컨트롤로 자연스럽게 미소 지으려 노력하면서 팀장을 따라나선다.

"결혼했어요?"

팀장의 첫 마디는 40대 남자와 30대 남자가 서로에게 관심을 가질 만한 소재가 전혀 아닌, 결혼 이야기로 시작되었다. 그리고 이어진 자기 고향 이야기, 자식 자랑, 그리고 얼마 전에 뽑은 자동차 이야기를 쭈욱 하더니 밥이 나와 첫 숟가락을 뜰 때가 되어서야 뜬금없이 나와 관련된 질문을 한다.

"전략기획팀 일은 잘 알죠? 만 9년 일했다니 팀장급이겠네."

입꼬리는 올라갔지만 눈매는 차갑다.

"우리 회사 기획팀 일 간단해요. 야근 많이 없어요. 경영계획 짜고 예산수립 하고 프로세스 이노베이션 관련 TFT^Task Force Team 생기면 PI^Process Innovation 하고… 어디든 기획팀 일은 다 비슷하잖아. 경영자가 시키는 거 하고. 뭐 그러다보면 1년 금방

> TFT 특정 프로젝트를 수행하기 위해 임시로 조직된 팀

"원점에서 이야기해봅시다" ➡

가요."

그러고는 다시 침묵. 밥이 어떻게 넘어갔는지 모르겠다. 식당을 나서며 팀장이 한마디 한다.

"다음 주부터 경영계획을 짜야 해요. 뭐 잘됐지. 이렇게 일 적응하는 거지 뭐. 처음에 빡센 거 하면 나중에 편하다니까. 나 군대 있을 때 그랬거든. 일도 비슷한 거 같애…."

중요한 이야기는 항상 뜬금없이, 방심하고 있을 때 들어온다. 그리고 어디나 그렇듯 군대, 축구, 혹은 자식 이야기가 회사 입구에 다다를 때까지 이어진다. 사무실로 가는 내내 이런 이야기에 나는 화려한 리액션을 덧붙인다.

회사는 국내에서 규모가 꽤 되는 외식 프랜차이즈 업체다. 직장인들이 회식 장소로 애용하는 브랜드부터 한식 단품 브랜드까지 다양한 외식 스펙트럼을 가지고 있다. 최근에는 해외 맛집 콘셉트의 브랜드를 테스트해보고 있다. 업계에서는 연봉이 좋고 야근이 좀 있는 회사로 알려져 있다. 팀장 이야기와는 다르게.

"이거 경영계획 자료들인데 시간 될 때 읽어보세요."

팀장이 방대한 분량의 파일을 서버에 올리고는 서버 주소를 메일로 보낸다. 작년과 재작년에 만든 경영계획 파일들. 여러 개의 폴더에는 마지막 버전부터 중간에 수정된 많은 버전이 보인다. 13차, 14차 수정… 공휴일에도 나와서 만든 파일들. 파워포인트 자료를 만들기 위해 정리한 엑셀 파일들. 처음 보는 엑셀 수식들. 일단 대강 훑어 보고 서버에 있는 파일을 하드디스크에 담았다.

"우리 팀은 사람이 적으니까 일을 많이 해야 돼요. 원래 나까지 네 명이었는데, 지난달에 두 명이 나가는 바람에 이번에 피터 씨를 뽑은 거니까 일을 좀 해줘야 해요. 나는 관계사 미팅도 많고 출장도 많아서 자리에 없을 때도 많을 거예요. 내가 없을 때는 대표님 말씀 잘 기록해주고, 직접 해야 하는 일도 좀 있을 거예요."

팀장이 말을 마치고 얼마 지나지 않아 회의가 소집되었다. 팀장과 나, 그리고 팀의 막내 제인, 이렇게 세 명이 줄을 지어 대표실로 향했다. 대표는 업계에 알려진 기린아다. 이직하기 전에 알아본 바로는 이 회사의 규모가 작을 때 경력직으로 입사해서 현재 규모로 키운 전문 경영인이다. 처음에는 미심쩍어하던 주주들도 회사의 놀라운 성장을 보면서 굳게 신뢰해 이제는 입지를 확고히 다진 인물로 평가받는다고 들었다. 대표는 면접 때 보았던 사람 좋은 인상이 아닌 무표정한 모습이었다.

"다음 주에 경영계획을 짤 건데 이번 주에 전략기획팀에서 고민이 필요합니다. 아시겠지만 올해 어려웠습니다. 내놓은 신제품 중에서 뚜렷한 반응을 보인 게 많지 않았어요. 우리의 전략적 목표였던 세계 대도시 트렌드 푸드 벤치마킹, 기존 히트 메뉴 원가절감, 점장 양성을 통한 지점 효율 극대화가 잘되었는지 의문스러워요. 다음 주에 각 팀과 이 문제를 공론화하기 전에 전략기획팀에서 이 부분을 미리 고민해보세요. 올해는 내가 먼저 어젠다에 대해 이렇다 저렇다 말하지 않을 겁니다. 전략기획팀에서 미리 고민해보시고 내게 이번 주말 전까지 알려주세요."

팀장은 별 얘기 없이 주로 "네", "알겠습니다", "기한까지 완료하

　　　　　　　　　"원점에서 이야기해봅시다" ➡

겠습니다"라고 대답했다. 대표는 이후로도 한 시간여에 걸쳐 어려울 때일수록 기존 어젠다를 무시하고 창의적인 발상이 중요하다고 강조했다. '창의적인 생각'. 전에 다니던 회사에서는 들어보지 못했던 말이다. 분명 이 회사는 예전 회사보다 변화하려고 몸부림치는 느낌이 들었다. 직급을 없애고 이름을 부르고.

"자, 대표님 말씀 들었죠? 피터 씨는 지난해 경영계획을 분석해서 주요 어젠다가 왜 실행되지 않았는지 정리해보시고, 제인 씨는 최근 3개월간 해외 트렌드 자료들의 주요 내용을 정리해서 보여주세요. 오늘이 월요일이니까 수요일 정도에 봅시다."

첫날부터 많은 일이 벌어지고 있다. 저녁 시간이 다 되어간다. 수많은 폴더를 탐색하면서 집중력을 잃지 않으려 애쓴다.

'우선 전략 목표가 어떻게 변화되었는지 볼까.'

작년과 재작년 경영계획 외에 최근 5개년 치의 전략과 관련된 최종 보고서들을 팀장에게 부탁해서 구했다. 첨부 페이지를 빼고 본문만 보는데 재미있는 현상이 눈에 띄었다. 어느 순간부터 매년 경영목표가 변하지 않고, 심지어 실행방안의 주요 내용까지 똑같았다. 여러 보고서를 열어놓고 컨트롤+탭 키를 반복하다가 키를 잘못 누른 게 아닐까 하는 생각이 들 정도로 최근 2, 3년 내 작성된 주요 자료는 대부분 내용이 똑같았다.

'해외 주요도시 트렌드 벤치마킹'은 이미 5년 전에도 있었다. 다만 도시명만 바뀌었다. 5년 전에는 뉴욕, 시드니, 파리였다면 작년에는 뉴욕, 도쿄, 파리로. 뭐 대단한 변화인지 알 수는 없었다. 기존 '히트 메뉴의 원가절감'에는 매년 빼곡한 메뉴명이 써 있었다. 여기에는 변화가 보였다. 지난 몇 년간 원가절감을 해야 한다는 어젠다는 같았지만 적용한 메뉴는 달랐다. 매월 얼마만큼 절감할 수 있는지 상세한 계획이 늘 보고서 뒤에 다량의 첨부자료로 따라다녔다. '점장 양성'은 비교적 최근 내용이었다. 재작년에 처음 나온 전략적 방향이었다. 그러나 어느 지점에서 몇 명이나 양성할 것인지는 재작년과 작년의 차이가 크지 않았다.

하나씩 보다보니 퇴근 시간이 다 되었다. 첫날 저녁에는 환영회 성격의 부서 회식이 있어 주변에서 간단히 먹고 헤어졌다.

다음 날 역시 보고서를 보는 것으로 하루가 시작되었다. 팀장도 오전 내내 자리에서 모니터를 보고 있었다. 목을 굽히고 모니터를 한참 바라보다가 낚시를 하듯 뭔가를 발견하면 자기 노트에 옮겨 적기 바빴다. 몇 장을 빼곡하니 적은 후 자동판매기 앞으로 팀원들을 불렀다.

"작년에 대표님이 말씀하신 걸 쭉 보니까 내년의 전략적 방향이 올해와 크게 다를 것 같지 않아. 올해 하려던 것들의 방향성이 그렇게 나쁘지 않았거든. 다만 실행을 못했을 뿐이지. 왜 못했을까, 그걸 생각해 보는 게 더 좋을 거 같아. 피터 씨는 뭐 좀 봤어요?"

"네, 주신 보고서를 쭉 봤는데 지난 몇 년간 전략적 어젠다가 크게 다르지 않은 것을 발견했습니다. 팀장님 말씀처럼 방향 자체가 같으니 전략적 어젠다 역시 매년 비슷할 거 같긴 한데, 저는 대표님 말씀처럼 찾아보지 않은 다른 방향이 있는지 살펴보는 시간이 더 필요할 거 같습니다."

"맞아. 뭐, 최근 몇 년간 비슷했지. 그거 내가 만든 거거든. 제인

"원점에서 이야기해봅시다" ➧

씨는 어때?"

"저는 몇 달간 주요 기사를 보다보니까 저희가 경쟁사에 비해 혼밥족들을 놓치고 있다는 생각이 들었습니다. 저희가 운영하는 외식 브랜드들은 모두 회식이나 주말 가족 단위 손님을 위한 메뉴와 장소 제공이 많았는데 관련 기사들을 보니 3인 이상 가족의 외식비는 증가하지 않은 데 반해 혼밥족은 늘어나고 있는 게 뚜렷하게 보였습니다. 이 부분을 더 보강하는 게 어떨까 싶습니다."

"혼밥. 나도 그 이야기 많이 들어봤어. 편의점이 그렇게 잘 된다면서. 그런데 그거 아직도 그래? 경쟁사 중에서 실제로 그거 해서 돈 벌었다는 이야기는 없잖아."

"네, 아직 경쟁사 중에 그걸로 히트를 친 곳은 없지만…."

"제인 씨, 돈이 되어야 사업을 하지. 경영은 유행만 좇는 게 아니에요."

커피를 마시던 손이 느려지다가 멈춰버렸다.

"혼밥이라는 아이디어는 나쁘지는 않아. 그런데 돈이 되는지 좀 정리해봐요. 내일 오전에 대표님과 미팅할 거니까 제인 씨는 오늘 안에 그것 좀 만들어주고."

다시 자리로 왔다. 보고서를 검토하면서 생겼던 궁금증을 누군가에게 물어보고 싶었다. 팀장은 부담스러우니 아직 몇 마디 나눠보지 않은 제인에게 분위기도 파악할 겸 물어봐야겠다.

"제인 씨, 뭐 좀 물어봐도 돼요?"

"네, 말씀하세요."

"보고서들을 보다보니까 작년하고 재작년하고 비슷한 내용들이 많은데, 여기는 어젠다를 잡을 때 보통 어떻게 했어요?"

"아… 방향은 보통 대표님이 정하실 때가 많은데, 저희 팀장님과 대표님이 같이 정하기도 해요. 팀장님하고 대표님은 말이 잘 통해서… 보통 팀장님이 대표님 생각을 정리해서 드리는 타입이죠."

"그럼 작년 내용들도 주로 대표님이 말씀하신 거겠네요?"

"그렇죠. 그거 일 년에 몇 번씩 강조하신 이야기들을 팀장님이 정리해둔 거예요."

"아… 그럼 대표님이 모르는 새로운 트렌드는 어떻게 해요?"

"제가 있을 땐 그런 거 해본 적이 없어서 잘 모르겠네요…. 사실은 올해 방향을 바꾼 거거든요. 지금까지는 대표님 생각대로 해서 잘되었는데 재작년부터 좀 안 좋더니 작년엔 마이너스가 났어요. 이번엔 어젠다를 특별히 주시지 않고 저희한테 생각해보라고 하신 거라서 어떻게 될지 모르겠네요. 팀장님이 하시겠죠."

뭐… 원래 기획 일에서 경영진 수명受命 업무가 적지 않지만 지금까지 이렇게 일했다면 우리 부서의 역할은 보고서 정리해주는 것 이상은 없는 것 같다.

"피터 님도 대충 하세요. 어차피 올해 계획도 작년과 비슷할 거예요."

"네… 혼밥은 어떻게 하실 거예요? 저는 괜찮은 아이디어라고 생각했는데… 왜 스타벅스 같은 데 보면 혼자서도 시간 보내기 좋게 만들어놓았잖아요. 노트북 들고 가면 와이파이 되고 콘센트 많고 화장실 깨끗하고. 사이렌 오더 하면 자리에서 주문하면 되고요. 요새 혼자 먹는 족발집도 있던데요. 예전 족발집에서는 두 명 이상

"원점에서 이야기해봅시다" ➡

은 되어야 먹을 수 있는 양이 기본이었는데, 1인용을 팔자 사람들이 많이 좋아하는 거 같더라고요."

"저도 그거 생각해서 말한 거였거든요. 경기도 버스 타면 먹방 방송 나오는데, 다 혼자 먹는 내용이에요. 출퇴근하면서 그거 보면 배 고프고, 그래서 저희도 그런 거 하면 어떨까 했던 거죠. 그런데 돈이 되는지 설명하려니 어렵네요. 요즘 트렌드라서 당장 돈을 많이 번 곳은 없거든요."

"시장이 시작될 때는 당장 돈 버는 데가 나오지 않을 수도 있죠. 누가 선점하느냐가 더 중요할 수도 있으니까요. 저는 근거만 어느 정도 정리하면 해볼 만한 사업이라고 생각해요."

팀장이 없을 때 사무실에서는 생산적인 대화가 오간다. 예전 회사에서도 토론은 상사들 눈에 보이지 않는 곳에서 주로 했다. 토론은 새로운 것을 낳고 기존에 지나쳤던 중요한 것을 공론화시키는 힘이 있지만, 어떻게 보면 기존 권위에 대한 저항처럼 비칠 수도 있고 반대론자로 비칠 수도 있는 그런 위험과 오해가 늘 뒤따른다.

수요일 오전 10시 대표 미팅. 그전에 8시경 팀 미팅을 한다. 팀장은 많은 말을 하지 않는다. 들어가면 내가 대부분 이야기할 거니까 걱정하지 말라는 취지의 이야기들이다. 전날 퇴근 전에 자료를 모두 공유해 팀장은 내용을 다 파악한 상태다. 혼밥 내용은 들어가서 직접 말할 거니까 어제 정리한 내용은 참고로 하겠다고 한다. 대표와 전략기획팀의 회의가 시작되었다.

"검토할 시간이 많이 없었을 텐데 수고하셨어요. 올해 전략적 어젠다를 뭘로 잡으면 될지 팀장님이 말해주세요."

"올해는 사업 방향을 원점에서 생각해보았습니다. (…) 먼저, 세계 주요 대도시에서 유행하는 메뉴에 대해 빠르게 벤치마킹하는 것이 필요하다고 생각했습니다. 뉴욕이나 도쿄, 그리고 최근 뜨고 있는 타이페이를 보면 될 것 같습니다."

"그건 작년과 비슷한 거 같은데요. 그게 아직 유효한 전략인가요?"

"네, 저희 팀이 면밀히 검토해본 결과 아직 주요 경쟁사들도 하고 있는 전략인데 저희가 구체적으로 실천하지 못했던 부분입니다. 실제로 C사는 작년에 도쿄 맛집들에서 유행하는 메뉴로 새로운 프랜차이즈를 만들어 10퍼센트의 매출 성장을 거두었습니다. 방향은 맞는데 준비가 부족했으니 올해 세부 실행계획을 보강해서 시장에 수요가 있을 때 다시 진행하는 것이 좋겠다고 생각했습니다."

"방향은 맞는데 우리가 못하고 있는 것일 거예요. 그 팀 팀장이 아직 성과를 내기에 부족한 것 같기도 하고….."

분명히 대표는 새로운 어젠다를 고민해달라고 말했고, 우리 팀장은 자신이 다 주도해서 말한다고 했는데 결론은 작년, 재작년과 다를 바 없었다. 그런데 대표는 달라지지 않은 전략 목표에 진부하다는 반응은커녕 자신의 생각과 다르지 않다고 이야기한다. 어떻게 된 것일까?

"그거 말고는요?"

"1인 가구 증가 현황에 대해 조사를 좀 했습니다. 1인 가구 관련 음식 시장은 일본만 보더라도 조 단위로 성장했습니다. 우리나라도 작년에 1인 가구 관련 외식 시장 증가가 본격적으로 나타나기 시작

"원점에서 이야기해봅시다" ➡

했습니다. 1인분을 팔지 않거나 배달시키기 어려운 메뉴들을 골라 이렇게 정리했고, 대학가를 중심으로 각 아이템에 대한 기대 효과들, 현재 자사의 브랜드와 비교할 때 어떤 포트폴리오를 보이게 될지도 정리했습니다."

"좋네요. 그런데 이거 아직 수익 내는 곳이 없는 거 같은데, 시장성이 있었습니까?"

"그 부분이 현재 어려운 점입니다. 그래서 이것은 일단 플랜 B로 하고 내년 하반기에 본격적으로 논의해도 될 것 같습니다."

"팀장님께서 수고하셨는데 시장 상황이 좀 나아졌으면 좋겠네요."

대표는 제인이 준비한 자료에 있는 근거나 정량적 데이터를 읽어보지도 않았다. 야근하며 준비한 건데.

점심시간이 되어서야 회의는 끝났다. 팀장은 밝은 얼굴로 나와 제인을 데리고 회사 문을 나섰다.

"회의 준비하느라 다들 수고 많았어. 잘 정리했어."

분명 칭찬인데 기분이 이상하다. 전략 목표는 결과적으로 작년과 달라진 게 없다. 분명 원점에서 논의하기로 해놓고 대표와 우리 팀의 미팅 결과는 작년에 한 것을 세부사항만 바꿔 똑같이 하는 것이다. 처음부터 대표에게 진정성이 없었던 것도 아니고 팀장이 준비를 소홀히 해서 논의를 할 수 없었던 것도 아니다. 그런데 왜 결론은 똑같을까? 원래 이 시장이 이렇게 느리지 않은데. 심지어 '혼밥'과 관련된 내용은 구체적인 논의조차 되지 않았다.

오후의 햇살이 창가에 들어온다. 조용한 메일함에 메일 한 통이

와 있다. 회사 내 대학교 동문 모임이 있는데 총무인 '제퍼슨'이라는 이름의 경인지역 영업팀장이 잠깐 커피나 하자는 내용이다. 1층 커피 전문점에서 만난 경인지역 영업팀장은 학교 다닐 때는 얼굴도 이름도 몰랐던 선배다.

"피터 씨, 어떻게 우리 회사에 오게 된 거야? 전에 다니던 회사도 요새 잘나가잖아. 우리 회사가 매출은 커도 요새 좀 그런데. 암튼 반가워. 우리는 한 달에 한 번씩 저녁을 먹어. 다음 주에 있는데 피터 씨도 나와요."

네모난 얼굴의 후덕한 턱살. 제퍼슨은 소리를 몸통으로 내는 듯한 거구의 큰 목소리를 가진 사람이었다. 그는 주로 회사 사정에 대한 팁을 주었다. 각 프랜차이즈의 최근 상황과 회사 관련 루머들.

"그런데 적응은 쉽겠어요. 거기 팀장님, 대표님하고 아주 친하잖아. 거의 대표님 방에서 살던데. 그런 부서에 있으면 회사 생활이 어렵지는 않을 거예요."

"네, 제가 잘해야죠. 아직 배우는 중이라…."

"팀장님한테 잘 배워요. 실세거든…."

다시 자리에 올라왔을 때는 제인만 자리에 있었다. 팀장은 또 어디에 있는 걸까?

"이럴 줄 알았어요. 제가 대충 준비하라고 했죠? 결국 또 팀장님 말발로 끝내버렸다니깐."

"그러게요. 팀장님은 어떻게 대표님 마음을 그렇게 잘 꿰뚫고 있어요? 전략 목표가 작년과 같은데도 전혀 이상하지 않았어요. 대표님이 처음부터 그런 걸 원하는 타입이세요?"

"원점에서 이야기해봅시다" ➡

"아뇨. 대표님은 진정성 있는 분이죠. 대표님은 외식사업이 작은 규모일 때부터 지금의 규모까지 키워놓으신 분이거든요. 요새 좀 그런 거지…."

다들 외근이 있는지 우리 부서가 있는 20층 경영지원본부에는 사람이 없다. 제인은 주변을 잠깐 돌아보고는 말을 이어나갔다.

"팀장님이 대표님 어록을 정리했다가 분석하시거든요. 대표님의 평소 생각을 주제별로 모아서 필요할 때 쓰시는 거죠. 대표님이 요새는 어젠다 제안을 잘 안 하세요. 기존 사업이 어려워지면서 자기 생각보다는 다른 사람의 의견을 들으려고 하시거든요. 그런데 팀장님이 평소 대표님이 하시는 말을 다 정리해서, 되도록 그 방향에 맞추니까 어젠다가 없어도 있는 것처럼 되어버리는 거죠."

"그러면 대표님이 알지 않나요? 너무 자기 생각과 같으면 거부감이 들 수도 있고."

"글쎄요, 그런데 보통은 그렇지 않은 것 같더라고요. 자기가 하고 싶은 말을 누가 대신 해주면 그게 더 마음이 가는 거랄까. 저희 팀장님이 일은 쉽게 하시는데, 요새는 매년 전략이 비슷해서 회사가 안 되는 건가 싶기도 해요."

"이번 건도 그래요?"

"그렇죠. 제가 뭘 준비했든 마찬가지였을 거예요. 그리고 이번 건은 대표님이 예전에 돈 안 된다고 이야기하셨던 거예요. 대표님 직관과 맞지 않으면 아무래도 의심을 받으니까."

"계속 예전 전략만 반복하는 상황이네요."

"아무래도 그렇게 되죠. 대표님은 새로운 걸 원하시는데 잘 모르니까 주변 사람들한테 의지하고, 저희는 새로운 걸 알고 있더라도 아직 서로 신뢰가 쌓이지 않아 바로 말할 루트도 딱히 없고요. 팀장님께 밉보일 수도 있고 평가는 팀장님이 하시는데, 대표님이 팀장님을 신뢰하시니까요.”

회사가 작을 때는, 다들 좀 젊을 때는 이런 걸 모른다. 신뢰… 이런 것보다 새로운 시도, 도전, 모험 이런 단어에 마음이 간다. 하지만 회사가 커지고, 지킬 게 많고, 또 내 것이 아니고, 상보다 벌이 확실할수록 소극적이 되어간다. 예전에 하던 것이 맞고, 그게 안 되면 엉뚱한 데서 이유를 찾고, 성과를 낼 때까지 그게 맞다고 우기기도 한다. 새로운 걸 찾는다고 말하면서 실제로는 새로운 것을 원하지 않는 것일까. 아니면 새로운 걸 찾는 노력을 누군가가 계속 막는 것일까.

> '새로운 곳에 온 걸 환영합니다.
> 즐겁게 일해봅시다'

어느덧 사무실엔 나 혼자다. 다음 주에 각 프랜차이즈 팀장들을 만날 때 공유할 경영계획 주요 자료를 정리한다. 그리고 팀장이 어제 모니터에 붙여준 포스트잇.

불과 한 주 만에 뭔가를 만들었고, 그러면서 이곳도 특별히 새롭지 않다는 생각이 들었다.

창의적 발상 vs. 아는 정보

경영진은 늘 새로운 아이디어에 목말라 있다. 하지만 경영진 혼자 아이디어를 찾고 현장감을 예전같이 유지하기는 힘들다. 그래서 늘 새로운 목소리를 원한다. 직원들도 새로운 사업 아이템을 원하기는 마찬가지다. 기존 회사 생산물이 마음에 들지 않을수록 더욱 그렇다. 특히 직원이 회사가 만드는 제품과 서비스의 목표 고객에 해당하면 가장 유행하는 것을 회사에서 사업으로 실현해보고 싶은 의지가 생긴다. 그래서 기회가 되는 대로 의견을 제시해 자신의 커리어로 실현해보고자 한다.

하지만 그 목소리가 항상 서로 연결되는 것은 아니다. 경영진은 실무진의 목소리를 자주 들을 시간이 없고, 정기적으로 만남을 갖지 않는 경우가 많다. 실무진도 자신의 생각을 '경영'이란 프레임에 넣어 사업으로 실현할 경험이나 방법을 모른다. 결국 새로운 사업안을 만드는 열쇠는 대부분 중간관리자들이 쥐고 있다. 중간관리자들은 현장의 목소리를 사업으로 전환시키는 데 핵심적인 역할을 할 수밖에 없다. 중간관리자가 이런 일을 하지 않는다면 기존 어젠다가 반복되거나 경영진의 판단에 의존해 현장과 괴리된 전략이 나오게 된다.

GE^{General Electronics}는 중간관리자의 개념을 기존 '부하 직원에게

명령을 내리고 평가하는 존재'에서 '팀원의 잠재력을 끌어내고 영감을 부여하는 존재'로 새롭게 정의했다. 이와 함께 2012년에 'GE Beliefs'라는 개념을 도입했는데, 고객 중심으로 빠르게 일하기 위한 다섯 가지 철학이다.

- 고객이 우리의 성공을 결정한다
- 속도를 내려면 군살을 빼라
- 이기려면 배우고 적응하라
- 서로 힘을 실어주고 격려하라
- 불확실한 세상에서 성과를 올려라

이것을 위해 직원평가를 연간 1회에서 상시 평가로 바꾸었다. 기존에는 평가의 목적이 전체 직원 중 성과 하위 비중 10퍼센트에 해당하는 직원을 골라내는 것이었다면, 새로 바뀐 평가는 우수 아이디어를 적용하고 보상하는 리드타임을 단축하기 위해 고안되었다.

이런 노력은 국내 기업들에서도 서서히 진행되고 있다. 고객이 기업의 성공을 결정하므로 고객에게 맞춰야 한다는 당위성은 대부분 알고 있는 듯하다. 하지만 당위성을 행동으로 바꾸는 방법은 아직 차이가 있다.

대표적인 것이 '전략적 파괴'다. 전략적 파괴는 기존 어젠다에 대한 정반합의 토론을 통해 기존과 다르고 심지어 기존 것을 부정하는 결과물을 지향한다. 하지만 창조적 파괴를 지향하면서도 파괴할 수 있는 다양한 의견이 나올 공간을 마련해주지 않는다면 모순

"원점에서 이야기해봅시다" ➡

이다. 사내 게시판을 엄격하게 통제하고 직원들이 의견을 개진할 공간을 막고 커뮤니케이션이란 타이틀하에 일방적인 통보만 이루어진다면 만장일치 식의 경영 어젠다가 반복될 수밖에 없다. 중간관리자가 지나친 자기 확신으로 가득 차 있을 경우, 다양한 의견이 나올 여지를 가로막는 원인이 된다.

좋은 중간관리자는 활발한 커뮤니케이션을 통한 창조적 파괴를 스스로 만들어낸다. 하지만 생존이 목적인 중간관리자는 리스크가 있고 수고를 많이 해야 하는 새로운 소리를 피한다. 대신 하는 방법도 알고 익숙하며 아직 미련이 남아 있는 기존 어젠다를 계속 진행하려고 한다. 이런 시도가 가능한 것은 경영진이 중간관리자 이상으로 시장에 대한 정보와 인사이트를 가지고 있지 않기 때문이다. 경영 어젠다가 이런 식으로 만들어지면 실무 직원도 새로운 것에 관심 가질 필요를 느끼지 못한다.

최근에는 경영진과 실무진의 거리를 좁히기 위한 많은 장치가 고안되고 있다. 의사소통의 단계를 줄여 의견을 나누는 거리를 좁히는 방향으로 바뀌고 있다. 좀 더 가벼운 조직을 만들기 위해 내부에 실험적 조직을 만들고 책임과 권한을 주는 것이 대표적이다. 물론 권한을 약속한 대로 주어야 한다. 타운홀 미팅 등 의견을 자유롭게 나누는 자리를 만드는 방법도 있다. 직급과 칭호를 파괴하는 등 가시적인 변화를 시도하는 곳도 있다. 호칭 파괴는 시작일 뿐이고 상호 커뮤니케이션을 증진시킬 장치들을 고안하고 있다. 하지만 이런 다양한 시도를 할 때 잊지 말아야 할 것이 있다. 방법이 아닌 대화 내용 자체에 답이 있다는 것이다.

"이것은 어떨까요?"

상사의 제안은 왜 지시가 되어버릴까? ⇅

`#의사결정` `#피터드러커` `#만장일치를지양`

"우리는 선생처럼 학생들의 획일화라는 문제에 대해 그렇게 심각하게 여기지 않습니다. 선생이 정 학생들을 확고한 무신론자로 만들고 싶다면 엄격하게 가르치면 간단한 일 아닌가요?"

영화 〈죽은 시인의 사회〉에서

- 분명 리더십에 의한 연역적 어젠다는 필요하다.
- 하지만 그것이 전부가 된다면 조직엔 하나의 두뇌만 존재하면 될 것이다.
- 회사가 비싼 인건비를 들이고 투자하는 이유와 상반된 것이다.

대표는 다음 날 다시 우리 팀을 불렀다. 어제 말하지 못한 게 있다고 했다. 아무래도 곰곰이 생각해보니 새로운 전략 목표가 하나는 있어야 한다는 생각이 든 것 같다. 전략기획팀에서 잘 정리했다고 해도 작년과 거의 달라지지 않았으니 말이다.

"이런 건 어떨까요? 그냥 예를 드는 거예요. 우리가 운영하는 프랜차이즈 지점마다 맛이 다르다는 이야기들이 있었잖아요. 이걸 고쳐보려고 점장들 교육도 해봤지만 별로 성과가 없었단 말이죠. 시내 주요 상권에서 지점의 역량 부족으로 매출이 나오지 않는 곳도 있었고요. 그래서 이번 기회에 조리를 중앙에서 하는 비중을 높이고 지점은 접객 위주로 서비스하도록 바꿔보는 거예요. 거의 모든 메뉴의 레시피를 개발해 중앙에서 제조한 것을 받아 지점은 해동과 가열만 하는 거죠. 음식 맛은 공통적으로 잡고 지점은 조리하는 데 힘이 덜 들어가겠죠. 고용 문제도 더 수월해지고요. 또한 중앙은 연구에 더욱 중점을 맞출 수 있고. 그냥 이런 생각도 해보라는 거예요. 이게 맞다 안 맞다가 중요한 게 아니라….”

그러고는 왜 우리 회사는 글로벌 기업처럼 자발적으로 제안하는 유연한 문화가 형성되지 않는지 답답하다는 말을 꽤 오랜 시간 이어나갔다. 그래, 왜 우리는 스스로 제안을 안 할까. 안 하는 걸까, 못 하는 걸까. 이제는 제안할 힘마저 없어져버렸나. 아니면 계속 눈치게임을 하고 있는 건가.

대표와의 회의를 마치고 팀장은 우리도 새로운 것을 찾아보자고 했지만, 이후 그가 한 말은 대부분 대표가 말한 중앙 중심의 제조 방식에 대한 것이었다. 팀장의 본심은 빨리 대표의 이야기를 구체화시키고 다음 주가 되기 전에 전략목표로 보고서에 추가하라는 것 같았다.

팀장은 다음 주 프랜차이즈 브랜드와 경영계획을 수립하기 전에 다양한 방안을 얻기 위해 미리 각 브랜드 담당 팀장들을 만나보기로 했다. 우리 회사는 6개의 프랜차이즈 브랜드가 있는데 한우, 피자, 해산물 뷔페, 한식, 일식, 카페 등 다양한 스펙트럼을 갖고 있다. 사실 미팅이 제대로만 이루어진다면 새로운 아이디어가 없을 리 없다. 이번 주 남은 이틀을 오로지 여기에만 쏟기로 했다.

"팀장님, 오랜만이에요. 잘 지내시죠? 경영계획을 수립하기 전에 미리 팀장님들 뵙고 어젠다로 정할 것들에 대해 참고하려고 해요. 저희가 올해는 원점에서 사업전략을 준비하고 있는데 현장에 맞는 전략을 수립하는 게 좋을 거 같아서요."

일대일로 각 팀을 만난다. 첫 팀은 한우 전문 브랜드. 팀장은 모든 브랜드 팀장 중에서 연차가 가장 높은 사람이다. 목에 걸린 사원증에 적힌 영어 이름이 얼굴과 매칭이 잘 안 된다. 아무튼.

"대표님 생각도 있을 텐데 저희야 뭐 늘 비슷하죠."

"아, 그래도 뭐 없을까요? 오늘은 첫 미팅이니까 취지만 설명 드리고 저희가 파일을 드릴 테니 작성해서 주시면 반영하도록 하겠습니다."

대화라기보다는 보고서 작성을 권하는 자리에 가깝다. 그리고 곧 팀장이 의도를 드러내며 대화를 통보로 바꿔버린다.

"이런 건 어떻게 생각하세요? 지금 각 지점마다 조리 방법이 조금씩 달라서 맛의 차이도 있고, 그렇다보니 브랜드 파워랑 상관 없이 몇몇 주요 지점의 매출이 부진하잖아요. 이것을 바꿔보려고 본사에서 점장, 주방장 교육도 시키고 안 되면 자주 방문하기도 하는 등 여러 가지 방법을 써봤지만 잘 안 되어서…. 이번에 아예 중앙에서 메뉴를 다 조리하고 지점은 야간 물류 통해 배송 받아 해동하고 간단한 조리만 하자는 거예요."

이건 대표가 예로 든 것일 뿐인데 점점 대화의 주제가 되어간다.

"저희는 고기 굽는 게 주 업무라 지점에서 조리할 메뉴가 많지

"이것은 어떨까요?" ➡

는 않아요. 사실 저희는 식자재 공급 자체에 문제가 있어서 그걸 좀 개선하면 좋겠다는 생각이거든요."

"아… 그것도 필요하죠. 혹시 저희 회사 다른 브랜드에서 일할 때는 어떠셨어요? 그땐 조리 관련 문제가 있었을 것 같은데. 실은 어제 대표님께서 이런 이야기를 하시더라고요."

'대표님'이라는 말에 이 주제에 관한 대화가 급진전된다. 소극적이었던 한우 프랜차이즈 팀장이 예전에 몸담았던 브랜드 얘기를 적극적으로 하면서 필요성에 공감을 보인다.

"대표님께서 그렇게 생각하시는 줄은 몰랐네요. 작년에 주방장들 교육을 많이 하긴 했죠…."

그리고 한참 동안 중앙 조리 방식에 대한 기술적인 이야기를 나눈 뒤 미팅을 마쳤다. 대부분의 이야기는 대표의 아이디어를 어떻게 구체화시킬 것인가에 대한 것이었다.

우리 팀이 한우 전문 브랜드 팀장을 만난 이야기는 팀장들 사이에서 빠르게 퍼져나갔다. 대표가 좋아하는 것이 무엇인지, 미리 무엇을 고민해야 하는지. 다음 팀장, 그다음 팀장을 만났을 때도 상황은 다르지 않았다. 점점 더 중앙 조리 방식이 대화의 주제가 되어갔고, 시작할 때 이 이야기를 먼저 꺼내는 팀장도 있었다.

"저희가 실은 작년에 중앙 조리 기법에 대해 팀에서 연구를 좀 했습니다. 그때는 투자 부분에서 걸려 논의하다 멈췄는데 대표님께서 그쪽에 생각이 있으시다고 들었네요. 허허."

"그거 말고 다른 제안사항은 없으세요? 예를 들면 식자재 공급망에서 느낀 어려움 같은 거요."

별말 없이 대화를 듣고 있던 내가 입을 열었다. 미팅이 끝나갈 무렵 뱉은 이 말에 의외의 소득이 있었다.

"저희는 해산물 뷔페를 하니까 아무래도 양식장에서 직접 재료를 수급하는 계약과 관련된 문제가 커요. 신규 점포가 많다보니 아직 물류가 안정적으로 관리되지 못하는 지역들이 있어요. 매우 중요한 문제지만 달리 대안이 없으니 다들 그냥 시간이 지나면서 자리 잡아가길 바라는 상황이죠."

지금까지 한 번도 나오지 않은 새로운 이야기였다. 하지만 대화는 더 이어지지 못했다.

"팀장님, 바쁘시겠지만 저희가 내년 경영계획을 잘 준비해야 하니까 이런 사항을 포함해서 엑셀로 양식을 드릴 겁니다. 거기에 중요한 순서대로 실무에서 느낀 어려운 문제들을 적어서 주시면 저희가 잘 취합해서 중요한 것 순으로 의제에 반영하겠습니다."

우리 팀장은 대화로 시작한 일을 보고서 제출로 마무리지으려 한다. 미팅을 마치고 팀장은 제인에게 여섯 개 브랜드에 각각 엑셀 양식을 메일로 보내고 금요일 정오까지 취합해서 달라고 했다.

어떻게 되었을까? 물론 금요일 정오까지 모든 메일이 도착했다. 한 브랜드를 제외하고는 모두 중앙 조리 방식에 대한 내용이 맨 첫 줄에 있었다. 실적이 나쁜 브랜드일수록 그 내용이 구체적이었다. 다음 주 월요일 주간회의 시간에 이런 내용이 전달될 것이다. 내년 사업 의제는 이렇게 과반수의 목소리로 정해지는 분위기였다.

"피터 씨, 대표님께서 찾으세요."

비서실에서 회사 메신저로 알려왔다. 금요일 오후 퇴근 전 예고

"이것은 어떨까요?" ➡

없는 면담. 팀장은 자리에 없어 제인에게 말하고 대표실로 갔다.

"피터 씨, 한 주 동안 수고 많았어요. 좀 어때요?"

지난번과 달리 한결 여유로운 얼굴이다.

"네, 팀에서 잘 도와줘 빠르게 적응하고 있습니다."

"팀장이 실력 있는 친구니까 잘 배워요. 오자마자 경영계획이다 뭐다 바빴겠구먼."

"네, 하지만 회사에 빨리 적응할 수 있는 기회라고 생각합니다."

여기선 아직도 면접을 보고 있는 듯한 형식적인 대답이 나온다. 정답만 말해야 나갈 수 있는 분위기의 방. 말을 아끼는 것으로, 미소를 보이는 것으로 나도 모를 생존 본능을 따르고 있다.

"피터 씨, 이전 회사에서도 전략팀에 있었죠? 그럼 이런 일에 대해 많이 알겠군. 사실 우리 회사가 최근 정체기여서 문화적으로도 그런 거 같아요. 왜 일전에 직원들이 제안하는 문화가 사라지고 있다고 했잖아요. 그것도 그렇고…."

대표는 얼굴을 찌푸리면서 말을 이어나갔다.

"사람들 만나면서 잘 들어봐요. 정말 무슨 고민을 하고 있는지. 나도 새로운 방향으로 회사를 잘 이끌어나가고 싶은데 거기에만 시간을 쏟을 수도 없고 파트너사도 만나야 하고 할 일이 많다. 그래서 피터 씨 같은 사람이 우리 회사에, 나한테 필요한 거예요. 열심히 해봐요."

이전 회사에서도 비슷한 말을 들은 적이 있다. 그 회사 대표는 늘 사업과 고객을 우선한다고 했다. 하지만 그 말은 늘 제자리를 맴돌며 표어에 그칠 뿐 실제로 회사를 변화시키는 혁신으로 이어지지 않았다.

"…아무튼 잘해봅시다. 궁금한 거 있으면 언제든 연락해요."

짧은 시간이었지만 대표가 회사 밑바닥의 소리를 듣고 싶어 한다는 걸 느낄 수 있었다. 하지만 대표는 왜 현장의 소리를 들을 수 없는지 그 이유를 알까?

"대표님 잘 만나고 오셨어요? 뭐 특별한 말씀 없으셨어요?"

제인이 혼자 사무실에 있었다.

"네, 그냥 좀 답답하다고 생각하시는 거 같아요. 회사나 조직… 모든 것에 대해서요."

"아무래도 그러실 거예요. 회사가 점점 커지니까 예전처럼 직원들 만날 시간도 없고… 저 들어올 때만 해도 브랜드 세 개에 직원도 지금의 절반 정도였거든요. 생각해보면 그때가 더 좋았던 거 같아요. 그다음 해부터는 별로였으니까…"

대화는 자연스레 다음 주 경영계획 어젠다에 대한 추가 보고 건으로 이어진다. 제인은 월요일 주간회의 때 팀장이 대표에게 보고할 내용을 정리하고 있다.

"일단 각 브랜드 팀장들에게서 온 것을 중심으로 써보았어요. 중앙 조리와 신선도를 유지할 수 있는 물류 체인 구축을 가장 우선으로 삼았고, 브랜드에 따라 식자재 공급망 안정 등을 후순위로 잡아보았어요. 아무래도 보내준 대로 쓴 거라…. 그런데 이거 그 부서에 있는 동기들한테 물어보니까 저희가 보낸 엑셀 파일 그쪽 팀장이 사원들한테까지 그대로 전달했대요. 대략적인 방향만 설명해주고…."

"이것은 어떨까요?" ➡

"방향 설명이라면 저희 팀장님께서 말씀하신 거요?"

"네, 대표님 이야기가 그대로 전달된 거죠. 제 동기 중 한 명은 그냥 보고서 대신 쓰는 기분으로 엑셀 채워 넣었대요. 이렇게 해서 정말 브랜드 실무자가 원하는 안건이 나올지 잘 모르겠어요. 다른 회사도 이렇게 하나요?"

어젠다 설정을 대표의 방향대로 한다는 것은 어쩌면 별문제 아닐 수도 있다. 진짜 문제는 회사가 정말 실무자들의 의견을 반영하려고 의견을 물어도 실무자들이 자신의 이야기를 하지 않는 것이다. 이제까지 하던 대로 위에서 말하는 키워드에 묶여 한 걸음도 더 나가지 못한다. 쓸데없이 튈까봐. 예전 회사에서는 실무자들의 의견을 물어보는 절차 자체가 아예 없었는데….

"이렇게 안 하는 데도 많아요. 대부분 위에서 시키는 대로 하죠. 회사가 작을수록 더 그렇고요. 직원들에게 미룰 수도, 맡길 수도 없는 상황이 더 많으니까. 그만큼 대표나 팀장이 더 능력 있고 실무를 잘 알고 있어야겠죠."

가끔 그런 생각을 해본다. 정말 회사의 전략과제를 제안하고 만들어가는 사람은 누구일까? 이제 막 현업에 발을 들이고 부딪혀 나가는 실무자나 일이 눈에 보이고 손에 잡히는 중간관리자가 실제로 자신의 의견을 자유롭게 낼 수 있는 회사가 얼마나 될까? 대표나 주요 주주, 경영진과 신뢰가 두터운 몇몇 사람의 지식 수준과 이해관계가 그 회사의 사업전략 수준을 결정하는 것은 수많은 인재들의 집단 지성으로 이뤄진 기업에서 벌어지고 있는 아이러니가 아닐까.

"그런데 어떻게 하면 실무자들이 정말 자기 이야기를 할까요? 제인 씨 동기들 같은 사람들이나 브랜드 팀장님들이 정말 하고 싶은 이야기가 대표님께 올라가게 하려면 어떻게 해야 할까요?"

"예전에는 늘 같이 지냈으니까 그렇게 됐어요. 그런데 회사가 커지면서 인사 제도도 바뀌고 경영관리한다고 이것저것 제도가 들어오니까 예전처럼 말할 수 없는 분위기가 만들어지더라고요. 그렇다고 그걸 허물 수도 없고요. 그거 없애면 혼란이 일어날 걸요."

왜 눈치를 보는 걸까. 어차피 몇 개 없는 좁은 자리, 성과만으로 평가할 수 없는 조직문화 때문에? 아니면 우리가 말의 실수, 행동의 실수를 용납하지 않는 네거티브 방식 문화에 너무 젖어 있는 것은 아닐까. 제인과 이야기를 마치고 퇴근하는 길에 많은 생각이 들었다.

서점에 들러 이런저런 경영 관련 책을 뒤져본다. 현장경영. 빠지지 않고 나오는 테마다. 호텔 대표가 로비에서 하루 종일 일한다는 이야기, 정유회사 차장이 몇 주간 주유소에서 일한다는 이야기, 사장이 전화 상담원이 되어 고객의 불만을 듣는다는 이야기. 전에 없이 현장경영이란 말이 많이 쓰이고 있다. 그런데 실제로 이렇게 일한 경험을 바탕으로 전략을 세워 현장에 맞도록 적용할까. 뭔가 혁신을 통해 오랫동안 성과를 유지하고 있는 이야기는 그렇게 많지 않았다. 정말 어려운 것인가.

우리 팀장은 역시 깔끔하게 월요일 대표 미팅을 잘 끝냈다. 대표의 제안을 주요 의제로 하고 적절한 비중으로 다른 팀장들의 의견을 섞어서 함께 버무렸다. 대표는 정말 이 의견이 다인지 물어보았

"이것은 어떨까요?" ➡

지만, 팀장은 이런저런 이유로 실무진에서 당장 생각이 안 난다거나 이게 다 연결된 내용이라느니, 원래부터 중앙 조리 방식이 가장 중요한 내용이었다느니 하면서 잘 빠져나갔다.

경영계획의 어젠다는 결국 '중앙 조리식 식자재 공급', '해외 트렌드 메뉴 벤치마킹'으로 정리되었고 이번 주 화요일부터 각 팀을 만나서 구체적인 계획을 짜는 동시에 전략기획팀도 이것을 관리할 주요 KPIKey Performance Indicator 지표를 함께 설정하고 필요한 자원과 현재 진행하는 아이템의 수익에 대한 예측을 시작했다.

> KPI 목표를 달성하기 위해 중점적으로 관리해야 하는 요소들에 대한 성과지표. 인사평가의 기준이 된다.

그런데 우리 사업의 어젠다는 새로운 방향으로 전환한 것일까. 아니면 이런 생각을 그만 해야 하는 것일까. 이제 실무진을 만나면 어떻게 설명해야 하나. 나도 모르게 여러 이유를 만들어내고 있었다.

예시 vs. 짜맞추기

사업가는 방향을 정하는 역할을 해야 하지만 방향을 정하는 데 필요한 정보를 다양한 곳에서 얻을 필요가 있다. 현장경영이 강조되는 이유 중 하나다. 하지만 현장에 나와 있다고 모두 현장 중심의 경영을 하는 것은 아니다. 다양한 의견을 열린 마음으로 듣고 그것을 의제로 만드는 합리적인 과정이 필요하다. 그렇지 않으면 직원들이 경영자의 눈치를 보게 된다. 경영자가 '나를 따르라'고 하면 더 이상 어떤 의견도 나오지 않는다.

피터 드러커는 『성과를 향한 도전』에서 기업의 회의는 만장일치를 지양해야 하며 반드시 다양한 의견, 특히 반대 의견이 나와야 더욱 효율적인 의사결정을 할 수 있다고 했다. 사업이 너무 한 방향으로만 흘러가는 것에 대해 합리적 의심을 할 필요가 있다는 것이다. 창업자나 경영자가 사업모델을 만들고 강하게 드라이브를 걸 때 이것에 대해 합리적인 토론이 필요한 것이다.

하지만 한국 기업은 여기서 멀기만 하다. 미국과학재단NSF이 조사한 '2016년 과학엔지니어링 지표'에 따르면, 미국에서 이공계 박사 학위까지 마친 2010~2013년 한국인 졸업자 중에서 다시 한국으로 돌아오지 않겠다고 응답한 비중이 전체의 65.1퍼센트라고 한다. 돌아오지 않는 이유에 대해서는 응답자의 41퍼센트가 '지나친 단기 위주의 실적주의, 연구 독립성이 보장되지 않는 문화'를 들었다. 우리는 직장에 다니면서 기업문화가 기업의 모든 활동을 좌우하는 기준이 됨을 많이 보아왔다. 폐쇄적인 기업문화가 누구도 즐겁지 않은 회사 분위기를 만든다.

반대 의견이 있을 수 없는 일방적 지배가 이루어지는 기업문화에서는 열혈당원이 서로 충성 경쟁을 펼친다. 말 잘 듣는, '사축'이 생긴다. 이런 사람들이 중간관리자에 오르면 경영진과 일반 직원들 간 커뮤니케이션은 더 막힌다. 일을 시작하고

> 사축 회사원들이 회사에서 기르는 가축이라는 자조적 표현

진행하는 데 공감이 사라진다. 왜 이것을 해야 하는지 충분히 토론해보지 않은 상태에서 하라고 하니 억지로 하는 식이 되어버린다. 실제 일하는 사람이 동기를 부여받을 수 없고 창의적으로 일을 진행할 의욕도 사라진다. 이런 회사에서 남는 것은 맨 윗사람 입맛에 맞는 수북한 보고서들뿐이다.

신입사원에게 가장 어려운 게 기업문화에 적응하는 것이라고 한다. 아직 상명하복의 권위적 잔재가 남아 있는 우리 기업문화에서 막내는 늘 눈치를 볼 수밖에 없다. 드라마 〈미생〉에 나왔던 사무실 정수기 물통 교체부터 각종 서류 수발, 밥 먹는 자리에서 숟가락 놓기, 회식 때 상사가 주는 술 마시고 마지막까지 남아 상사를 택시 태워 보내는 임무까지 고된 수고가 따른다.

대부분의 대기업에서는 신입사원으로 입사하면 아예 회사원으로서 지켜야 할 예절을 책으로 정리해서 나눠준다. 그 책에는 심지어 엘리베이터에도 상석이 따로 있으니 상사와 함께 탈 때는 어떤

포지션을 유지해야 하는지에 대한 내용도 있다. 단적인 사례지만, 이런 일에서까지 상하를 구분하는 기업 풍토에서는 신입 역시 곧 꼰대가 될 것이 뻔해 보인다.

삼성그룹의 체육대회가 유튜브 동영상으로 올라와 화제가 된 적이 있었다. 카드섹션에서 어마어마한 수의 직원들이 하나된 모습으로 마치 종교단체나 북한의 카드섹션을 뛰어넘는 수준의 퍼포먼스를 보여주었다. 많은 사람이 이 동영상을 보면서 '멋지다'라기보다는 '삼성이 이런 곳이구나'라며 삼성의 기업문화를 생각해봤을 것이다. 하지만 이런 각 잡힌 행사는 삼성에만 있는 것이 아니다. 아마 국내 1,000대 기업에 속한 회사에서는 저마다 위에서 시키는 문화행사를 하고 있을 것이다. 가을에는 문화 공연 같은 형식의 행사를, 여름에는 체육대회 같은 행사를, 봄가을에는 수시로 주말 야유회를 할 것이다. 신입사원들은 대부분의 행사에서 진행 요원이나 몸을 많이 쓰는 일에 차출된다. 입사한 지 얼마 안 된 신입사원들은 이때 뭔가 보여주어야겠다는 출세의 꿈을 가지기도 한다.

하지만 업무와 무관한 이런 행사가 많아질수록 큰 부작용을 낳는다. 일에서는 성과를 만들지 않고 이런 행사에만 집중하는 직원들이 나오기 마련이다. 어차피 고만고만한 대리 이하 그룹에서는 이런 행사에서 적극적인 사람이 윗사람의 눈에 들게 되니, 행사 준비가 사내정치 수단으로 변질된다. 이런 데 뜻이 없는데 차출된 사람들은 일할 시간도 뺏기면서 행사 준비를 하느라 야근과 특근을 하다보면 자신이 꿈꾸던 사회생활과 점점 멀어지게 된다.

기업을 관통하는 문화는 문화행사같이 인위적인 것이 아니라 기

"이것은 어떨까요?" ➡

업의 방향이고, 방향을 달성하기 위한 각종 수단이며, 인재에 대한 평가와 승진, 보상 등 기업의 핵심인 사람을 어떻게 바라보느냐 하는 관점이 담겨 있어야 한다. 그러므로 기업문화는 구성원의 동의를 바탕으로 만들어져야 하며 새로운 멤버가 조직에 들어올 경우엔 그 직원의 의사도 고려해서 변화해야 조직 구성원들이 자기 것이라 느끼고 함께 가꾸어갈 수 있는 것이다.

그러나 대부분 합의 과정 없이 이루어진다. 오로지 강요할 뿐이다. 직원들이 좋아해서 문화행사를 하는 게 아니라 위에서 하라고 하니까 억지로 하는 것일 뿐 정말 자발적으로 하는 직원은 몇 명 없다. 좋은 취지의 행사도 이것을 왜 해야 하는지, 현실적으로 부담이 되지 않는지 서로 이야기해야 한다.

다시 피터 드러커 이야기로 돌아가보자. 기업문화의 출발점에 있는 의사결정 과정에 대해 드러커는 GM^{General Motors}과 미국 전 대통령이었던 루스벨트의 사례를 예로 들었다. GM의 역사적인 경영자였던 슬론은 회의에서 만장일치를 보이면 그 자리에서 결정하지 않고 다음 번 회의에서 다시 논의했다고 한다. 충분한 사실 검토가 되지 않으면 생각할 시간을 더 주어서라도 사실에 대한 검증을 원했던 것이다. 루스벨트 대통령은 하나의 주제에 대해 평소 성향이 다른 두 사람 이상에게 비밀리에 의견을 검토해달라고 부탁했다고 한다. 하나의 주장에 휩쓸리지 않고 다른 의견에 대해서도 충분히 파악하고자 한 것이다.

두 사례의 공통점은 리더가 독단으로 일을 결정하지 않는다는 것이다. 이렇게 하면 리더가 직원을 지배하는 문화가 생기는 것을 원천적으로 차단한다. 리더는 일관된 경영철학을 갖고 있어야 하지만 실제 의사결정 단계에서는 경영철학 안에서 다양성을 포용해야한다. 이번에 실무자의 의견이 인정받지 못해도 다음에는 인정받을수 있는, 실제에 기반한 논의의 장이 내부에 마련되는 토대를 만드는 것이다. 이런 포용적 의사결정 방식을 최고경영진부터 일선 관리자까지 받아들여야 한다.

"싹 바뀌어야 합니다"

완전히 바뀌었다, 이름만

⇅

#혁신의전제　#공감　#전략의일관성

"성공하는 회사는 총체적인 목적에 관한 한 최고경영진에서 말단직원에
이르기까지 하나의 공감대를 이루고 있습니다. 아무리 현명한
경영전략이라도 직원들과의 공감대가 없으면 실패하고 맙니다."

존 영John Young, HP 전 회장

- 기업은 혁신을 위해 많은 제도를 바꾸면서 성공을 도모한다.
- 하지만 급진적인 혁신은 겉으로만 요란하다 곧 제자리로 돌아온다.
- 변화가 뿌리내리기 위한 방법은 무엇일까?

경영계획 작업이 본격화되면서 부쩍 회의가 많아졌다. 입사한 첫
주에 비해 구체적인 세부계획 시즌에 들어간 둘째 주에는 매일 언
제 회의가 새로 잡혀도 이상하지 않았다. 덕분에 대표와 만날 일이
많아지고 회사 사정을 더 빨리 알게 되는 장점도 있었다.

　회의가 한창일 때는 물어볼 수 없는 것들도 해가 지고 모두 지칠
때쯤 되면 분위기가 느슨해져 자연스럽게 흘러나왔다. 그렇다보니
정말 궁금한 것을 이런 시간에 얘기하곤 했다. 나와 함께 일하는 사

람에 대해 궁금한 것이나 이 일이 어떻게 시작되었고 현재 정확히 어떤 상황인지에 대해서까지. 모두 있을 때는 뭔가 비밀 같은 것들도 같이 야근하는 사람들에게는 조금씩 공개되는 느낌이었다.

"제인 씨, 그런데 영어 이름은 언제부터 쓴 거예요?"

입사할 때 느낀 '뭔가 다르다'라는 느낌의 영어 이름. 업력이 좀 있는 회사에서 직급과 호칭을 파괴한 것이 참 신선한 시도로 여겨졌었다.

"작년 초에 대표님께서 하자고 하신 거예요. 그전에는 저희도 대리님, 과장님 이렇게 불렀죠."

"처음엔 어색했을 거 같아요. 갑자기 영어 이름이라니…."

"네, 처음에는 다들 오그라들었죠. 얼굴은 아주 향토적인 과장, 차장님 들이 서로 마셜, 브래드, 매튜 이러고 다니는 게 웃긴 일이었죠. 그런데 대표님이 계속 쓰고 계속 강조하니까 이제는 뭐 그러려니 하고 써요. 아직도 오그라드는 기분은 있지만요. 그래도 회사에서 뭔가 시도해 보는 거니까, 수평적인 문화…가 되는 데 도움이 될 수도 있으니까. 물론 호칭 바꾼다고 하루 아침에 문화가 바뀌진 않겠지만요."

다음 날 아침에 출근해서 커피 한 잔을 마시고 나니 회사 메신저에 인사팀장의 쪽지가 와 있다.

'피터 씨, 이제 일주일 되었죠? 어때요, 적응 잘 돼요?'

밝은 인사말이지만 긴장된다.

'네, 팀장님. 배려해주신 덕분에 잘 적응하고 있습니다. ^^'

이 정도가 적당한 것 같다.

　　　　　　　　　"싹 바뀌어야 합니다" ➡

'오전에 시간 돼요? 괜찮으면 10시에 회의실에서 잠깐 커피나 할까요?'

아… 방금 커피 마셨는데. 어쩔 수 없다. 무조건 만나야지.

'네 ^^ 10시에 뵙겠습니다, 팀장님!'

입사자가 잘 적응하고 있는지 인사팀은 확인과 피드백을 해야 한다. 인사팀이 뽑는 데 관여한 입사자가 잘 적응하지 못하면 인사팀의 책임이기도 하니까. 면담은 항상 나에게 초점이 맞춰져 있다. 내가 어떤 사람인지, 무엇을 잘하는지 알려고 하겠지.

"아, 다른 게 아니고 회사 생활이 어떤가 해서요. 뭐 어렵거나 궁금한 거 없어요?"

"네, 오자마자 할 일이 많아서 빨리 배우고 있습니다. 제인 씨나 팀장님이 잘 도와주셔서 좋습니다."

우리 팀장과 동기인 인사팀장은 포커페이스다. 부드러워 보이면서도 빈틈없는 말투의 40대 남성. 몇 마디 의례적인 인사말이 오가고 대화가 한 순간 끊겨버렸다.

"저, 그런데 이 영어 이름은 언제 생긴 거예요? 부르다보니 좋아서…. 참 독특한 제도인 거 같습니다."

밝고 긍정적인 이미지를 위해서 한마디 해버렸다. 어제 제인에게서 들었지만 달리 생각나는 말이 없었다.

"아, 이거 대표님께서 작년에 하자고 직원들 앞에서 제안하신 거예요. 직원들이 수평적인 관계에서 일하도록 하자는 취지에서 만들었죠. 이거 시작하면서 직급제도 조정했어요. 임원, 그리고 팀장과 팀원 이렇게요. 상명하복식 문화를 바꾸자는 취지에서 한 거죠."

"아… 그러면 이전보다 직원들의 의견이 더 잘 반영될 수 있겠네요."

"그렇죠. 말 끝마다 무슨 대리, 무슨 과장 하다보면 직급으로 누르는 것처럼 느껴지니까 좋은 아이디어가 있더라도 아랫사람이라서 받아들여지는 의견이 적을 수밖에 없는데 호칭을 바꾸면 이런게 조금 나아지리라 기대한 건데, 현장 반응이 나쁘지 않은 거 같아요."

인사팀장은 그 후에도 IT 기업에서 이 제도를 많이 사용하고 있고 지금은 글로벌 기업이 된 스타트업의 문화라고 설명했다.

"이런 수평적인 문화를 빨리 정착시켜야 해요. 사실 호칭을 바꾸는 건 시작이고 연봉과 회사 행사들도 손대려 하고 있어요. 복장도 과감하게 바꾸고요."

인사팀장은 열정이 넘치는 사람 같았다. 말은 대부분 '대표님께서'로 시작하지만 진정성만큼은 오롯이 본인의 것처럼 보였다. 영어 호칭을 쓰기로 했다고 하지만, 사람들은 팀장급 이상에게는 아직도 팀장님, 대표님 등의 호칭을 사용했다. 인사팀장 역시 대표님을 영어 호칭으로 부르지 않고 대표님이라고 불렀다.

"피터 님, 그거 보셨어요?"

자리로 돌아오자 컴퓨터 앞에 앉은 제인이 뭔가 불만 섞인 표정으로 말한다.

"어떤 거요? 면담 갔다가 이제 와서…."

"아… 그게… 인사팀에서 전체 공지를 했는데 점포개발 직무를 없애고 재무파트 안에 서브로 둔다네요."

"싹 바뀌어야 합니다" ➡

"왜 없애는 거예요? 무슨 문제라도 있는 거예요?"

"모르겠어요. 지지난주부터 인사팀이 점포개발파트 직원들을 계속 만나던데, 우리는 아무 이야기도 못 들었어요. 단순히 업무효율을 위한 발전적 취지라는 말만 게시판에 써 있네요…."

"제인 씨, 다 들리겠어."

자리에 있던 팀장이 일어나서 대화에 끼어든다.

"다 그거 때문이야. 점포개발파트에서 요즘 큰 건물을 임차하자는 제안을 많이 하는데 이건 회사에 부담이 되잖아. 그래서 아예 재무와 소속을 합쳐 일을 간결하게 끝내자는 거더라고. 인사팀장 만났는데 업무 프로세스를 단축시키는 게 이번 개편의 핵심이라던데. 근데 팀을 합치면 재무적으로 더 타당한 분석을 하는 건가?"

"그런데 그런 내용은 게시판에 없고 단순히 발령 내역만 나와 있으니 직원들이 오해할 거 같은데요."

"오해?"

"네, 뭐…. 사실 이런 공지가 뜨면 뒤숭숭하기도 하고 궁금해 하는 부분도 있을 수 있고…."

"그치. 정치적인 이유라고 생각할 수도 있겠지. 인사팀은 이런 걸 잘 공유해주지 않는단 말이야… 아… 참, 피터 씨 오후에 경영계획 관련해서 재무팀 만날 때 같이 가요."

"네."

뭔가 새로운 시도를 많이 하는데 공유가 잘 안 되는 것 같다. 부서 개편의 진짜 취지도 공식적인 채널에선 알 수 없다.

오후에는 재무팀과 우리 전략기획팀이 경영계획 관련 미팅을 가졌다. 내년 매출과 이익의 목표, 관련 투자와 지출에 대해 재무팀에서 올해 실적 및 외부 연구소 자료를 바탕으로 성장률을 반영해 추산한 자료를 보면서 왜 그런지 이야기가 오갔다. 재무팀장과 실무자 한 명이 우리 팀 자리로 와서 꽤 오랜 시간 보고자료를 검토하며 이야기하고 있다.

"팀장님, 그런데 직영점을 10개나 늘리는데 전체적인 임차료 비중은 올해와 비슷한 수준으로 추산하셨네요. 임차료가 증가하니 더 높게 나와야 상식적일 것 같은데…."

우리 팀장은 재무팀에서 추정한 숫자를 구체적인 계획과 연결해서 검토하고 있다.

"이건 점포개발이 재무와 합쳐지면서 기존에 적정한 사이트에 오픈하지 못하고 임차료가 높은 곳에 입점하던 것을 개선하는 효과가 반영된 겁니다. 이젠 물건에 대해서 최초 검토 단계부터 저희가 같이 수익성 검토를 하니까요."

"아… 그런 거군요. 뭐 내년 오픈 예정 지역이 다 임차료가 높은 지역이긴 하지만 잘하실 거라고 생각합니다."

구체적이고 정량적인 것 같으면서도 구체적이지 않고 근거가 없는 대화가 오간다. '혁신'이라는 말이 사업의 기대효과를 높이는 만능 자유이용권처럼 떠다닌다.

"그런데 점포개발팀은 괜찮아요?"

전략기획팀장이 느닷없이 조심스러운 태도로 재무팀장에게 묻는다.

"사실 그 팀도 갑작스러운 일이라 쉽지는 않아요. 우리가 잘해야죠."

"인사팀은 일을 왜 그렇게 하는지 모르겠어요. 미리 이야기해주던가. 팀장 미팅 때도 한마디 없더니 대표님하고 이야기해서 이렇게 싹 바꿔놓으면 우리는 어쩌라는 건지…."

재무팀장은 의자에 몸을 맡기면서 볼펜으로 책상을 툭툭 친다.

"하는 게 다 그렇죠. 어쩌려고 우리한테 전혀 이야기 안 하고 여기저기 다 쑤셔놓기만 하는지 모르겠어요. 사실 점포개발팀이 이렇게 되면서 벌써 한 명 나간다고 하네요. 프로세스만 단축시킨다고 일이 더 잘되나? 보고자료야 대표님이 보고 있으니까 이렇게 쓴 거지만, 알잖아요. 이런다고 다 좋아지는 건 아니라는 걸요. 오히려 우리가 처음부터 다 참여해야 하니 투입시간만 늘어나고. 우리가 점포개발팀보다 점포 수익성 계산을 잘 아는 것도 아닌데. 재무팀이라서 여기저기 돈 들어가는 덴 다 관여하느라 우리도 사람이 없어 힘들어요."

분명히 잘해보자고 시작한 일일 텐데. 아침에 만난 인사팀장이 그렇게 일 못하고 나쁜 사람인 걸까. 대표도 몽상가에 불과한 걸까.

회의는 세부항목을 모두 검토하는 것으로 마무리되었다. 작년보다 10퍼센트 성장한 매출액과 5퍼센트 증가한 예산으로 아우트라인이 합의되었다. 서로 잘 아는 바대로 보고를 위해 입을 맞추면서 회의는 신속하게 진행되었다. 전략기획팀장과 재무팀장 사이의 공감대는 인사팀장 혹은 회사와 직원 사이의 공감대와는 또 달랐다.

"피터 씨, 내일은 브랜드별로 만나서 세부 실행계획 준비해야 하니까 오늘 재무팀 미팅 내용 잘 정리해서 내일 파워포인트로 띄울

수 있게 준비해놓고 가요. 다 되면 메일로 보내주고요.”

회의 때 열심히 말한 팀장은 회의 결과를 자료로 만들라고 말한 뒤 가방을 챙겨 들고 사라졌다. 어디서든 이런 일은 회의에 들어간 막내 혹은 아랫사람의 몫이다. 한 명씩 자리를 떠, 이제 20층에는 몇 명 남지 않았다. 해가 지고 익숙한 밤이 찾아온다. 저녁을 굶으면서라도 빨리 마치고 퇴근해야겠다는 생각으로 집중해서 파워포인트 자료를 만든다.

“피터 씨, 아직 있었네요? 퇴근 안 하고 뭐 해요?”

이 목소리는… 대표였다. 등 뒤에서 들리는 소리에 순간 깜짝 놀랐다.

“네, 오늘 재무팀 미팅 내용을 정리하고 있었습니다. 이제 곧 갈 겁니다.”

“바쁘죠? 경영계획 준비하면서 특이사항은 없어요?”

무슨 말이라도 해야 대표가 일하고 있다고 생각할 것 같다.

“네, 점포개발부서가 재무팀과 합쳐지면서 점포 수익 구조가 개선될 것으로 보입니다. 직영점 오픈이 계획된 지역에 현재보다 좋은 조건의 계약이 가능할 것으로 보입니다.”

아는 게 없으니 들은 그대로 말할 수밖에.

“벌써 그렇게 구체적인 이야기가 나와요? 재무팀장이 미리 생각해둔 게 있나보군요. 인사팀에서는 보안을 잘 유지하고 급진적으로 하는 게 좋다고 했는데….”

“아… 재무팀장이 미리 고민하던 내용이었는데 부서 개편이 있어서 시너지가 나는….”

수습하려고 아무 말이나 계속 이어나갔다. 자칫 한마디 잘못해서 엉뚱한 일이 생기지 않게 하려면…. 야근을 왜 했을까.

"아, 그래요? 나는 또… 회사에서 이런저런 혁신적인 조치들을 하는데 좀 더 급진적으로 이노베이션해야 한다고 생각해요. 현재 하는 일이나 과업을 파괴하고 바꿔야 새로운 창조를 할 수 있으니까. 슘페터였나요? 학교 다닐 때 '창조적 파괴'라고 했던 말. 회사가 리바운딩할 수 있게 많은 고민이 필요해요. 피터 씨도 많이 듣고 도와주세요."

"네, 대표님."

슘페터란 말을 오랜만에 들었다. 대표는 실상을 다 알고 있는 것일까? 직원들은 취지를 제대로 전달받지 못하고 직무의 재정의 이전에 조직 파괴가 일어나고 있다는 걸.

퇴근 길에 지하철 창밖을 보면서 내내 그 생각이 들었다. 대표가 현실을 알고 있다면 이렇게 급진적으로 팀장급도 모르게 의사 전달을 하지는 않았을 것이다. 급진적 변화가 좋은 점도 있겠지만 일이란 사람들이 함께 하는 것인데… 일하는 사람들은 아직 준비되지 않았다.

집에 오는 길에 제퍼슨 팀장에게서 카톡이 왔다. 일전에 만난 대학교 동문 모임 총무인 먼 선배.

제퍼슨 팀장

> 피터 씨. 금요일 저녁에 동문 모임 있어요. 처음이니까 꼭 나와요.
> 오후 8:34

그리고 이어서 약도와 안내 내용이 왔다.

네^^ 선배님, 감사합니다.

오후 8:35

그래, 이 정도라도 편하게 소통할 수 있는 창구가 생기면 혼란이 좀 덜하겠지. 아직 회사를 다 알지 못하기에 올라간 연봉 말고 아직 모르는 즐거움이 있을 것이란 기대를 안고 잠자리에 든다. 그런데 금요일 저녁 회식이라니….

"싹 바뀌어야 합니다" ➡

제대로 바꿔보자 vs. 빨리 바꿔야 한다

얼마 전 국내 대기업에서 반바지를 입고 출근하는 것이 허용되어 화제가 되었다는 기사가 있었다. 기사의 댓글에는 냉소적인 반응이 많았다. 반바지 입는 것만으로는 근본적 변화를 이끌어낼 수 없다는 것이다. 기업 내부가 경직된 기존 문화를 계속 유지한다면 반바지조차 어떤 반바지는 되고 어떤 반바지는 안 되는 것까지 정의하여 본래 취지를 무색하게 만들 수 있다. 형식과 내용은 서로를 끌어당긴다. 이런 시도까지 뭐라고 할 수는 없다. 분명 다음 걸음을 위한 발판이 되기 때문이다. 그러나 중요한 것은 그런 형식적인 작은 변화조차 공감이 있는 상태에서 진행되느냐 하는 것이다.

혁신은 모든 경영진의 숙제다. 하지만 혁신 못지않게 중요한 것이 공감이다. 경영진과 직원들의 공감, 회사와 고객의 공감이 혁신을 성공적으로 만들 수 있는 열쇠다. 많은 경영서적이 새로운 이론과 이를 뒷받침하는 케이스 스터디를 통해 새로운 시장에 접근하는 경영 이론을 정리하고 많은 기업이 이를 바탕으로 새로운 어젠다를 만든다. 하지만 어떤 새로운 경영기법을 도입해서 성공적인 돌파구를 만든 기업들은 그 이론을 제공한 베스트셀러 경영서적의 판매부수에 한참 못미치는 미미한 숫자에 그친다.

기업 내부를 보면 전략이 부족해서 사업이 어려움을 겪는 것이 아님을 알 수 있다. 문제는 전략을 전사적으로 공감해 실행하는 과정의 부재다. 저명한 전략 컨설턴트인 크리스 주크Chris Zook가 저서 『최고의 전략은 무엇인가Repeatability』에서 주장하는 것처럼 전략을 덕지덕지 짜깁기해 일관된 방향을 찾지 못하는 것이 원인이기도 하지만, 기본적으로 경영진과 직원들이 공감하는 방식의 차이에서 비롯되는 문제가 더 심각하다.

'경영의 신'이라 불리는 일본의 '이나모리 가즈오'가 일본항공JAL을 회생시킬 때 가장 먼저 한 일 중 하나는 조직의 리더에 대한 교육이었다. 몇 주에 걸쳐 리더들을 모아놓고 경영 패러다임에 대한 교육과 좌담회를 진행했다. 리더들은 새로운 철학을 배움과 동시에 서로 대화를 통해 그동안 뭐가 문제였는지 깨달았다. 결과적으로 리더에 대한 교육이 자질이 부족한 리더에게 경영관을 심어주는 역할도 했지만 일본항공 조직 전체에서 소통과 공감이라는 더 큰 역할을 한 것이다. 교육받은 리더는 새로운 패러다임을 체화하여 현장에 있는 직원들에게 마찬가지 방법으로 교육과 좌담회를 진행했다. 중요한 것은 일방적인 강의가 아닌, 대화를 통해 서로 눈높이를 맞춰가는 데 있었다. 일본항공은 외부 전문가들의 예상보다 빨리 회생할 수 있었다.

혁신에 대한 조급증은 급진성이라는 강박을 만든다. 하지만 혁신은 경영자의 강박으로 달성되지 않는다. '한 번에 제대로 바꿔보자'는 생각이 하루 앞을 내다볼 수 없는 조직을 만든다. 실무자들이 준비되지 않아 우왕좌왕하고 지금의 혁신 주제가 오래 지속되지 않을 거라는 고정관념을 만들어버린다.

"싹 바뀌어야 합니다" ➡

몇 해 전 어느 카드사 광고 카피에 "Make, Break, Make"라는 말이 있었다. 우스갯소리로 회사 일이 다 이런 거 아니겠냐는 뜻이었다. 만들고 부러뜨리고 다시 만들고. 땅 파고 다시 덮고 다시 파는, 힘 빠지는 일. 중요한 일이 이런 식으로 되면 일하는 사람 힘 빠지는 것에 그치지 않고 기업의 존속 자체가 어려워진다.

어떤 화장품업체가 20대 초반을 겨냥해 기초 화장품을 주력 상품으로 한 브랜드를 내놓았는데 잘 안 되었다. 내부에서 어떤 식의 피드백이 나와야 할까? 당연히 제품의 특성이 목표고객에게 어떻게 인지되었는지, 회사의 의도와 고객의 인지 사이에 어떤 괴리가 있었는지부터 찾아내야 할 것이다. 왜 그런 괴리가 생겼는지, 제품을 만드는 기술과 인적 구조, 조직문화의 문제점까지 알아봐야 좋은 피드백일 것이다. 그런데 조직의 부족한 부분을 드러내어 토론하지 않고, 상위 부서에 적당히 보고하는 것에만 급급해 "타깃을 잘못 잡았다, 30대 초반에 적합했다"라고 사후 피드백을 한다면 어떻게 될까? 이 결과보고에 따라 마케팅 책임자가 같은 제품과 유통망으로 30대를 타깃으로 프로모션을 한다면 성공할 수 있을까?

물론 성공할 확률이 매우 낮을 것이다. 어쩌다 운이 맞아 성공했다고 해도 그런 방식으로는 오랫동안 사랑받는 브랜드로 자리 잡기 어려울 것이다. 이 방법도 실패할 경우, 그런 분위기의 조직에서는 다시 이렇게 피드백을 할 것이다. "30대 초반이 타깃이 아니었다. 20대 초반이 맞았다." 혹은 30대에서 성공했다고 해도 예전에 실패한 것이 생각나 "20대 초반까지 확대해야 한다"라고 할 수도 있다. 이런 피드백들은 잠시 상위 부서의 따가운 질책은 피할 수 있

전략의 폭탄 돌리기

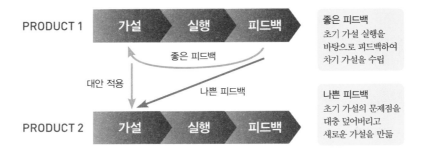

겠지만 기업 전체로는 더 큰 실패를 불러오게 된다. 실제로 이런 일이 있나 싶겠지만 브랜딩의 기본이 사라진 기업에서는 만연한 현상이다.

이런 기업에서는 시간이 흐르면서 폭탄 돌리기가 만연한다. 시간이 지나면서 조직이 세부적으로 나뉘고 중간관리자들이 교체되면서 과거에 저지른, 하지 말아야 할 일을 기억하는 빈도가 낮아진다. 아이러니하게도 예전 사람이 한 말을 다음 풋내기가 와서 또 하고 몇 년 전에 했던 고민과 실수가 반복되어 기업은 주기적으로 몇 년 전으로 돌아가게 된다.

이 과정을 모두 지켜본 몇 안 되는 사람들은 현재 한직에 있거나 정치적 입지 때문에 의견을 내지 않는다. 예전에 참여했지만 실패한 것을 숨기기 위해 모르쇠로 일관하기도 한다. 이런 기업은 전략을 세우고 허물고 다시 세우는 일을 재반복하며 외부 환경의 변화와 관계없이 뫼비우스의 띠를 돌게 된다. 그 아래 실무진은 몇 년

"싹 바뀌어야 합니다" ➡

하다 나가떨어지고 만다.

브랜드 피드백은 과거의 실수를 되풀이하지 않는 패턴을 찾고 자사의 역량에 초점을 맞추어 시장의 변화를 받아들이는 쪽으로 이루어지지 않으면 책상머리에서 쓴 보고서에 그치게 된다. 이런 조직에서는 실력 있는 실무자가 조직을 이끌지 못한다. 실행과 결과 사이 중간지대에서 자유롭게 활동하는 말뿐인 인사들이 활보하고 그들의 카르텔에 반대하는 사람들은 밖으로 내몰린다. 경영진은 눈과 귀가 막혀 측근의 듣기 좋은 소리에 현혹된 채 인의 장막에 갇힌다.

인사이동이 잦은 조직이라면 과거의 실패 사례를 남겨 뒤에 일하는 사람이 볼 수 있도록 자료를 구축해야 한다. 특히 소비재 분야처럼 소비자의 취향이 단시간에 바뀌고 필요한 기술과 디자인 역량을 가진 인력이 자주 바뀌는 산업은 그렇게 해야 실수를 반복하지 않는다. 과거의 실수를 단순히 개인 하드디스크의 파일이나 연차가 오래된 직원의 노하우로만 남겨두면 안 된다. 회사 서버 등에 누적해서 누구나 볼 수 있게 만들어야 한다. 어떤 시도가 어떤 결과를 낳았는지 한눈에 파악할 수 있어야 한다.

혁신 자체에 너무 집착하면 과도한 방법을 동원해 성취하고자 했던 본질적인 목표를 무너뜨릴 수도 있다.

업력이 10년이 넘은 소비재 브랜드에서는 최근 조직 개편이 잦은 편이다. 몇 년째 내리막길을 걷고 있는 매출을 만회하기 위해 디자인 조직과 상품기획 조직을 하나로 통합했다. 기존에는 디자이너들이 디자인을 전문적으로 하고 상품기획을 하는 직원들이 적정 수량과 아웃소싱 방법을 연구하던 것을 하나로 통합하여 'MD^Merchandiser'라고 명명한 것이다. 디자이너와 상품기획자 모두 새로운 직무인 MD에 적응해야만 하는 상황이 되었다.

그런데 이런 의사결정이 어떤 취지에서 이루어졌는지 살펴볼 필요가 있다. 겉으로는 몇 년 전 80퍼센트에 달하던 신상품 판매율이 최근 60퍼센트 이하로 떨어지면서 상품을 만드는 역량이 떨어져 직무와 조직에 손을 댄 것이라고 한다. 디자인하는 사람의 생각과 상품을 아웃소싱하고 수량을 베팅하는 사람의 생각이 다를 수 있으므로 일관된 업무 수행을 위해 직무를 통합해 한 명이 오롯이 책임지고 모든 결정을 주도하는 구조를 만들자는 것이다. 맞는 말 같다. 하지만 좀 더 현장의 상황을 면밀히 살펴볼 필요가 있다. 디자인만 하던 사람과 수익성에만 베팅하던 사람이 당장 두 가지 일을 동시에 해야 하는 상황이 되었다. 하지만 제품을 만드는 전체 프로세스도, 작게는 조작을 위한 ERP 프로그램 메뉴도 기존과 달라지지 않았다. 기존에 두 명이 하던 일을 MD라는 이름으로 혼자 다 해야 한다. 자연스럽게 두 조직이 한 조직으로 통합되었으니 사람 수도 기존만큼 필요 없게 되었다. 전에 비해 20퍼센트 정도의 인원은 다른 직무로 발령받아 사실상 정리되었다.

디자인과 상품기획 두 조직의 의사소통과 정보 공유가 제대로 되지 않는다면서 인위적으로 두 조직을 하나로 합쳤다. 시스템을 만들고 정보를 공유해 전문적으로 해결할 일을 시스템에 돈 들이지 않고 사람이 모두 하는 것으로 바꾸어 조직의 문제를 해결했다고 정신승리하는 것이다. 하지만 실무자들은 과중한 책임과 늘어난 업무량으로 나가떨어질 수밖에 없었다. 휴직이 잦아지고 업계에 퍼진 악명 때문에 경력자들을 채용하기가 쉽지 않았다.

이런 기업에 혁신은 허상이다. 사람에게 일을 더 던져서 실은 비용 절감을 통해 수익을 내려 한다. 중요한 정보는 윗선에서만 쥐고 있거나 소위 '라인'들이 독점하면서 실무에 필요한 정보 공급에는 무관심하다. 이것이 많은 기업에서 발견되는 뿌리 깊은 문제다.

정보 독점은 의사결정의 독점으로 이어진다. 한 명의 전지전능한 사람이 모든 의사결정을 정확하게 해야 하는 구조의 기업문화가 만들어진다. 정보의 비대칭은 토론과 공감의 기회를 앗아가버린다.

최근 한 국내 패션 기업의 기행 아닌 기행이 아는 사람들 사이에서 화제가 된 적이 있었다. 아웃도어 브랜드 '칸투칸'에서 만든 '생비스'라는 브랜드의 경영 방식에 대한 것이다. 비록 규모는 작지만 업계에서 새로운 시도를 하는 회사로 알려져 있다. 상품 하나하나의 마진을 모바일에서 볼 수 있게 공개한다. 원가가 얼마고 현재까지 얼마나 팔았는지 금액을 다 보여준다. 제조업에서는 금기시되던 일이다. 제품에 대한 정직한 자신감을 보여준다. 하지만 이 기업은 튀는 행동에서만 그치지 않고 고가의 브랜드와 컬래버레이션으로 하이엔드(뛰어난 성능과 품질의 제품을 가리킴)급 디자인을 개발해 자신들의 강점인 아웃도어 기술에 녹여내는 실험을 하는 등 본질적인 제품 경쟁력에서도 상대적으로 짧은 주기로 새로운 변화를 만들어내고 있다.

이런 시도가 대단한 것은 전사적인 분위기에서 이루어지기 때문이다. 생비스에서 운영하는 SNS는 업력 10년 전후의 기업으로는 보이지 않는 자유로움과 재미있는 어설픔이 있다. 한 번 방향을 정하고 공감을 얻으면 직원 모두가 혁신의 속도를 만들며 가속화한다. 이것이 바로 누군가가 끌고가면 처음에는 빠르게 혁신하는 것처럼 보이지만 결국 멈춰버리고 퇴보하는 경영 방식과 다른 점이다. 전사적 공감을 얻으려면 처음엔 느리지만 이후에는 경쟁자와 급속한 차이를 만들어낸다. 2016년 기준 이 회사 매출액은 210억 원으로 전년 대비 223퍼센트 성장했다.

"뭘 안 할지 생각해봅시다"

꼭 해야할 일은 무엇일까?

`#본부와실무` `#현장감` `#머빈켈리`

"위대한 기업이 되기 위해서는 기업과 경영자가 '그만두어야 할 목록'이 '해야 할 목록'보다 훨씬 더 중요하다."

짐 콜린스, 『좋은 기업을 넘어 위대한 기업으로』

- 실무와 본부 조직의 시각은 다른 경우가 많다.
- 매일매일 부딪히는 정보의 형태가 다르기 때문이다.
- 중요한 의사결정은 어느 쪽 입장에서 이뤄지는 게 맞을까?

문제가 터진 건 매출 때문이었다. 대표와 우리 팀은 재무팀과 정리한 내용을 검토하다가 중대한 착오가 있음을 알게 되었다. 지난 기간보다 10퍼센트의 매출 성장으로는 상승한 이자 비용을 충분히 상쇄할 수 없었다. 재무팀은 회사의 자금 수요를 현재 수준으로 잡았으나 내년 신규 매장 오픈도 채무로 해야 하는 상황에서 신규 부채에 따른 이자 비용을 고려하지 않았던 것이다.

비상이 걸렸다. 현금 확보를 위해 매출을 더 올릴 방안을 준비할지 비용을 줄여 현금을 더 만들 건지 결정해야 했다. 각 조직에서는 이미 내년도에 쓸 비용을 개략적으로 추정하고 있었다. 올해 쓴 항목에서 내년에도 집행할 예산을 선별한 다음, 재무팀에서 생각하는 증감률에 맞추어 초안을 준비해놓은 상태였다. 하지만 이런 계획이 회사의 자금 상황에 의해 긴급히 수정되어야 하는 상황에 놓였다. 각 부서마다 며칠씩 야근이 이어졌다.

중요한 것은 매출 추정액을 당장 올릴 근거가 없다는 것이었다. 보고서에 숫자를 고쳐서 쓸 수는 있지만 당장 매장 수를 더 늘리지도 못하는 상황에서 기존 점포들의 매출이 갑자기 늘어날 것이라고 보고하는 것은 거짓말에 가깝기 때문이다. 팀장도, 대표도, 우리도 말은 안 했지만 결국 해결책은 예산 축소에 있음을 알고 있었다. 문제는 무엇을 줄이느냐였다.

"항목들을 아무리 살펴봐도 불필요하게 나간 게 없어요. 이렇게 되면 마케팅 비용을 줄이거나 직원들 복리후생 비용을 줄여야 하는데 뭐가 되든 부작용이 생길 수밖에 없어요."

재무팀에서는 올해 책정된 비용에서 더 이상 축소할 만한 부분을 찾기 어렵다는 점을 감안해 각 프랜차이즈 브랜드와 전략기획팀에서 큰 의사결정을 해주길 바라며 연일 이렇게 말하고 있었다.

"그런데 전사적으로 추진하는 전략적으로 중요한 사업의 예산은 손대면 안 돼. 다시 봐야지, 뭘 줄일지."

팀장은 줄이자는 이야기를 하면서 실제적인 긴축안에 대한 검토는 각 브랜드에 떠넘기고 있었다.

중앙 차원에서 우선순위를 논할 수도 있겠지만, 부작용이 낮을

"뭘 안 할지 생각해봅시다" ➡

경우 책임 소재 문제가 있어 섣불리 결정하지 못했다. 전사 차원의 비용에 책정된 예산과 각 브랜드에 책정된 예산을 두고 미묘한 갈등이 전개되었다.

"아니, 우리는 영업을 해야 하고 당장 프로모션 비용 쓰지 않으면 매출이 안 날 텐데, 예산을 이렇게 많이 줄일 수는 없어요."

"잘 보세요, 팀장님. 올해는 ROI Return on Investment가 제대로 측정된 게 없었잖아요. 한우 브랜드에서 하이엔드 포지션을 하겠다고 주요 점포 내부 인테리어 비용에 투자한 거나 봄, 가을에

> ROI 투자자본수익률

프로모션한 비용 대비 매출에 대한 객관적인 실적이 없는 게 많았어요. 이런 예산이 내년에도 잡혀 있고요."

"ROI로 치면 중앙에서 회사 브랜딩 한다고 잡은 예산도 마찬가지죠. 자금이 없으면 실무부터 지원하게 하든지 원칙이 있어야죠."

예산을 줄이는 문제로 전략기획팀과 각 프랜차이즈 브랜드 간에 연일 마찰이 벌어진다. 돈 문제는 늘 치열하다. 매출을 올릴 수 있는 방법이 고갈되었을 때 홍보성 비용을 줄이면 필연적으로 매출 하락을 유발한다는 것을 실무자들은 알고 있다. 딱히 그 외 다른 방법이 없으므로 이런 비용은 꼭 더 확보하고자 하는 것이다. 물론 이런 갈등에선 지금 실적이 나오고 있는 브랜드나 경영진을 등에 업은 전략기획팀의 승리로 끝난다. 이 싸움은 팩트와 명분보다는 누구와 붙느냐, 어느 부서와 부딪치느냐에 따라 결과가 달라진다.

금요일 오전, 대표실 옆 회의실에서 전략기획팀 직원들과 각 프랜차이즈 브랜드 팀장들이 모였다. 대표도 그 자리에 있었다. 회의

가 시작되었지만 모두 현재 상황을 무겁게 느끼는지 먼저 입을 여는 사람이 없었다.

"원점에서 생각해봅시다."

대표가 첫마디를 뱉었다. 그러나 팀장들은 대부분 반응 없이 고개를 숙이고 있었다.

"과거 지출 내역 중에서 필요 없는 것을 없애는 게 아니라, 전체적으로 뭐가 필요한지 정리해서 필수적인 지출만 남깁시다."

현재 비용계획을 리셋하고 과감한 절감안을 들고 오라는 오더다. 제로 베이스. 중요한 것은 패러다임의 변화가 있느냐 없느냐일 것이다.

이후 몇 마디가 이어졌지만 다시 계획을 제출하는 기간과 방법에 대해 개략적으로 논의하고 나서 모두 빠져나갔다. 전략기획팀 직원들도 자리로 돌아왔다.

"팀장님, 저희도 본사 비용으로 잡은 예산을 다시 봐야 하지 않을까요?"

제인이 먼저 팀장에게 말했다. 팀장은 무표정한 얼굴로 고개만 끄덕인다.

"본사에서 나가는 비용은 필수적인 게 대부분인데…. 줄일 게 있을까? 오후에 우리 팀 내부적으로 하나씩 보는 것으로 하지."

점심 식사 후 팀장, 나, 제인은 회의실에 모여 중앙에서 지출 계획으로 잡은 비용 리스트 자료를 화면에 띄워 놓았다.

"그런데 유기농 먹거리 지원 사업을 계속할 필요가 있을까? 물론 유기농 식자재를 우리 스스로 준비하거나 공급업체를 발굴하는

"뭘 안 할지 생각해봅시다" ➡

건 중장기계획에 있는 큰 그림이긴 하지. 그런데 시작한 지 오래되었지만 돈 버는 걸로 연결되는지 알 수도 없잖아. 이 상황에서 괜히 예산 줄이지 않고 있다가 역풍을 맞을 수도 있고….”

“하지만 저희 해산물 뷔페 브랜드와 관련 있고 향후 식자재 시장 진출과 관련해서 미리 포지셔닝하는 투자성 지출이니, 이 사업은 그대로 유지하거나 소폭 축소하는 게 어떨까요?”

팀장의 말에 내가 한마디 거들었다. 하지만 내 말이 끝나기 무섭게 팀장의 정신교육이 시작되었다.

“피터 씨, 기회는 나중에도 있어. 회사에 돈이 없을 때 매출과 연결도 안 되는 데에 계속 비용을 지출하면 보는 눈이 좋지 않아. 이번에는 쉬어 가자고.”

“하지만 저 예산을 다 없앨 정도는 아니지 않습니까. 일부만 줄여도 중앙에서 나가는 간접비용 절감액 목표는 맞출 수 있을 거 같은데요.”

“아니야, 지금 분위기에선 합리성만 따지면 안 된다니까.”

그리고 내가 잘 알지 못하는 우리 회사의 분위기와 보는 눈에 대한 이야기, 돈을 벌지 않는 전략기획팀이 마땅히 가져야 할 태도에 대해 일장연설이 이어졌다. 나와 제인은 더 이상 아무 말도 하지 않고 나머지는 모두 팀장 혼자 결정하다시피 했다.

“잘했어. 우리는 이 정도 절감하면 될 것 같아. 다들 수고했고, 월요일에 보자고.”

팀장은 퇴근하고 제인도 남은 정리를 좀 하고는 사라졌다. 나도 동문 모임에 참석하기 위해 회사를 나섰다.

회사 근처에 몇 개 없는 맛집인 껍데기집 좌석 절반이 회사 동문회 이름으로 예약되어 있었다. 나는 제퍼슨 팀장, 학교와 회사에서 나보다 일 년 선배인 제임스 사이에 앉았다.

간단한 인사와 애 키우고 사는 이야기, 학교 다닐 때 교수님 이야기를 나누고는 결국 회사 이야기로 돌아온다. 화제는 경영계획. 지출계획을 줄여야 하는데 다들 난감해하는 상황이라는 이야기가 오간다.

"우리 부서도 힘들지. 줄일 예산이 어디 있다고. 그렇다고 품질을 낮출 수는 없잖아. 먹어보면 다 아는데. 그렇다고 다른 걸⋯."

"우리도 마찬가지야. 경인지역 영업망이 좀 넓어? 쇼핑몰에 들어가 있는 데는 몰과 행사를 같이 해야 하는데 그 비용을 줄이면 우리도 중간에서 난감해진단 말이야."

"저희도 이번에 중앙에서 나가는 예산을 줄이면서 유기농 캠페인 비용을 아예 없애버렸어요."

"아⋯ 그러면 안 될 텐데. 당장은 비용 절감이 되겠지만 오랫동안 공들인 건데 중단하면 안 되지 않나."

이야기에 이야기를 타고 가다보니 결국 '무엇에 돈을 쓰지 말아야 하는가'로 귀결된다. 분위기는 달아올라서 다들 상기된 얼굴로 막 이직한 회사 후배인 나에게 자신만의 생각을 나름 진지하게 풀어놓는다.

"아니, 다른 회사 봐봐. 어려워도 할 건 꾸준히 하잖아. 어려울수록 핵심에 더 돈을 붓지. 스타벅스도 하워드 슐츠가 다시 돌아와서 한 일이 뭐야? 커피 품질 다시 정리하고 북미지역 부실 매장 접은 거잖아. 부실지점은 접지만 핵심 지점이나 사업엔 돈을 더 써야지."

"맞아요. 그런데 우리는 우리 사업의 핵심이 뭔지 파악해서 비용을 줄일지 쓸지 결정하지 않는 거 같아요. 그냥 비용이 큰 걸 줄이려 들지…."

이야기를 들으면서 왜 그런지 궁금했다. 팀장들이 몰라서 그럴까. 정말 무엇이 핵심적인 사업인지 몰라서 비용이 커 보이면 그냥 예산을 줄이는 것일까.

"그런데 어쩔 수 있나? 사업에서 진짜 역량이 뭔지를 모르잖아. 조직이 자주 바뀌니 아는 사람이 점점 없어지는 거지. 자주 바뀌니까 자기 있을 때 바짝 매출 올리고 이익만 늘리면 된다고 여기는 거지. 장기적으로 안 보니까."

대화는 어떻게 해도 안 바뀔 거 같다는 식으로 흘러갔다. 우리는 한 잔 더 마신 뒤 헤어졌다. 회사는 정말 어떻게 해도 바뀌지 않는 걸까.

토요일이라서 느지막이 깼다. 이번 주말엔 일정이 없다. 혼자 멍하니 소파에 앉아 있다. 원래는 마라톤 대회가 있었다. 그런데 몇 주 전에 돌연 취소되었다. 주최하는 스포츠 브랜드에서 마라톤 대회를 취소시켜버린 것이다. 오랜만에 운동이나 할 생각이었는데 취소되다니.

대신 그 마라톤 대회를 주최하는 스포츠 브랜드에 다니는 대학 동창을 만났다.

"이번 주말에 할 일이 없어졌어. 덕분에 너도 쉬지만."

"말도 마라. 그거 왜 취소된 줄 아나?"

"장소 섭외가 안 된 거냐."

"아니, 우리가 이 행사를 몇 년이나 해왔는데. 장소 섭외는 미리미리 해놓지."

"그런데…?"

"우리 회사에서 비상경영체제라고 대회를 취소시켜버렸어."

"비상경영? 너네 회사 상황이 그렇게 안 좋아? 왜 비상경영이야?"

토요일에 남자 둘이 전세 낸 것처럼 카페 안은 고요했지만 친구는 누가 들을까봐 주변을 둘러보고는 아무도 없음을 확인하고 나서 다시 말을 이었다.

"왜 아니겠냐. 요새는 심심하면 비상경영이더라고. 덕분에 출근 시간도 당겨지고 비용도 통제되고 있어. 이번 대회도 돈 많이 든다고 취소시켜버린 거야. 매출 매출 하면서, 매출액으로 설명되지 않으면 무조건 자르고 보자는 식인 거지."

"아… 그래도 그 마라톤 대회로 브랜드 많이 알려졌잖아. 러닝화 파는 브랜드가 그런 이유로 대회를 취소시키면 더 이상하지 않아?"

"마케팅팀은 취소하는 거 반대했지. 우리 팀장도 그렇고. 그런데 힘이 있냐? 비상경영 이야기가 나오는데 대회 효과를 아무리 설명해도 다 추정일 뿐 손에 잡히지 않으니까 다른 팀장들이 공격하며 분위기 몰아가니 대표도 뭐 비용 줄여서 임기 안에 바짝 이익 당기려고 그렇게 결정한 거지."

정적이 흘렀다. 현실에 대해 한참 열올리며 내뱉고 난 뒤 스스로 정화라도 하려는 듯이.

"그런데 나는 헤리티지heritage가 중요하다고 생각해. 그래서 이번 대회 취소한 게 너무 아쉬워. 반스VANS 알지? 보드화 많이 파는 브랜드."

"알지….."

"나도 몰랐는데 최근에 알아보니까 그게 헤리티지가 있는 브랜드더라고. 1970년대부터 보더들을 지원하고 보드 대회나 문화를 키우는 데 후원을 아끼지 않았다고 하더라고. 단순히 유명 보더들과 보드화 밑창의 기능적인 부분이나 디자인에 대한 교감을 해서 물건을 파는 데 그친 게 아니라, 오랜 시간 누가 보든 안 보든 그 문화를 키워서 같이 성장한 브랜드라고 하더라고. 그래서 보더들에게 다른 브랜드의 보드화보다 반스는 특별한 의미를 가지고 있다나…. 미국 서부에서 그렇게 만들어져 최근에 확산된 거래."

"그런 거 보면 누가 보든 안 보든 꾸준히 해야 돼. 그런데 우리도 이번에 유기농 관련 캠페인 비용을 없앴어. 돈 많이 든다고."

"어째 너희나 우리나 똑같냐. 이번 위기 벗어난 이후에 먹고 살아갈 거리도 있어야 하는데."

서로 말하지 않았지만 누구보다 브랜드를 잘 아는, 자사의 핵심 역량을 잘 알고 있는 사람이 예산의 우선순위를 결정하는 것이 중요하다는 공감이 오갔다. 말이라도 하니 속이 좀 풀렸다.

월요일 아침에 모든 팀장이 다시 대표실로 불려갔다. 전략기획팀 직원은 모두 자동으로 배석했다. 난 뒷좌석에서 조용히 회의 내용을 기록했다.

"각 팀에서 주신 비용절감 내용을 보았는데…. 생각해볼 게 있어요."

대표는 주말 내내 고민한 듯한 표정으로 입을 열었다.

"우리가 비용을 줄이는 게 무엇 때문인지 아는 게 중요합니다. 단순히 큰 비용 항목을 줄이는 것이었으면 제가 팀장님들에게 이런 시간을 주지 않았을 겁니다. 그런데 주신 것을 보니 다들 이유는 쓰긴 했지만 장기적인 관점에서 비용절감안을 낸 분이 없는 거 같더라고요."

팀장들의 안색이 어두워졌다. 대부분 가져온 서류나 노트, 컴퓨터를 보는 척했다. 우리 팀장이 침묵을 깨트렸다.

"대표님, 생각할 시간이 좀 부족했던 것 같습니다. 저희 팀도 브랜딩 관점에서 고려해야 하는데 비용 관련 항목이 많아서 아직 우선순위를 정하지 못했습니다."

"팀장님 말에도 일리는 있어요. 그게 주말 동안 정리될 정도의 간단한 일은 아니죠. 아직 시간이 없지 않으니까 이번주 내로 정리해봅시다."

팀장들은 침묵 속에서 고개를 끄덕이거나 계속 부동자세로 있다가 한마디도 하지 않은 채 방을 빠져나왔다.

"팀장님들, 어떻게 써낼 생각이에요?"

돌아가는 복도에서 우리 팀장이 다른 팀장들을 떠봤다.

"장기적인 관점에서 봐야죠."

"대표님께서 방향을 알려주셨으니까 그렇게 하겠습니다."

"뭘 안 할지 생각해봅시다" ➡

"시간이 없었어요. 이제는 좀 더 고민해서 드리겠습니다."

팀장들의 표정은 다소 후련해 보였다.

"네, 대표님 말씀처럼 해봅시다."

형식적인 말들이 오간 뒤 모두 흩어졌다. 수요일에 모두 다시 서면으로 비용절감안을 제출했는데 중요하다고 생각하는 사업들이 전보다는 상당수 살아났다. 물론 유기농 관련 캠페인도 우리 팀에서 다시 지출하기로 했다.

"이럴 걸 왜 지난주에는 그랬을까요?"

제인에게 퇴근하는 길에 물었다.

"눈치보기 아닐까요? 일종의 충성심 경쟁?"

"충성심 경쟁이라…. 누가 돈을 덜 쓰느냐, 이런 거요?"

제인은 웃음으로 답을 대신했다.

팀장들은 처음부터 이런 안을 갖고 있었던 걸까. 아니면 정말 마음이 바뀌어 수정안을 낸 것일까.

무엇을 줄일까 vs. 먼저 실무자들과 조직의 정체성과 비전을 공유하라

미국 벨연구소 책임자로 1951년부터 1959년까지 재직한 머빈 켈리Mervin Kelly는 많은 업적을 이룬 인물이다. 켈리는 뒤늦게 발탁된 관리자로서 조직을 핵심적인 역량에 집중하게 만든 좋은 사례를 보여주었다. 벨연구소에서 대서양 횡단 전화선을 설치한 것이나 레이저, 태양전지에 대한 투자 계획이 이루어진 것도 모두 이때다.

짧은 시간에 많은 성과를 거둔 것은 직원들이 핵심적인 것들을 마음 놓고 연구할 수 있는 환경을 마련했기 때문이다. 각자 전공이 다른 분야의 과학자들을 한 팀에 모아두고 몇 년간 가시적으로 특별한 성과가 나타나지 않아도 기다려주었다. 2년 만에 성과가 나온 트랜지스터도 그중 하나였다. 현대 기술 발달의 역사에 중요한 이 정표 중 하나인 트랜지스터를 연구 개발할 때는 매달 혹은 매주 결과를 보고하고 피드백하는 업무 방식은 없었다. 실무자들이 자유롭게 하고 싶은 일을 할 수 있도록 용인해준 것이 트랜지스터 발명의 추진 동력이 되었다. 연구소의 비전이 명확하고 이 비전을 실무자들이 제대로 이해하고 있을 때, 해당 분야의 지식 수준이 가장 높은 담당자들이 자신의 창의력을 마음껏 펼칠 수 있음을 증명해냈다.

불필요한 것을 구분하는 일은 생각보다 간단하다. 조직의 정체

"뭘 안 할지 생각해봅시다" ➡

성이 분명하면 필요한 것과 불필요한 것이 자연스레 구분된다. 잘 구분되지 않는 이유는 조직의 정체성이 제대로 정의되어 있지 않기 때문이다. 정체성이 흔들리는 것은 정체성을 일관성 없이 변화하는 상황과 환경에 맞추려 하기 때문이다. 중간관리자들이 경영진과 실무자 사이에서 제 역할을 하지 못할 때도 이런 현상이 나타난다.

사업 확장과 단기 실적을 강조해 기업의 정체성이 쉽게 파괴되곤 한다. 레고의 실패와 부활에 대한 이야기도 여기에 해당한다. 레고는 1990년대 들어 비디오게임과 유사 블록 업체의 등장으로 실적 악화를 겪고 재무적 위기를 맞았다. 당시 레고의 대안은 비디오게임, 테마파크 등 경쟁사의 전략에 맞불을 놓는 것이었다. 더 독특하고 호환이 어려운 레고 시리즈를 내놓으며 캐릭터 사업과 의류 사업에 진출한다. 하지만 소비자는 이런 것을 레고만의 매력이라 생각하지 않았다. 이미 있는 브랜딩을 휘발하면서 실적을 늘리는 것일 뿐이었다.

요르겐 빅 크누드스톱Jørgen Vig Knudstorp이 2004년 레고 책임자로 취임하고 다시 레고를 살린 건 레고 고유의 단순한 블록 조합을 살리고 모든 블록을 호환할 수 있도록 하여 창의적 조합을 유도하는 등 레고 본연의 제품 가치를 회복했기 때문이다. 레고가 본래의 기업문화를 회복했기 때문에 가능했던 것이다.

레고의 경영철학에는 원래 덴마크 농촌의 협업정신이 담겨 있었다. 레고의 부활은 직원 간의 협업정신과 굳이 매뉴얼과 내부 규정에 얽매이지 않아도 직원들이 무엇을 해야 하는지 본능적으로 아는, 비전을 공유하는 문화가 되살아났기 때문에 가능했다. 새로운 리더는 그 환경을 다시 만들고, 직원 모두의 힘으로 실행 가능하게 만들었다. 리더는 본부 조직보다 주목받지 못했던 일선 디자이너와 영업직원들이 편하게 일할 수 있는 환경을 우선적으로 만들었다.

반면 무엇이 기업의 핵심역량인지 정의되지 않은 기업에선, 경영진의 기업 가치관이 명확하지 않고 관리자와 실무진은 이것을 자신의 이해에 맞게 이용하려 시도한다. 관리자가 정확한 가이드를 주지 않아 실무자들이 마음 놓고 뛸 필드를 조성해주지 못한다. 심심하면 실무자가 뛰는 필드에 직접 들어가 개입해, 실무자들은 필드 바깥의 눈치를 보는 데 대부분의 에너지를 소모하게 된다. 이런 경영진 주변엔 바른 말하는 사람보다 비위를 맞추는 사람들이 모여 기업은 지속적인 역량 실종, 정체성 실종 상태를 맞이하게 된다.

보통 기업 실적이 하락하며 몇 분기 연속 하락세가 가속화될 경우, 괜찮은 경영진이라면 바뀐 게임의 룰에 맞서기 위해 나름대로 대응한다. 자기 브랜드가 지금보다 더 잘할 수 있게 할 수도 있고, 아예 경쟁사가 하는 방식 그대로 맞불을 놓아 변화를 모색할 수도 있다.

기업 내부에서는 고민이 많아진다. "일단 하자", "기존에 잘하던 사람을 앉히자"라는 말들이 나온다. 그러고는 전략기획팀 등을 중심으로 우수 사례 벤치마킹이 이루어진다. 경쟁자들의 비즈니스 구조, 조직, 생산망, 마케팅 전략, 직원 처우, 유통망, 내부 우수 직원까지 몇 달에 걸쳐 열심히 조사하고 나면 적용을 위한 임원 회의가 소집된다. 그동안 회사 발전에 공헌한 임원, 똑똑한 허리급 실무자

"뭘 안 할지 생각해봅시다" ➡

들이 모여 처음 하는 말은 조직과 사람이다. 시작하기로 했으니 그들이 하는 것을 그대로 해보자는 것이다.

그렇게 해서 기존 조직구조에 각종 새로운 부서들이 더해진다. 바뀐 것이 아니라 더해진다. 과업이 정의되기 전에 조직이 먼저 세팅되고 사람이 투입되고 대략적인 할 일 정도만 정해지고, '너희의 과업은 너희가 정하라'는 명분하에 조직의 비대화가 나타난다. 핵심과업을 정의하기 전에 조직과 인재부터 투입하는 상황. 국내 대기업 상당수가 사업 개편 초기에 하는 오류다.

무엇을 해야 조직이 먹고살 수 있을까? 무슨 일이 핵심이고 그 핵심을 위해 누가 얼마만큼의 시간을 쏟을 수 있도록 할 것인가? 책임과 권한은 어떻게 정하고 성과는 어떻게 언제까지 측정할 것인가? 생각이 적은 관리부서는 이것을 고민하지 않는다. 물론 똘똘한 사람들이니 남과 비슷한 것을 따라 하긴 한다. 그러나 겉만 따라 하는 경우가 많다. 겉모습만 따라 하면 조직이 커지고 준비 기간이 길어지고 매뉴얼 같은 것으로 진짜 성과를 대체하려는 현상이 나타난다. 높은 인건비가 항상 사업의 성과를 앞지르고 회의 시간이 늘어난다. 몇 개월 단위로 비슷한 논의가 되풀이된다. 무엇이 문제인가? '사람이 적합하지 않았다', '우리는 무엇이 없다'…. 이런 논의를 하는 동안 시간은 흐르고 시장에는 작고 빠른 경쟁사가 들어와 새로운 브랜딩을 시작하고 있다.

이런 조직은 문제가 고착화될 수밖에 없다. 조직을 붙이기도 하고 빼기도 하면서 사람들의 무덤이 늘어나고 우수 직원도 못 버티는 기이한 구조가 된다. 핵심역량에 대해 고민하지 않거나, 실무자들만 고민하고 결정권이 있는 고위직에는 그 고민이 전달되지 않는다. 진짜 우수 직원은 회사를 떠나고 기존 사업 구조에 새로운 구조까지 감당할 사업 비용과 인건비가 나오지 않으면서 신사업은 서서히 현금 흐름을 잡아먹는 괴물이 되어간다.

잘나가던 조직을 특성 없게 만들고 기존의 좋은 수익 구조를 망치는 것은 내가 누구인지 모르기 때문이다. 덮어놓고 유행을 따라가고 남을 따라가려다보니 기존에 잘하던 것도 잃게 된다. 모든 것을 다 할 수는 없다. 사업의 종류든 기능적 역량이든 모든 것을 다 담는 사업은 없다. 내가 어떻게 여기까지 왔는지 핵심적인 역량만 파악해 그것을 개발하는 것이 브랜드의 생존 방법이다.

조직 내부가 역량을 찾는 출발점이 되어야 한다. 직원들과의 소통을 통해 우리 조직은 어떤 조직이었고 어떤 방향으로 다음을 모색하고 준비할 것인지에 대해 함께 이야기하는 것이 필요하다. 이것은 단순히 답을 찾는 과정이 아니라 전 직원이 조직에 대해 다시 비전을 공유할 수 있는 동기부여의 장이 된다. 단순히 비용절감과 당면한 문제해결에만 급급해할 것이 아니라 거기서 한 걸음 더 나아가 조직 전체가 창업정신을 재생산하게 만드는 것이 더 중요하다.

2장

지키지 못할 계획의 향연

신뢰 포인트를 쌓기 위한 보고서용 실무 계획

"누가 할 거죠?"

안심되는 라인부터 찾는다 ⇅

`#인재` `#금수저흙수저` `#라인만들기`

"조직에는 공격형 인간을 잘 보조하는 수비형 인간도,
동적인 것에 균형감을 줄 수 있는 정적인 인간도 필요하다."

오보시 코지, 전 NTT 도코모 회장

- 많은 회사들이 우수 인재를 선별하고 특별한 기회를 제공하고 있다.
- 하지만 선별된 인재가 모든 것을 보장하지는 않는다.
- 선별되지 않은 인재는 공헌할 수 없는 걸까?

"피터 씨, 세부 사업별 담당자가 누구인지 확인해봤어요?"

"네, 어제부터 취합하고 있는데, 내일 퇴근 전까지 정리해서 드리겠습니다."

"잘 살펴봐요. 각 프랜차이즈에서 세부 사업을 하는 데 적합한 사람들로 세팅되었는지 확인할 필요가 있어요."

"확인이라고 하시면…."

"거 알잖아. 제인 씨한테 물어보든지. 사람이 눈치가 있어야지…. 처음이니까 두루 친해진다 생각하고 물어보면서 해봐요."

"네…. 알겠습니다."

"나는 퇴근해요."

경영계획은 각 조직별로 경영계획의 세부 안을 정리하고 기획팀에서 종합하는 시기를 지나고 있다. 이제 각 팀장들이 세부 계획을 어젠다에 맞추어 작성하고 전략기획팀은 이것을 보고 피드백을 한다. 완전한 하향식도 완전한 상향식도 아닌 중간. 각 팀에서는 실행계획 작성과 함께 KPI와 조직원 중에서 프로젝트 등 세부 사업별 담당자로 세울 직원을 선정하는 등 본격적인 준비에 한창이다.

그런데 세부 사업별 담당자라…. 입사한 지 얼마 안 되는 내가 적합한 사람들인지 어떻게 판단할 수 있지…. 마침 다른 부서와 회의를 마친 제인이 자리로 돌아왔다.

"제인 씨, 궁금한 게 있어요."

"네, 말씀하세요."

"지금 각 팀에서 세부 사업별 담당자를 실행계획과 함께 제출하고 있는데, 팀장님께서 적합한 사람들로 세팅되었는지 확인하라고 하시네요. 그게 무슨 말이에요?"

"글쎄요, 적합한 사람이라…. 그런 게 있어요? 저도 잘 모르는데…. 작년에도 제가 안 해서 잘 모르겠어요."

"난감하네요. 각 조직에서 하겠다고 하는 걸 제가 무슨 수로…. 사람을 아는 것도 아니고…."

"음…. 그러면 혹시 이런 거 아닐까요?"

"어떤…."

"누가 할 거죠?" ➡

"왜 성과 평가가 좋은 사람이라든지, 학벌이 좋은 사람이라든지…. 아… 그런 거 있잖아요. 입사할 때 테스트 본 거 가지고 사람마다 평가한 거 같은 거요."

"그런 게 있어요?"

"네, 아직 모르시는구나. 사람마다 어떤 걸 잘하는지 분석하고 거기다 매년 평가 결과를 덧붙여 하나의 인물 이력서같이 만든 거요. 아, 그런 것도 있겠다. 뭐… 출신 성분 같은 거요."

"출신 성분요?"

"네, 모르긴 몰라도 채용 루트나 채용했을 때 코멘트 같은 게 있을 거예요. 인사팀 동기한테서 들었는데, 검증된 사람을 뽑아서 미리 표시해두고 가장 먼저 발탁하는 게 있대요."

"네…. 그런 게 있다고 해도 저는 잘 몰라서요."

"뭐… 정 안 되면 팀장님께서 직접 하실 거예요. 퇴근하세요."

"네…."

들어올 때부터 평가라니. 사람에 대한 기본적인 정보는 있다고 해도 따로 표시해두기까지. 사이닝 보너스signing bonus계약이 되어 있거나 스카우트해온 사람에 대한 이야기인가.

이 궁금증에 대한 해답은 하루도 안 되어 확실하게 알 수 있었다.

> 사이닝 보너스 몇 년간 이직을 금지하는 조건의 인센티브

"피터 씨는 이전 회사에서 이런 일 안 해봤어요?"

점심 식사 전에 팀장이 의자에 기대어 나를 쳐다보며 느긋한 말투로 일의 진행상황을 체크했다.

"사실 예전 회사에서는 KPI 정도만 보고 사람에 관한 것은 모두 인사팀에서 관리했습니다."

"그럼 여기 와서 많이 배우겠네."

그러고는 조용히 회의실로 따로 불렀다.

"피터 씨, 우리 회사는 인재를 관리하는 회사예요. 사람마다 철저하게 분석하고 자질에 맞는 직무를 주는 거지. 모두에게 각자 자신이 잘하는 것을 하게 만든다고요. 그중에는 중요한 분야를 맡길 인재를 따로 구분하는 일도 포함되죠. 그 사람도 만족하고 회사도 성장하는 제도죠."

나를 의자에 앉혀놓고 팀장은 서서 좌우로 왔다 갔다 했다.

"회사에서 신임할 만한 사람이 중요한 사업을 맡았는지를 봐야 해요. 어차피 정해져 있어. 이미 평가는 끝나 있거든. 아예 출신이 다른 채용도 있고."

"출신이 다른 채용이라뇨?"

"우리는 최근 몇 년간 별도의 트랙을 만들어 해외에 유학한 인재를 높은 연봉으로 채용하고 양성하는 작업을 했어요. 돈이 들어가면 그만큼 뽑아야 되니까 이런 사람들을 우선적으로 쓰는 거지. 야구 좋아해요? 메이저 리그 봐봐. 연봉 높으면 시즌 초반에 죽을 쒀도 그냥 쓴다니까. 삼진을 당해도 어차피 칠 놈은 치게 되어 있다고 여겨 구단에서 기회를 주는 거지."

반문하고 싶은 사례가 생각났지만 묻지 않는 게 좋겠다는 생각이 들었다.

"인사팀에서 따로 관리하는 명단을 줄 테니까 한번 봐요. 아니면 팀장들을 만나고. 팀장들은 대충 알 거야. 정기적으로 열람하고 있으니까."

"네, 알겠습니다."

잠시 후 메일로 주요 관리직원 명단이 들어 있는 엑셀 파일이 도착했다. 이름과 주소, 배우자 이름, 지난 몇 년간의 평가, 채용 방법, 성격 분석과 학력은 물론 입사할 때 면접관들이 평가한 내용이나 어떤 등급의 인재로 분류하고 있는지 등 본인도 모를 것 같은 정보까지 있었다.

주요 관리직원 명단과 각 팀의 세부 사업 담당자를 비교해보니 식자재 물류 관련 새로운 공급망을 연결하는 사업에 명단에 없는 이름이 올라와 있었다. 직접 구매물류팀장을 만나야 하는 건가. 팀장에게 먼저 이야기했다.

"만나보고 오세요. 대충 이야기하면 알 거야."

입사 첫날 인사하러 다니다 한 번 본 구매물류팀장을 그렇게 해서 다시 만났다. 구매물류팀은 본사 지원부서인데 우리보다 한 층 아래인 19층에 있었다. 미리 메신저로 연락을 하고 회의실에서 둘이 만났다.

"피터라고 합니다."

"마이클이라고 합니다."

젊다. 아마 지금까지 본 팀장 중 가장 젊은 것 같다.

"우리 팀 세부 계획 중에 인사 관련해서 나눌 말씀이 있으시다고요?"

"네, 다름이 아니라…. 식자재 신선 공급망을 구성하는 것과 관련해서 내년도에 신규 지역 관련 셋업하는 게 가장 중요한 것 같은데 담당자 선정 배경이 궁금해서요.”

“아… 전략기획팀장님이 보내셨군요. 우리도 되도록 관리직원 중심으로 하려고 했는데 전문가가 아니어서 해당 분야에서 잔뼈가 굵은 인물로 선정했습니다. 식자재 관련해서는 필드에서 경험도 많고 재작년에 경인지역 신선식품 물류 시스템을 만들 때도 저와 함께 바닥부터 일한 사람이라 잘할 거라고 생각합니다.”

“네….”

뭐라 할 말이 없었다.

“그래도 그냥 가시면 팀장님이 이해하기 어려우실 것 같아서…. 우리 팀의 관리직원 두 명은 하반기에 이와 비슷한 레벨의 다른 TFT에 투입할 생각이라고 말씀 전해주세요. 실무를 모르면 안 되는 신선식품 물류라 그런 것이니 잘 좀 말씀드려 주세요.”

이해가 됐다. 아주 중요한 내용을 잘 아는 사람이 하는 게 합리적이니까. 점심 먹으러 가는 길에 팀장에게 그 이야기를 했다.

“아… 그러면 안 되는데…. 구매물류팀장이 그렇게 말했다고요? 밥 먹고 들어가면 나 좀 보자고 연락해요.”

“네.”

구매물류팀장은 점심시간이 끝나자마자 20층으로 올라왔다.

“팀장님, 설명을 드리겠습니다.”

“회의실로 가시죠. 피터 씨도 들어와요.”

그렇게 세 명이 회의실에 들어갔다. 나와 우리 팀장이 한쪽에, 구매물류팀장이 한쪽에 앉았다.

"팀장님, 그래도 이건 아니지. 신선식품 식자재 공급망 만드는 게 얼마나 중요한 일인데. 내년에 물류 파트에서는 그것보다 중요한 사업이 없잖아. 거기에 관리직원을 앉혀야 대표님도 안심하고 든든하게 생각하지. 그거 설비하고 유통망 까는 데 돈이 얼마나 드는데. 거기서 매출 터지면 팀장님도 인정받는 거고. 혼자 먹고 살자고 이러는 거 아니잖아요."

"팀장님, 무슨 말씀인지는 저도 압니다만 이걸 해본 사람이 이 친구밖에 없습니다. 물론 폴이랑 매트가 똑똑하고 논리적이긴 하지만 안 해본 일에 책임을 맡기는 건 아니잖습니까. 그 친구들은 줄곧 구매 쪽 일을 맡아서 잘해왔습니다. 그래서 이번에도 그런 쪽으로 생각하고 있습니다."

"사정 알잖아. 인사팀장이 매년 사람들 하나하나 발가벗겨놓고 분석해서 우수 직원 미리 찍어두고 대표님 설득하는 거. 과거 실적 가지고 표준 모델 만드니까 이제 대표님도 수긍하는 눈치야. 검증해보라고 했지만 우리가 먼저 치고 나가서 인사팀보다 과감하게 활용하고 혁신하고 있는 것으로 포지셔닝되어야 한다고. 폴이나 매트 씨는 뭘 시켜도 일은 잘하잖아. 팀장님도 좀 봐주고. 그리고 그 친구는 지금 하는 일 그대로 하게 놔두면 되잖아요. 경인지역 관리도 중요하니까."

나는 옆에서 숨소리까지 눈치를 봐야 했다. 내가 들어도 되는 말인가?

"팀장님 말씀 잘 알겠습니다. 다시 생각해보겠습니다."

"생각은 무슨…. 이번 주까지 대표님께 전체 팀 전략 실행계획

보고해야 하니까 빨리 답을 줘요. 다 잘되자고 하는 일이니까."

구매물류팀장이 나가고 둘만 남았다. 팀장은 잠시 서서 창밖을 보더니 내 맞은 편 의자에 몸을 구부리면서 앉았다.

"피터 씨, 회사란 게 그래. 나도 알아. 그 친구 일 잘하는 거. 이번에 충청·경상권 물류 체인 일을 그 친구가 하면 최적의 예산으로 빠르게 안착시킬 거란 거. 그런데 회사란 혼자 일하는 게 아니잖아요? 나도 피터 씨하고 같이 일하면서 눈치 봐. 제인 씨 눈치도 본다고."

팀장은 나를 응시하며 말을 이었다.

"이 일은 생각보다 중요해요. 인사팀에서 몇 년 전부터 직원을 분석해서 미리 성공할 수 있는 사람을 찾는 HRM^{human resource management}을 하고 있어요. 우리 회사가 겉으로는 직급 파괴, 호칭 파괴 하지만, 아니야. 우리가 언제부터 그랬다고. 인사팀에서 뭔가 혁신적인 것을 만들어서 계속 대표님한테 보고해요. 그럼 대표님도 반신반의하다가 결국에는 듣게 되는 거지."

> **HRM** 인적자원계획활동

"그런데… 관리직원이 실제로 일을 잘합니까?"

"그럴 수도 있다는 거지. 피터 씨, 생각해봐. 지금까지 회사에서 성공한 사람들 분석한 것을 섞어서 뭔가 만들었어. 예를 들면 우리 프랜차이즈 브랜드 팀장들, 한우나 씨푸드나 나름 한가닥 하는 사람들인데 이 사람들 성격이나 학력이나 전공 같은 걸 분석해서 표준을 만들었다고 해봐. 그럼 맞지, 지금까지는. 그냥 일어난 현상을 정리한 거니까. 그러면 논리가 설득력을 얻는 거고."

"누가 할 거죠?" ➡

"네. 하지만 앞으로 일어날 일은 모르는 거잖아요."

"나도 알지 그건. 자료는 과거일 뿐이라는 걸. 그런데 인사팀에서 뭔가 하면 그건 검증이 될 때까지 계속 가는 거예요. 우리는 여기서 뭘 해야 할까? 그냥 실무 경험 가지고 말하자고? 이미 혁신적인 것처럼 보이는 정보가 대표님한테 가고 있는데? 이런 건 먼저 치고 나가야 하는 거예요. 그게 우리 팀이 보여줄 수 있는 거고."

작게 생각하면 보고서에서 사람 이름 세 글자 지웠다 다시 쓰는 것. 크게 보면 한 사람이 기회를 잃는 것. 어떻게 보면 계속 같은 사람만 기회를 얻고, 금수저도 흙수저도 이미 정해져 있는 것 같다. 다들 생존을 위해 뭔가 만들고 거기에 맞춰나간다.

"피터 씨, 이건 구매물류팀장이 알아서 할 거니까 다른 거 또 있나 봐줘요. 지금 한 이야기는 비밀. 알죠?"

급하게 미소를 보인 팀장은 다시 미소를 거두고 뒤돌아선다. 서늘한 공기만 회의실에 남아 나를 어색하게 만든다.

퇴근 전에 구매물류팀에서 수정한 엑셀 파일이 메일로 왔다. 신선식품 물류망 담당은 다른 직원으로 바뀌어 있었다. 그리고 놀라운 건 이미 다른 팀들에서는 모두 관리직원들이 주요 세부 사업 담당자를 맡기로 되어 있었다는 것이다.

"피터 님, 어제부터 물어보신 건 잘 해결됐어요?"

제인이 물어본다.

"네, 팀장님께서 주신 가이드대로 하면 될 거 같아요."

"네, 잘 됐네요."

그러고는 더 이상 물어보지 않고 다른 이야기가 나왔다.

"그 얘기 들으셨어요?"

"네? 무슨 얘기요?"

"이번에 카페 브랜드 팀장님 바뀐대요."

"아… 그래요. 몰랐어요."

"동기한테 들었어요. 인사팀에서 추천했다는데 서울지역 관련 TFT 하셨던 분이래요."

"네…. 그런 일이 있었네요."

"네. 아무튼 우리 회사에선 이런 소식을 공식 발표가 아닌 뒤로 알음알음 듣는다니까요. 어차피 소문 다 나는데 왜 그러는지 몰라."

인사팀이 새로 추천한 카페 브랜드 팀장은 어떤 사람일까. 하지만 나는 제인에게 들은 그 이름이 오늘 하루 종일 본 명단 어딘가에 있었다는 걸 어렵지 않게 기억해냈다.

내 이름은 어디에 있을까. 헛헛한 마음으로 자리에 앉았다.

새로운 인물 vs. 안심되는 라인

GE는 제조업 인사 시스템에 많은 영향을 미쳐왔다. 성과에 따라 하위 일정 비율만큼을 'C급 직원'으로 규정하고 일정 부분 정리해 고하는 것부터, 키울 직원은 미리 과감하게 발탁해 큰 업무를 맡겨보는 등 과거 연공서열 조직의 폐쇄성을 깨버린 좋은 시도들이 있었다. 그중 하나가 '인재 파이프라인Talent pipeline'이다. 기업에 필요한 여러 직무의 인재를 미리 키워 현재 그 일을 하는 사람이 다른 일을 해도 공백이 생기지 않게 만드는 것이다. 경영자 후보를 미리 선발하고 집중 교육시켜 추진력 있는 사업 환경을 만들어왔다. 상대평가는 그중에서도 옥석을 가리고 높은 평가를 받은 인재만 살아남는 결과를 만들었다.

그런데 최근 이런 채용-발탁-승진 과정에 변화가 생기고 있다. 상대평가를 과감히 없애고 미리 누군가를 염두에 두고 키우지 않는 비중이 늘고 있다. 성공한 IT 기업에서 이런 제도가 먼저 시작되었고, GE를 비롯한 기존 글로벌 기업도 강제적이고 물리적인 인사 제도에 칼질을 하기 시작했다. 평가 목적이 신상필벌 그 자체가 아니라 직원들을 동기부여하는 것으로 바뀌고 있다. 이런 시도는 팍팍한 기존 기업문화에 질식해 있던 직장인들에게 환영받았다. 서로 대화를 하기 시작했고, 주도적으로 일을 벌이면서 할 일을 찾아나

갔기 때문이다. 마치 서부 개척 시대의 활력 같은 도전정신이 기업에 확산되었다.

하지만 여전히 많은 기업들은 아직 과거에 머물러 있다. 인재 파이프라인을 신봉하고 '출신'을 중요하게 여기며 실제 현장의 퍼포먼스에는 슬쩍 눈감고 있다. 선택된 10퍼센트를 위해 90퍼센트의 직원이 일하는 셈이다. 흙수저, 금수저 논쟁은 직장 안에도 있다.

인재를 미리 판별해서 우수한 인재를 키우는 것도 일리 있어 보인다. 하지만 귀납적 과정을 거쳐 뒤늦게 크는 사람도 있다. 처음에는 주목받지 못하다가 어느 순간 현장을 이해하고 경영 방법을 알게 되는 대기만성형도 있는 것이다. 앞서 언급한 벨연구소의 머빈 켈리도 조직 전체를 책임지는 데 26년이라는 시간이 걸렸다. 늦게 승진한 경우지만 벨연구소의 혁신을 누구보다 잘 이끌었다. 처음에 잠깐 주목받는 사람도 있지만 대개의 경우에는 경험이 접목되어야 한계치까지의 잠재력을 알 수 있다. 피터 드러커도 경영의 정수라 불리는 주요 저서들을 80세 이후에 쏟아냈다.

하지만 많은 기업에서는 저성과자를 퇴출시키는 1990년대 GE의 이론에서 새롭게 업데이트되지 않았거나 기득권을 혁신으로 포장해 인재 관리를 망친다. 실세 임원이 맡는 보직에 따라 아래 직원들이 이리저리 옮겨 다니는 모습은 기득권이 사라지지 않은 기업의 전형이다.

실세 임원과 친분을 쌓아보려는 다른 리더들도 곧 이에 편승한다. 경영진이 고민해서 혁신안을 뽑아 들어도 그 어젠다를 자신의 편의에 맞게 이용하는 사람들이 발생한다. 그들은 유수의 경영 이론을 내세우지만 실제로 사람을 배치하는 방식이나 인사 자료를 관리하는 형태는 과거와 다르지 않다. 경영자가 기업의 근간이 되는 전략, 인사, 재무를 누군가에게 맡기면 호가호위가 시작되는 것이다. 이것은 긍정적 개념의 '위임'이 아니며 '도덕적 해이'를 불러온다.

국내 한 중견기업인 A는 약 5년 전부터 우수 인력을 따로 채용하기 시작했다. 업력이 20년 넘은 이 기업에서 지난 15년간 만들지 않았던 별도의 채용 과정을 만든 이유는 무엇일까?

A 기업 경영진은 회사 매출이 정체되기 시작하자 근본부터 바꾸어 더 큰 기업을 만들 목표를 세웠다. 내부 역량이 사라졌거나 경영진이 일을 못해서 회사 실적이 정체되었다고 분석한 것이 아니라 아예 새로운 판을 만들어 회사 규모를 바꾸어보자는 취지였다.

사실 이것은 주주를 설득시키기 위한 경영진의 포장이었다. 경영진은 그동안 해놓은 사업들이 지지부진한 것에 대해서는 제대로 분석하지 않았다. 대신 대기업들의 내부 싱크탱크 사례들을 수집하고 국내외 경영학 서적들의 새로운 경영 기술에 대해 연구하기 시작했다. 실적이 갈수록 떨어지는데도 이런 사례들부터 찾은 몇 가지 콘셉트로 스스로 무능한 경영진이 아님을 주주들에게 설득하려고 했다. 주주가 몇 명 안 되는 중견기업이어서 주주들의 철학만 맞춰주면 이런 경영 콘셉트를 적용해 얼마간 시간을 벌 수 있었다.

그런 경영 콘셉트 중 하나가 우수 인력을 별도로 채용하고 양성해 회사의 핵심 자원으로 만들자는 것이었다. 기존 직원들과 채용 방법부터 달랐다. 처음부터 많은 기회를 준다고 채용시장에 정보를 흘리고 다녔다. 마치 일반직 직원으로 입사하는 것은 부품으로 입사하는 것인 양, 이 별도 채용에서는 일반직 채용보다 우위에 있다는 장점들을 강조했다. '몇 년 안에 어떤 직급까지 간다더라', 'CEO 코스' 등 꿈은 크고 세상에 대해 잘 모르는 대학생들을 대상으로 비교적 좋은 이미지를 만들어놓았다.

회사에서는 별도의 코스로 들어온 인재들을 가지고 새로운 실험이 벌어졌다. 이들에게 컨설팅 회사의 기법을 주입하고 이들을 각 실무부서와 함께 일하게 했다. 경영진은 주주들에게 회사의 낡은 사고와 경영 방법을 일신할 수 있는 기회라 말하고 다녔다.

이 별도 채용 인재 중 일부는 선민의식을 갖게 되었다. 그들을 뽑은 상사들은 그들이 곧 실무에 투입되고 사실상 별도 채용자들 간 내부 경쟁을 통해 향후 경영진이 나올 거라고 말했다. 이들은 자신이 별도 채용 출신이란 걸 자신 있게 말하고 다녔다. 학력 등 스펙으로는 분명 기존 직원들보다 높았으니, 주주들도 이렇게 심혈을 기울여 뽑았다는 인재를 처음에는 더 신뢰했다. 똑똑한 사람은 뭔가 다를 거라는 믿음이 있었다.

이들은 투입된 TFT에서 남다른 존재감을 보이기 시작했다. 실무자들이 일하는 방법을 뜯어고치려고 하였다. 실무자들이 고민 없이 같은 방법으로만 일하는 것을 컨설팅에서 제시한 방법대로 뜯어고치려 하였다. 별생각 없던 실무자들에겐 이들의 말이 새롭게 들렸다. 이들의 말에 따라 바꾸는 사람이 있는가 하면 반대로 귀찮은 일만 생겨난다는 이유로 이직하는 사람이 생겨나기 시작했다. 영혼없이 전임자가 하던 방식대로 일해오던 부서에는 새로운 분위기가 조성되고, TFT를 중심으로 회사는 이제 새로운 경영을 시작하려는 것처럼 보였다.

하지만 스스로 알아서 잘하던 직원들은 이런 방식이 달갑지 않았다. 그들은 생각 없이 일하지도 않았고 누구보다 만드는 서비스와 제품에 관심이 많은 사람들 입장에서는 업력이 없는 별도 채용 인재들의 방식이 모두 맞는다고 여겨지지 않았기 때문이다. 업력이 낮다보니 일에 대한 이해가 낮고 조사 데이터의 행간에 담긴 의미를 읽는 눈도 약했기 때문이다. 그런데도 이들의 말을 들어야 했다. 이들을 설득하려고 하면 과거 진부한 관행에 매인 것처럼 바라보는 회사 분위기가 맘에 들지 않았다. 실무자들이 열심히 해서 성과가 나와도 경영진은 주주들에게 별도 채용 인재들의 성과라고 포장하기에 급급했다. 애써 노력해서 실적을 만든 직원들은 점점 회사에 대한 불만과 소외감이 높아질 수밖에 없었다. 어떻게 해도 이들의 들러리밖에 안 된다는 것이 눈에 보였기 때문이다. 승진이나 인사 발령도 보이지 않는 곳에서 수고한 직원들보다 별도 채용 인재들 위주로 돌아갔기 때문이다. 보이지 않게 출신에 의한 차별이 회사 내부에서 감지되고 조직은 보고서와 말 놀음에 평가되고 움직이면서 오염되기 시작했다. 이런 일들이 벌어진 데는 별도 채용 인재를 '자기 사람'으로 만들고 조직의 장악력을 높이려 했던 경영진의 의도가 있었다. 그사이 회사는 별다른 실적 개선을 보이지 않았지만 주주들은 이론적으로는 맞는 이야기를 듣다보니 이 상황을 시간이 지나면 실적으로 이어질 패러다임의 전환기 정도로 인식하고 있었다.

그동안 스스로 알아서 회사를 여기까지 만들어온 인재들이 하나둘 떠나기 시작했다. 회사의 중요한 역량이었던 인재들이 상대적 박탈감과 막혀버린 회사 내 향후 입지 때문에 경쟁사로 옮겨갔던 것이다. 기업에서는 인재들의 이탈에 대해 회사에 대한 반감 때문이라고 치부해버렸다. 하지만 함께 일하던 사람들에겐 자기도 회사를 떠나야 하는지 고민하게 만들 만큼 중요한 영향을 미쳤다. 이 사람들이 회사를 만들어왔다는 것을 잘 알고 있었기 때문이었다. 회사가 중견기업 규모까지 성장하는 데 원동력이 되었던 사람들을 회사를 발전시킨다는 명목하에 진행한 차별적 채용과 관리라는 잣대로 회사가 걷어차버린 것이다.

최근 중견기업에서 이런 정체가 많이 벌어지고 있다. 기존 사업의 정체에 대한 해결책을 제대로 찾지 않고 임원들이 자신의 기득권을 유지하기 위한 방향으로 진행해 기존 역량마저 무너지는 경우가 많다. 고 스펙 직원들은 넘쳐나지만 전반적으로 모든 사업 분야에서 무엇 하나 두드러진 실적을 내지 못하는 상태가 지속된다.

"목표가 낮아요"

근거 없이 의지로 세우는 과도한 매출 목표

`#목표설정` `#BHAG` `#시작부터못할목표`

"꿈을 기록하는 것이 나의 목표였던 적은 없다,
꿈을 실현하는 것이 나의 목표다."

만 레이Man Ray, 사진작가

- 보다 공격적인 목표가 기업의 성장을 이끈다는 이론은 많다.
- 하지만 무리한 목표는 시작하기도 전에 직원들의 의욕을 꺾어버린다.
- 지킬 수 있지만 의욕을 불러일으키는 목표는 어떻게 만들 수 있을까?

지난하게 이어지는 경영계획도 어느새 중반을 향하고 있다. 추상적인 의제에서 출발해 구체적인 부분까지 이어지고 있다.

"각 사업별로 KPI를 정리해봅시다. 전략 목표가 달성되는지 평가하려면 적절한 성과지표를 세팅해서 직원들이 회사가 원하는 방향으로 움직이도록 동기를 부여하고 인사평가까지 일관된 기준을 갖는 게 중요하니까요."

경영계획의 진척에 대해 대표에게 전략기획팀에서 보고하는 자리다.

"지난 KPI를 잘 보는 게 필요해요. 사실 적절하지 않은데도 관례처럼 쓰이는 게 많았거든요. 기술적인 부분이나, 당장 매출이나 이익이 나진 않지만 중장기적으로 회사 발전에 도움이 되는 일은 반드시 필요해요. 이런 일이 단기 실적에 묻히지 않도록 전략기획팀이 컨트롤타워 역할을 잘 해야 합니다."

대표는 구체적인 사례를 들어 설명하며 별것 아닌 것처럼 생각하는 목표 설정의 중요성을 강조하는 데 오랜 시간을 할애했다.

"다 좋은데, 대표님은 말의 앞뒤가 맞지 않아."

팀장이 자리로 돌아와서는 들릴 듯 말 듯 한마디한다.

"아주 정교한 KPI를 강조하면서 높은 성취를 강조한단 말이지. 그러면 다들 눈대중으로 낮은 목표를 잡고 높은 달성률로 어필하려고 할 거야. 작성할 때만 잘 버텨내면 일 년 내내 마음 편하고 성과평가 시즌에는 할 말도 많고 말이야."

"목표 수준이 적절한지 아는 게 가장 중요하겠네요."

"그렇지. 사업의 단위와 그 상하부 조직의 목표가 서로 연결되는지 봐야 하고, 각 목표는 성과를 가장 잘 설명할 수 있는 KPI로 정의되었는지 확인하는 게 중요하지. 피터 씨가 이번에 잘 봐줘요."

전에 다니던 회사에서도 하던 일이다. 사실 그때는 목표를 뭘로 정하든 누구도 1년 내내 신경 쓰지 않았다. 하지만 여기는 조금 다른 것 같다. 대표도 열성을 보이고 팀장도 강조한다.

"네. 그런데 목표는 위에서 어느 정도 내려주는 건가요, 아니면 철저히 사업 단위별로 받나요?"

"목표가 낮아요" ⇒

"여러 방법이 있지. 가장 좋은 것은 하는 사람이 목표를 정하는 거지. 하지만 회사의 자원이 얼마나 되는지 알지 못하는 경우가 많아. 재무적인 내용은 재무팀 정도만 아는 경우가 많지. 그렇지만 재무팀도 어디까지나 숫자만 볼 뿐 실무적인 부분이 내년에 어떻게 얼마나 바뀌는지는 잘 모르지. 그러니까 절충이 필요해요. 일단 피터 씨가 재무팀장을 만나 개략적으로 내년도 각 세부 사업별 매출이나 이익, 현금 흐름 등 필요한 최소 가이드라인을 잡아봐요. 그러면 검토해서 내가 각 조직별로 주요 목표들에 대해 기준을 정해주고, 각 조직에서 가이드에 맞춰 KPI를 내고, 그것을 우리가 다시 검토해서 전사적으로 맞춰보기로 하죠. 지난번에 전체 목표도 정했고 비용 문제로 각 팀별로 리뷰도 했으니까, 이번엔 시간이 많이 걸리지 않을 거예요."

재무팀과의 미팅은 오후로 잡았다. 나와 제인 씨가 외부 미팅이 있는 팀장 대신 참석했다. 물론 주요한 내용은 이미 팀장들끼리 사전에 공감이 있었다고 한다.

"피터 씨, 재무팀에서는 내년도 자금 여건을 고려해볼 때 10퍼센트 전후의 매출 성장이 필요하고, 영업이익률 역시 올해보다 3퍼센트 높은 10퍼센트 수준으로 내야 한다고 생각합니다. 근거는 투자하는 건물 중…."

재무팀은 지난번에 들었던 구체적인 투자 예정 사업과 점포별 매출 추세와 내년에 돌아오는 주요 상환 이슈 등을 반복해서 설명했다. 결론은 전체 조직의 목표를 모두 합쳤을 때 매출 10퍼센트 성장과 영업이익률 10퍼센트를 맞춰야 한다는 것이다.

"물론 우리도 물류망에 신규투자하고 높은 수수료의 유통망에 입점하는 내년 사업 방향을 고려할 때 영업이익률을 추가로 올리는 게 쉽지 않다는 건 알고 있습니다. 하지만 안정적인 재무구조를 유지하고 내후년 정도에 있을 상장 등을 고려하면 이 정도 성장은 필요합니다. 최근 몇 년간 우리 사업들의 성장률이 큰 폭으로 줄어 외부에서 바라보는 시선이 좋지 않은 상황이니까요."

"네, 알겠습니다. 각 브랜드와 잘 이야기해서 전사적으로 같은 목표를 보고 준비할 수 있도록 하겠습니다."

그런데 모든 브랜드에 동등한 수준의 목표를 줄 수는 없다. 상대적으로 성장세가 좋은 사업과 정체기에 진입한 사업, 역성장에 접어드는 사업 등 브랜드마다 조건이 다를 텐데 전체 목표를 달성하기 위해 각 브랜드별로 어떻게 가이드를 주어야 합리적일까.

"그야 간단하죠. 브랜드별로 올해 성장률과 작년 성장률을 평균 낸 후 전체 목표 10퍼센트 성장을 위한 매출 상승분을 이 비율대로 가중치해서 각 브랜드에 할당하면 되니까요. 그렇게 하라고 가이드 주면 하지 않을까요?"

제인은 아주 간단하게 대답했다. 아주 산술적인 방법 같았다.

"작년에는 어떻게 했어요?"

과거에 연연하고 답습하는 건 싫지만 안 해본 일에는 항상 참고 자료가 필요한 법이다.

"작년에는 팀장님께서 임의로 정하신 거 같아요. 이리저리 조정해서 사업 특성에 맞게 가이드를 주면 각 팀장들이 그걸 기준으로 플러스 마이너스 해서 다시 제출한 거 같아요."

"목표가 낮아요" ➡

"그럼 이것도 제가 한 번 고민해보고 초안을 짜서 팀장님께 드리면 되겠군요."

"네, 너무 부담 갖지 마세요. 어차피 가이드를 뭘로 해도 각 브랜드에서는 순순히 받아들이지 않을 테니까요."

"그런가요…."

책상에 앉아 엑셀을 켜놓고 몇 년 치의 실적 자료를 본다. 더해보고 나눠보고 곱해보고. 뭔가 근거를 만들기 위해 복잡한 계산을 한다. 계산할수록 점점 설명하기 어려워지고 다시 지우기를 반복한다. 몇 번의 수정을 거쳐 그럴듯한 수식을 만들어낸다. 물론 이게 맞는 방법인지는 모른다.

"팀장님, 내년 매출과 영업이익 등의 주요 실적에 대한 가이드를 만들어봤습니다."

"네, 말씀해보세요."

팀장은 내가 보낸 메일을 보면서 귀로 듣는다.

"우선 최근 3년간 주요 실적 추세와 올해 월별 주요 실적 기여 비중을 보고 정리해봤습니다. 결과는 재무팀에서 요청한 수준에 맞추어 작성했습니다."

"네, 뭐 처음 했는데 좋네요. 제가 각 팀장들에게 공지할게요."

한 번에 통과다.

팀장은 메일로 주요 가이드 내용을 각 브랜드와 조직에 전달했다. 기술적인 부분을 다루는 각 조직의 KPI는 이후 일정에 검토하면 되니 아직 여유가 있다. 전략기획팀은 우선 각 영업 조직과 프랜차이즈 브랜드의 목표가 가이드와 맞는지 확인하면 된다.

"제인 씨, 이렇게 하는 거 맞죠? 이렇게 보내고 받는 거…. 팀장님께서 별다른 말씀을 안 하셔서요."

"뭐 팀장님들 특성마다 다를 것 같아요."

"다르다면 어떤…."

"이것도 정치적인 게 좀 있는 것 같아요. 아무래도 가이드다 보니 100퍼센트 딱 맞춰서 하지는 않을 거고…. 잘 보이려는 팀장은 더 높은 목표를 쓸 거고, 안주하는 성향의 팀장은 적당히 내고나서 눈치를 보겠죠. 연말에 평가도 있으니까. 작년에는 별다른 이슈가 없는데도 역성장으로 마감했어요. 그런데도 원래 목표치가 낮아 목표를 달성한 브랜드도 있었어요."

"아, 그런 일도 있군요. 처음 계획할 때는 상황이 어려울 걸로 봤나봐요."

"그렇지도 않아요. 상황이 어렵다기보다는 분위기를 그렇게 만드는 거죠. 사실 계획에 구체적인 자원 투입이 빠져 있으면 이런 것은 다 숫자 장난이니까요."

"그럴 수 있겠네요. 반드시 구체적인 자산 변동이나 투입 자금 변동을 같이 검토해야죠. 그러고 보니 우리 가이드에도 그런 게 없네요."

"네, 없죠. 위에서 그런 거에 대해 별로 중요하게 생각하지 않으니까요. 작년에는 전체 다 팔아야 50억 나오는 세부사업이 매출 목표를 60억이나 써낸 데도 있었어요."

"그러면 써낸 조직이 손해 아니에요? 나중에 어떻게 감당하려고…."

"목표가 낮아요" ➡

"평가 때까지 있어야 알죠. 그땐 다른 데 가 있으면 그만이니까요. 처음에는 높은 목표를 내고 그럴듯하게 세부 실행계획을 발표해서 대표님한테 눈도장 찍고 초반 몇 달간 바짝 투자 과잉에 프로모션 엄청 해서 매출을 불린 다음 그 성과를 발판 삼아 다른 데로 이동하면 그만이니까요. 실제로 그런 분들 몇 명 계세요."

"인사평가 때 평가 대상자의 부서가 중간에 바뀌면 목표가 끝까지 체크되지 않나봐요."

"이걸 다 엑셀 파일로 관리하는데 누가 끝까지 보겠어요? 저희도 몇 년 전 자료는 하나도 없는데. 담당자가 그만두면 이런 파일이 어디 있는지 알 수도 없고, 그때가 되면 또 새로운 사업계획을 잡을 거니까 지나간 건 안 보려고 하겠죠."

"예전 회사에선 정반대였어요. 다들 이런 건 신경 쓰지도 않았어요. 이런 건 경영관리팀에서 만들고 실무자는 그런 걸 한다는 것만 알지 자기가 뭘 해야 하는지 목표 같은 걸 알지 못했거든요. 그게 편했는데, 생각해보면 목표의식이 적었다고 해야 하나?"

"저는 차라리 그게 더 좋은 거 같아요. 목표는 사실 늘 변할 수밖에 없잖아요. 당장 다음 달에 무슨 일이 벌어질지도 모르고, 언제 매출이 올라가겠다고 계획을 만들어봐야 적중하지도 않고요. 요새는 환경적 요인이나 정치적 상황, 사회적 이슈가 많아 예측 자체가 어렵잖아요."

"하긴 중국 관광객이나 식품 관련 불안 요소들, 케이블 TV에서 뜨는 콘텐츠 같은 건 예측할 수가 없으니까요. 정량적인 목표는 사실 단기적으로 볼 수밖에 없죠."

"그러니까요. 이런 목표 만들고 검증하는 데 드는 시간 생각하면 그냥 지금 하는 거나 잘하는 게 낫다는 생각도 들어요. 전략기획팀에서 일하는 제가 이런 생각을 한다는 게 좀 웃기네요."

정답은 없다. 패러다임의 차이일 뿐. 그래도 내 역할을 충실히 할 생각이다.

각 브랜드와 지역 영업 조직에서 세운 목표가 속속 도착하기 시작했다. 정말 각 팀의 성향에 따라 목표에 차이가 있었다. 부침을 겪는 피자나 해산물 뷔페 브랜드는 가이드보다 낮은, 간신히 올해보다 1~2퍼센트 높은 매출액을 적어냈다. 하지만 한우 브랜드는 15퍼센트 정도 상향된 매출액을 적어냄으로써 올해 잘 진행되고 있는 사업 흐름이 그대로 드러났다. 전체적으로 합산해보니 가이드보다 약간 낮은 8퍼센트 성장. 영업이익률은 다들 가이드에 충실히 맞춰서 반올림하니 10퍼센트 영업이익률이 나왔다.

"그런데 이 정도 성장은 물가상승 반영하면 매출에 별다른 전략이 없는 거나 마찬가지 아닌가요?"

전략기획팀에서 중간 진척을 보고하는 자리에서 대표는 크고 담대한 목표를 말했다.

"군이 지키지 못할 목표를 세울 필요가 없긴 하지만 사업의 분명한 전략적 목표가 없는 듯한 계획은 세우나마나죠."

팀장은 잠시 당황하는 눈치였지만 곧 다음 말을 이어갔다.

"가이드를 재무적으로만 하는 건 아무래도 최소 요건인 것 같습니다. 사업전략에 맞춰 새로운 성장동력을 찾을 수 있도록 머리를 맞대겠습니다."

"목표가 낮아요" ➡

그러고나서 우리 팀장은 저녁이 다 되어갈 무렵 각 조직의 팀장들을 회의실로 따로 불러 모았다.

"아시다시피 회사의 매출이 최근 2, 3년간 정체 상태입니다. 꼭 그래야 하는 건 아니지만 지금 준비하는 경영계획이 반전할 수 있는 모멘텀을 만들지 않으면 어려운 상황이 이어질 겁니다. 저희가 드린 가이드는 어디까지나 최소한의 것입니다. 보시고 새로운 세부 계획들로 바뀐 목표를 다시 제출해주시길 부탁드립니다."

"갑자기 왜 바꾸라는 겁니까. 우리는 지금 있는 자원으로 최선을 다한 목표를 적어 낸 건데요."

"어차피 높은 목표를 세우고 나중에 못 지키면 성과 평가만 떨어지지 않습니까. 높은 목표 세운다고 누가 난이도를 보는 것도 아니고…."

팀장들의 반발이 생각보다 거셌다.

"지금 이 무난한 목표는 현재 사업모델 안에서만 생각한 것 아닙니까. 자원 수준으로 목표를 생각하는 것도 그렇고요. 새로운 사업모델을 생각하면 지금보다 더 낫겠죠."

"실험적인 건 그냥 합니까. 어느 정도 뒷받침이 있어야죠. 투자도 시원하게 안 해주면서 실험에 실패하면 여지없이 낮은 평가를 주잖아요."

주로 피자 브랜드와 해산물 뷔페 팀장이 전략기획팀장의 의견에 반론을 제기했다.

"대표님께서 직접 지시하신 겁니다. 더 이상 수정할 게 없는 팀은 그대로 제출하세요. 하지만 저희가 거기에 대해 따로 설명드리진 않을 겁니다."

회의는 결국 대표의 이름이 나오고 나서야 어느 정도 정리되었다. 다들 할 말이 많았지만 참는 분위기다.

"아니, 왜 매번 이렇게 해야 하는 거야. 뒤에 가서 이렇게 바꾸라고 할 거면서 왜 미리 지치게 만들어?"

복도엔 자리로 돌아가는 팀장들의 볼멘소리로 가득하다. 우리 팀장도 누가 듣든 안 듣든 한마디한다.

"꼭 실적이 안 나오는 데가 더 토를 달아요. 생각을 해야지."

회의가 끝나고 몇 시간 지나자 메일로 새로운 목표가 다시 도착했다. 대부분 기존보다 4~5퍼센트 높은 매출 성장률을 다시 써냈다. 물론 이것이 어떻게 몇 시간 만에 가능한지는 서로 묻지 않았다. 그런데 유독 한 팀은 다른 팀과 차이가 큰 목표를 보내왔다.

한우 브랜드… 30퍼센트 매출 성장.

몇 시간 만에 무슨 일이 있는 걸까. 그리고 왜 이렇게 높게 잡은 것일까. 사실 매출을 올리기 위해 필요한 식재료 등 원가에 해당하는 부분을 어떻게 마련할 것인지조차 서로 알지 못하는 상태에서.

"그래, 한우팀장은 의지가 있네. 뭐든 목표를 세우면 그걸 따라가게 된다고. 지금 당장은 아이디어가 별로 없을지 몰라도 한우 브랜드는 결국 해낼 거야."

팀장이 한우 브랜드 칭찬을 한다. 대표에게도 한우 브랜드의 의지에 대해 피력할 생각이라고 한다.

일주일 뒤 세부적인 재무 목표와 예산을 짜는 세션에 돌입했다. 물론 예산에 대한 고민, 매출을 급격하게 성장시킬 구체적인 아이디어가 없는 한우 브랜드는 제시간에 세부 계획을 내지 못했다.

'피터 씨, 시간을 조금만 더 줘봐요. 지금 우리는 매장은 몇 개밖에 증가하지 않는데 매출을 엄청 올려야 하니 죽겠어요. 가짜도 정도껏 만들어야지…. ㅜㅜ'

브랜드에서 예산 등을 관리하는 직원이 회사 메신저로 시간을 좀 달라고 계속 죽는소리를 한다.

'우리하고 상의도 없이 목표를 이렇게 높여서 써냈다니까요…. 아… 이거 뭐 다 팔아야 이 매출 나오겠네. 설비 시설도 다 팔고…. 어떡해서든 숫자는 맞춰서 낼게요. 검증이나 이런 거 하지 말아요…. ㅜ'

그리고 다시 보지도 않을 것 같은 계획이 메일로 왔다. 당장 새로운 회계연도 초반에는 낮은 매출 성장으로 계획을 잡고 마지막으로 갈수록 기형적으로 매출이 높아지는 구조. 이때까지 누가 남아 있을까 하는 생각으로 짠 거라는 직원의 설명과 함께.

모두 받아서 실무 계획에 반영하고 나니 막상 우리 부서의 KPI는 어떻게 해야 할지 막막했다. 우리는 무엇으로 성과를 내야 하나….

"음… 보통은 회사 전체 매출이나 순이익 같은 걸로 해요."

"그런데 그건 각 부서들이 하는 일의 종합이지 우리 팀 고유의 일이 아닌 것 같은데요."

"그냥 관리인 거죠. 뭐 우리 팀만의 특별한 TFT가 있지 않은 다음에야…."

"그럼 사실상 전체 성과에 묻어가는 거잖아요…."

제인과 우리 팀 목표를 이야기하다 매출과 직결되지 않는 부서는 더더욱 목표가 불투명하다는 사실을 알게 되었다.

"그래서 이런 부서들이 해야 하는 일이 더 안 되는지도 몰라요. 평가가 하는 일과 직결되지 않으니까요. 혁신적인 뭔가를 하지 않아도 그걸 목표로 잡은 게 아니니까 다들 그냥 현상 유지만 하는지도 모르겠어요."

다른 팀 KPI를 보면서 뭐라고 할 게 아니었다. 나도 내가 할 프로젝트와 전략 목표를 몇 개 정해 팀장에게 가서 구체적인 KPI 합의를 해야 하지 않을까.

팀장은 지금까지 다른 지역 영업 조직이나 프랜차이즈 브랜드의 목표는 강조하면서도 우리 팀의 목표 설정에 대해서는 한 번도 언급이 없었다.

"팀장님."

"네, 피터 씨. 무슨 일이라도…."

"내년 경영계획 때 다른 팀들은 개인별, 조직별로 전략목표를 정하고 KPI도 합의하는데 저희도 필요한 거 같아서 나름대로 정리해보았습니다."

"말해봐요."

"우선, 전략기획 측면으로 각 조직이 할 수 없는 전사적인 방향에서 필요한 내용을 생각해보았는데, 현재 타사 대비 떨어지는 것으로 알려져 있는 재방문율을 높이기 위해 마일리지 카드나 고객분석을 통한 CRMCustomer Relationship Management을 시작하는 TFT가 필요한 것 같아서…."

"저기…."

"네, 팀장님."

준비가 충분하지 못했나?

"그게…. 우리 팀은… 지금 하는 일만
충실히 하면 돼요."

"아… 지금 하는 일이라면…."

"어렵게 생각하지 말고 우리 팀 KPI는 회사 전체 매출과 순이익
으로 합시다. 우리가 하는 일이 그거니까."

"아…."

"피터 씨가 말한 것도 필요할 수는 있는데 그런 건 개별 팀에서
하는 걸로 합시다."

영업 조직이나 각 브랜드는 이런 걸 할 시간도 사람도 목표도
없다.

"제인 씨나 피터 씨나 나나 회사가 잘되면 되는 거지. 그게 중앙
조직의 역할이고. 다 같은 걸로 등록해요."

회사가 잘되면 되는 건 우리 회사 직원 모두가 마찬가지 아닐까.
우리 팀에만 너무 관대한 것 같았다. 그렇게 전사적 경영계획은 몇
주간의 목표 KPI 수정을 거쳐 막바지에 다다르고 있었다.

> CRM 고객과 관련된 자료
> 를 분석하고 통합적으로 관리
> 하여 마케팅에 활용하는 것

높은 목표를 통한 혁신
vs. 만성적인 목표 미달성

경영 컨설턴트 '짐 콜린스Jim Collins'가 『성공하는 기업들의 8가지 습관』에서 주장한 '크고 위험하고 대담한 목표BHAG, Big Hairy Audacious Goal'는 분명 지금까지 생각했던 것의 틀을 깨는 사고를 주문하는 좋은 방법이었다. 달성 가능한 목표가 아니라 무모해 보이는 대담한 목표를 추구하면 기존의 방법으로는 불가능하므로 틀을 깨는 새로운 사고가 가능하다. 하지만 이런 목표가 자의가 아닌 타의에 의해 강제로 할당받은 것이라면 어떨까? 직원들이 이런 목표에 반대하는 것을 단순히 혁신에 대한 저항이라고 치부하기엔 현실에 너무 많은 이해관계가 개입하고 있다.

먼저 경영진의 눈에 들려는 중간관리자가 현실과 상관없는 의지 치를 목표로 부르는 경우가 있다. 나중에 실무자가 감당할 수 없거나 후속 조치가 없으면 의미 없는 계획이 되어버리는 경우다. 계획에는 자원이 필수적이다. 자원을 회사에서 제공하는 것이 아니라면 그런 계획은 구호에 그치게 된다. 목표에 미달한 계획이 반복된다면 목표 미달에 직원 모두가 둔감해지는 회사가 되어버린다.

높고 실험적인 목표가 해당 부서에 손해인 경우에도 현실적인 이유로 다들 도전하지 않는다. 단순히 평가를 산술적으로 목표 숫

"목표가 낮아요" ➡

자에 비해 얼마만큼의 비중으로 달성했는지만 고려한다면 나중에 목표를 세울 때의 논의는 잊히고 냉정하게 최종 달성률만 평가받는다. 이런 평가라면 새로운 것을 시도하거나 불확실한 것에 도전하거나 높은 목표를 세울 이유가 없을 것이다. 대담한 목표에 도전해 실패했을 때 그걸 평가에 어떻게 반영할 것인지 사전 합의가 필요하다.

무형의 가치에 대한 분명한 KPI 기준이 필요하다. 회계적으로는 어떤 프로젝트가 일정 수준의 단계에 진입하면 해당 프로젝트를 비용에서 자산으로 인정하는 규칙이 있다. 하지만 기업에서 이루어지는 많은 무형의 가치 창출은 아무런 측정 기준조차 마련되어 있지 않은 경우가 많다. 특히 미래의 회사를 미리 만들어가는 관리부서를 단순히 현재 업무에 머무르게 만드는 데는 이런 구체적이고 고유한 성과를 정의하지 않는 관행이 한몫한다. 비록 처음부터 회사의 업태에 맞는 목표를 세우지 못하더라도 관리부서에서 계속 고유한 과업 정의를 통해 KPI를 이끌어낸다면 관리부서는 회사에서 자리만 차지하고 안주하는 부서가 아닌 전사적으로 공감을 통해 효용을 일으키는 조직이 될 것이다.

관련해서 KPI로 설정하면 안 되는 기준을 몇 가지 제안한다.

1. 전에 하던 플랫폼의 단기 성과를 유지하는 목표

'가맹점 수 ○○개'

시장 변화에 따라 만약 가맹점 사업을 더 이상 하지 않고 다른 방식으로 유통해야 할 압박을 받고 있는 브랜드가 이런 목표를 낸다는 것은 어떤 의미일까? 더 안 할 건데, 안 해야만 하는데 당장의 매출 등 단기 실적이 떨어질 것을 염려해 기존 숫자를 유지하느라 사업구조를 바꾸지 않는 목표. 혁신할 생각이 없는, 내가 있을 동안에는 그냥 기존에 하던 대로 가자고, 시장의 변화를 따라가지 않는 목표는 없는지 살펴봐야 한다.

2. 당장 성과를 알 수 없는 목표

'○○○ 플랫폼 ○○개 구축'

직장 내 대표적인 월급루팡이다. 그럴듯한 이름의 시스템을 잔뜩 나열하고 그것의 개수나 깊이를 목표로 세우지만 실적과 무관한 것들이다. 보통 관리자급이나 연구직에서 이런 목표를 세울 때가 있다. 이것이 장기적인 변화를 낼 수도 있다. 지금 진행하는 프로젝트의 성과가 나기까지 오래 걸릴 경우엔 차라리 기간을 늘려 몇 년에 걸쳐서라도 마지막 결과까지 기재하는 것이 맞다. 물론 이런 프로젝트에서는 이 분야의 전문적인 세부사항을 잘 이해하는 사람이 KPI를 중간 체크해야 한다.

3. 과정상의 숫자가 지나치게 강조되는 목표

'고객조사 ○○명'

유효한 결과를 확인하기 위해서는 몇 명 정도만 해도 되는데 억지로 더 채우는 일이 벌어진다. 이런 목표는 실제 실무를 해보지 않은 높으신 분이 양이 많으면 정확한 결과가 나올 것으로 가정할 때 흔히 나타난다. 갈수록 기준 없이 소문으로 더 늘어난다. "몇 개는

"목표가 낮아요" ➡

해야 한대", "몇 개 이하면 인정 안 한대"…. 그러나 이런 추측 중 실제로 검증된 것은 없다. 비용 대비 효용이 나는지 고민해야 한다.

4. 사실상 목표가 필요 없는 것에 세우는 목표

'판매율 55퍼센트'

재무적인 추세를 예측하기 위해서는 이런 수치가 필요하지만, 실무자까지 이래서는 안 된다. 시간을 쓸 필요가 없는 일이다. 수능 공부를 할 때 목표는 '최고로 높은 점수'를 받는 것이다. "나는 300점만 맞을래." 이런 사람은 없다. 그건 1차 목표이고 누구나 최대한 높은 점수를 얻길 원한다. 가령 상품을 만드는 조직에서 신규 상품군의 목표 판매율을 55퍼센트로 정한다면, 그게 어떤 유효한 의미를 가질까? 판매율 55퍼센트가 되었을 때 예상 매출을 뽑으려고? 이익 규모와 회사의 현금 상황을 예측하는 것이 목적이라면 판매율 예측이 의미 있겠지만, 55퍼센트만 팔릴, 더 해봤자 거기서 10퍼센트 더 팔릴 상품을 만드는 것이 실무자의 목표가 될 수는 없다. 누구나 100퍼센트 팔리길 바란다. 이런 걸 목표 설정 하느라 힘 뺄 필요 없다.

5. 전략 없이 모든 지표를 최고로 세팅한 목표

'A상품군 발주액 ○○퍼센트 증가, 금융비용 ○○퍼센트 절감'

자원에는 한계가 있다. 한정된 자원 내에서 한 방향을 정해 거기에 맞게 사람과 돈을 쏟아붓는 것이 전략이다. 그렇지만 생각 없는 리더는 모든 걸 잘하겠다고 한다. 지금 우리 사업의 단계와 형편에서 가장 성과를 올릴 수 있는 것이 무엇인지 명쾌하지 않으면 이런 답이 나온다. 가령, 돈을 많이 써야 하는데 사용자본을 줄이겠다든지, 생산 일정을 엄청 당기면서 원가까지 낮추겠다든지…. 좋다. 그런데 이 정도 하려면 정말 엄청난 혁신이 필요하다. 장래희망 수준의 계획과 전문성으로는 안 된다.

6. '답정 KPI'… 합의가 아닌 목표

'할인율 30퍼센트 감소, 판매율 60퍼센트 성장'

재고를 3억밖에 주지 않고 매출 목표를 4억으로 주는 리더도 있다. 위에서 떨어지는 답이 정해져 있는 KPI는 위 다섯 가지 사례와 성격이 다른 아주 좋지 않은 경우다. 합의도 안 되고 동기부여도 안 된다. 리더가 목표를 달성할 수 있는 역량 확보에 관심 없으면 결과는 편법 혹은 퇴사로 이어진다.

7. KPI는 좋은데… 왜 지금 해야 하는지 모르는 목표

'○○○은 1달 만에 완료, ×××도 1달 만에 완료'

'빨리빨리'의 한국문화. 그래서 목표를 세우면 앞뒤 안 보고 '빨리 하고 보자'는 식으로 모든 완료 시기를 정한다. 중요한 것은 상관관계에 따른 시나리오 경영을 하느냐 하지 않느냐다. 신용카드 할부도 앞의 할부가 끝나야 편하게 지를 수 있는데, 프로젝트로 발생하는 비용은 이런 상관관계를 고려하지 않을 때도 있다. 자원도 없는데 이익 구조가 빨리빨리 무너지는 사태를 야기하기도 한다. 만약 회사에서 사활을 걸고 시도하는 매장이 있다면 처음에 엄청

"목표가 낮아요" ➡

난 돈을 들여 오픈했을 것이다. 그 매장은 어떤 의도를 가지고 투자된 것이니 지켜보는 것도 나쁘지 않다. 하지만 그 효과를 검증하기도 전에 또 새로운 혁신 주제를 정해 그 매장에 공사를 하고 적지 않은 비용을 들인다. 하나의 투자에 대한 성과가 나타나기 전에 다음 혁신, 그다음 혁신에 쫓기면서 그 매장은 이제 어떻게 해도 이익이 날 수 없는 엄청난 비용 구조의 점포가 된다. 대체 그 혁신은 누구의 승진을 위한 것이었나. 혁신적인 행동을 보여준 사람은 승진하고 그 비용을 떠안아야 하는 남은 사람은 엄청난 뒷감당을 해야하는 상황이 벌어진다. 두 개 이상의 프로젝트로 보이지만 결국 하나인 것도 있다. 하나는 다른 하나의 선결조건인 경우가 있다. 이럴경우에도 실무를 모르는 리더는 두 가지를 동시에 혹은 빨리빨리하자고만 한다.

8. 몇 년째 복사하는 목표

'12년도 원가율 40퍼센트, 13년도 원가율 40퍼센트, 14년도 원가율 40퍼센트'

몇 년째 반복되는 KPI는 우리의 끈기가 멋진 것인지, 안 되었던 이유를 알고 하는 것인지 고민하게 만든다. 먼저 그게 안 된 이유가 검증되었는지 확인하는 게 목표 설정 전에 할 일이다. 시장의 기회를 잃지 않았다면 목표 자체를 바꾸지 말아야 한다.

아무리 목표를 잘 짰다고 해도 막상 평가 시기가 오면 당황하는 경우가 적지 않다. 처음에 역량평가나 성과평가를 할 때 정했던 기준들은 어디론가 숨어 아무도 모르고 막상 평가 순간에는 고려하지 않을 때가 많다. 평가하기로 한 제품의 실적을 끝까지 추적하지도 않는다. 심지어 제품을 누가 만들었는지 정보 입력조차 제대로 안 된 경우도 있다. 경영진은 평가하는 행위에는 관심이 있지만 바른 평가를 위해 마땅히 해야 할 수고에는 관심이 없다. 컴퓨터를 사주면 모든 일이 해결되는 게 아니듯이 평가하기 위해 회사 내부 정보의 입출력 프로세스를 고치지 않으면 이런 숫자들은 관리할 수 없다.

평가 정보가 추적되지 않는 조직은 온정주의와 보신주의가 만연해 있다. 같은 기계에서 나온 상품이라도 무엇을 넣었느냐에 따라 다른 결과를 만들어낸다. 그것을 하지 않는 곳이 많다. 기계에 재료를 넣고 레시피를 넣는 시점과 기계가 작동해서 결과물이 나오는 시점의 시간차가 있는 사업일수록 평가 정보의 누락은 시간의 길이만큼 큰 재앙을 가져온다. 빈번하게 이직과 성패가 갈리는 소비재 기업에서 상품을 기획 단계에서 만든 사람과 실제 판매할 때 맡고 있는 사람이 같을 확률은 매우 낮다. 이런 기업에서의 평가 정보 누락은 공정한 평가를 가로막는다.

성과가 나올 것 같은 기계 앞에는 줄서 있다. 힘센 사람이 결과물을 갖고 재료와 레시피를 만든 사람은 조용히 묻힌다. 상사는 승진해도 실무를 맡았던 담당자는 승진하지 못하는 경우도 생긴다. 반대로 기계에서 나오는 결과물이 처음에 좋지 않다 싶으면 다른 기계로 옮겨가버린다. 그러면 이전 기계의 결과물은 누가 만들었는지 모르는 상태에서 새로운 기계 담당자에게 책임이 전가된다. 이

　　　　　　　　　"목표가 낮아요" ➡

번에 만든 것에 책임지기 싫으면 이동하면 그만이다. 그러면 성장과 지속 가능성은 어느 평가에서도 제대로 측정되지 않는다.

평균적으로 5~10년 단위로 프로젝트를 수행하는 방위산업연구소에서는 프로젝트 히스토리 관리가 잘되지만, 3~8개월 정도의 기간에 기획, 생산, 입고가 다 이루어지는 소비재 기업의 프로젝트 관리가 안 되는 이유는 뭘까? 언제, 누구에게, 무엇을 측정해야 하는지 경영관리본부에서 누적 관리하지 않기 때문이다. 이런 조직은 전략파트와 인사파트가 서로 분절되어 있다. 서로가 무엇을 하든 하지 않든 신경 쓰지 않는다. 평가 제도에 대해 두 부서가 별개의 안을 짜고 있더라도 아무도 관심 없어서 평가 공백이 일어나는 기업이다.

눈치 보지 않게 만들면 평가는 쉬워진다. 눈치를 보는 이유는 기준이 명확하지 않고 자주 바뀌기 때문이다. 한국 조직문화에서 리더십이 자리 잡지 못하는 이유와 같다. 아침에 시킨 지시가 저녁에 바뀌고, 월요일에 좋다고 한 기획안이 수요일에 이게 뭐냐고 할 때 그런 일이 생긴다. 사실 이 정도는 애교 수준이고 정말 이율배반을 느끼게 하는 것은 평가에 관련된 내용일 것이다. 입사할 때 교육받았던 기업문화, 인재상, 핵심가치가 실제 평가 및 보상과 잘 연결되지 않을 때 말이다. 인사 평가를 책임지는 담당자가 수시로 바뀌고 조직 변화로 평가의 주체가 자주 바뀌면 철학은 사라지고 눈치보기 식 인사 제도만 남을 수밖에 없다.

"일에 절박함이 필요합니다"

> 마감은 늘 ASAP

`#절대시간` `#스피드경영` `#리더의품격`

> "끓을 만큼 끓어야 밥이 되지, 생쌀이 재촉한다고 밥이 되나."
>
> 윤오영, 『방망이 깎던 노인』에서

- 속도는 갈수록 경영의 주요 주제로 강조되고 있다.
- 대부분 일정을 단축해서 더 많은 일을 하려고 한다.
- 반면 모든 일에는 필요한 최소한의 절대 시간이 있다.

경영계획을 세우는 데만 거의 한 달이 걸린다. 왜 이렇게 오래 걸리는 걸까.

"지나가는 이야기로, 계획 세우다 다시 계획 짜는 걸로 1년 간다고 하잖아요."

동문인 제퍼슨 팀장과 같이 밥을 먹었다.

"선배님, 궁금한 게 있습니다."

"네, 뭔데요?"

"이렇게 다들 열심히 경영계획을 수립하는데, 지금도 돌아가는

TFT가 있고 일상적인 업무들도 있을 텐데 이게 다 가능한가요?"

경인지역 영업팀장인 제퍼슨은 밥을 먹다 말고 숟가락을 놓으며 장시간 이야기할 태세로 고쳐 앉았다.

"그러게 말이죠. 팀장들은 위에서 오더 내려오면 뭐라도 만들어 내야죠. 그런데 팀장 혼자서는 못하잖아요. 그나마 영업은 각 팀장 위에 영업총괄 임원이 있으니까 직접적인 부담이 적은데, 브랜드는 팀장이 직접 일을 받잖아요. 그러니까 실무자들도 여기에 끌려가는 거죠. 원래 맡은 일 하기도 벅찬데 이리저리 불려가고 회의하느라 잘해보려고 해도 시간이 부족한 상황이에요."

"아… 고민이네요. 계획을 실무자가 직접 만드는 것도 중요한데 그렇다고 이것만 할 수도 없고…."

"이거 만드는 시간을 줄이면 되죠. 그냥 한번 정하면 되는데… 그렇지가 않잖아요. 지금도 저희가 만들면 전략기획팀장님이 보고 수정하고 대표님이 다시 코멘트 주시고… 우리 팀에서 기획안 만들어 제출하기 전까지 몇 번이나 수정 작업을 하는데 제출한 뒤에도 끝없이 수정이 이어지니…."

"계획을 일주일 안에 모두 마쳐야겠네요."

"맞아요. 미리 준비하고 있다가 때가 되면 단기간에 뚝딱 하면 되죠. 그런데 지금은 그렇지가 않잖아요. 벌써 한 달이 다 되어가니."

"계획을 준비하는 조직…. 그러니까 저희 팀이 준비를 더 잘하면 기간이 단축될 수도 있겠네요…."

"그것도 그렇죠. 그런데 그것보다 중요한 건 만드는 시스템이에요. 툴이 받쳐주지 못하니까 사람이 수동으로 다 해야 하고…. 사실 목표 중에서 상당 부분은 비즈니스 인텔리전스Business Intelligence를

비즈니스 인텔리전스 기업이 축적한 수많은 데이터를 분석 해 의사결정에 활용하는 것

ERP 전사적 자원관리. 기업의 모든 자원을 잘 활용 하고 업무 효율을 높이기 위해 종합 정보망을 구축, 기업의 업무 프로세스를 통합적으로 관리하는 것

통해 해결할 수 있는 정보들이 이미 존재하는데 이걸 활용하지 못하니까 하나부터 열까지 사람이 다 해야 하고 낭비하는 시간이 늘어나는 거죠. 고민할 시간에 고민은커녕 다들 뭔가 지어내기 바쁘니까 어려운 거죠….”

“ERPEnterprise Resource Planning도 도움이 안 되나요?”

“그거 도입한 지 벌써 10년이나 지났으니 옛날 거죠….”

경영계획에 대한 이야기가 계속 길게 이어졌다.

“계획도 기간이 문제인데, 실행은 기간이 더 문제예요.”

“실행도 뭔가가 있나요?”

“피터 씨는 동문이니까 배울 것도 있을 것 같아서 말하는 건데….”

“네….”

“꼭 정해진 기간보다 더 빨리 하라고 지시하든지, 그런 눈치를 주는 일이 벌어져요.”

“네?”

“그러니까… 처음에는 5개월 정도 걸리는 일을 계획을 수정하면서 갑자기 3개월 안으로 해내라고 하는 거죠. 처음부터 놀려고 기간 많이 잡은 것도 아닌데 더 빨리 할 수 있겠네 하면서 의지를 갖

“일에 절박함이 필요합니다” ➡

고 당기라고 한다니까요. 가뜩이나 사람도 없는데 중간에 한 명이라도 쉬거나 출산휴가를 가버리면 정말 답이 없는 거죠."

"아니, 왜 마감 기간을 당겨요?"

"이유는 그때그때 다른 것 같아요. 뭐 위에서 빨리 하라고 하는 경우가 많지만요. 스피드가 중요하다고 하질 않나, 각오가 되면 금세 할 수 있다고 하질 않나. 아마 다른 팀장들은 자기 선에서 미리 기간을 타이트하게 잡을 거예요. 어차피 길면 안 된다는 거 아니까. 지침이라도 있는 것처럼 뭐든 3개월 내에 중요한 것 다 하겠다는 식으로 계획 세우는 거죠 뭐."

"그거 실제로 하려면 엄청 힘들 것 같은데요."

"힘들어요. 나도 잠깐 점포 입점 관련 일을 해본 적이 있어요. 일을 하려면 건물 주인이나 유통업체와 협상을 해야 하는데 무조건 몇 개월 안에 몇 개 점포 오픈한다고 계획을 세워놓으니까, 기한 맞추려 하다보면 협상에 불리해지고…. 결국 별로 좋지 않은 조건으로 입점 가능한 데 일단 입점하는 거죠. 내 돈으로 그 조건에 거기 입점하라고 하면 안 했을 거예요. 급하게 성과를 내야 하니까 그렇게 한 거죠."

"아니, 그런 부작용이 있는데도 계속 그렇게 해요?"

"보여주는 게 중요하니까요. 막상 경영진은 이런 디테일한 고민을 몰라요. 듣질 않으니까. '현실적'이라는 말을 하면 일단 거부반응부터 보이는 임원도 있어요. 혁신은 현실과 다르다고 생각하니까, 아예 시작이 다른 거죠."

"혁신은 현실이 아니다아…."

"사실 혁신이 지금과 다른 생각과 업무 프로세스를 만드는 거긴 하지만 어디까지나 현재 갖고 있는 자원과 주변 상황, 현재 있는 사업모델에서 출발하는 거잖아요. 그걸 무시하고 덮으면서 급하게 뭔가 추진하는 거부터 사실 비현실적인 거죠. 현실을 넘어서는 것과 현실을 무시하는 건 완전히 다르니까요."

세부사업별 마감기한에 대해서는 아직 팀 안에서 구체적으로 논의된 적이 없었다. 일부 팀에서는 이런 조정 작업을 미리 해서 계획을 올려 보낸 건가.

"아무튼 이번에는 그러지 않길 바라죠. 피터 씨도 이제 점점 알게 되겠지만 무조건 과거 방식을 따르면 안 돼요. 그러면 서로 계속 좋은 관계로 만나기 힘들어요. 허허허."

"네, 현장 상황을 잘 알고 반응하겠습니다."

"암튼 잘해봐요."

지금까지 사업 자체에 대한 피드백과 비판은 있었지만 이렇게 사업을 준비하고 계획하는 과정에 대한 피드백과 비판을 허용한 적이 있을까. 점심을 먹고 사무실에 들어오니 팀장이 일정 정리에 대해 알려주었다.

"피터 씨, 이제 경영계획도 마무리되어가니까 내년도 일정들을 정리해야 돼요. 특히 각 세부사업이나 TFT가 언제 마치는지 주요 마일스톤Milestone이 언제인지 아는 것이 굉장히 중요해요. 적절한 시점에 마치는지, 그것에 할애하는 시간이 너무 과도하진 않은지 관리하는 게 우리 팀 일이기도 하고요."

마일스톤 프로젝트 관리에서 이정표가 되는 단계

"네."

한우 브랜드의 세부사업은 대부분 향후 2개월 안에 주요 마일스톤을 지나는 것으로 되어 있다. 메뉴 개발부터 인프라와 관련된 것까지 대부분의 프로젝트가 적게는 2개월, 길어도 4개월 이내에 종료하기로 계획되어 있다. 5개월째부터는 무엇을 할 것인지 나와 있지도 않다.

반면 해산물 뷔페나 신규 사업팀 같은 경우에는 상대적으로 일정이 넉넉하게 잡혀 있다. 빠른 게 3개월 후 종료고 대부분 6개월 정도 기간을 계획하고 있다. 특히 신규 사업팀은 연말까지 계획이 나와 있다. 구매물류팀은 각 분기별로 목표들이 나와 있다. 하나씩 하겠다는 건가. 모두 정리해서 팀장에게 메일을 보낸 뒤 퇴근했다.

다음 날 출근해보니 아침부터 공기가 무거웠다. 키보드 치는 소리와 의자 바퀴 몇 개 굴러가는 소리 정도만 들릴 뿐 20층 전체에서 말소리를 거의 들을 수 없었다.

"제인 씨, 무슨 일 있어요?"

"아, 모르시는구나. 저도 아침에 알았는데, 어젯밤에 우리 팀장님이 각 팀장들한테 공지를 보냈대요. 그래서 지금 각 팀장님들이 회의실에 모여 있어요."

"왜요? 무슨 일이라도 있어요?"

"다른 팀 동기한테 듣기로는 경영계획 관련 일이라고 하던데 자세한 건 모르겠어요. 아마 경영계획 최종 확정이 다음 주 월요일이니까 막판 조율하는 것 아닐까요?"

어제 보낸 메일 때문인가?

한 시간 정도 지난 뒤 멀리 회의실에서 한 명씩 빠져나오는 모습이 보인다. 한 명씩 나오다가 우르르 나오고 맨 마지막에 우리 팀장이 한우 팀장과 함께 나온다. 두 사람은 우리 팀 자리까지 같이 걸어온다.

"다들 팀장님처럼만 하면 좋을 텐데… 아쉽네요."

"아이고 뭐, 그런 말씀을 하십니까. 그저 직원들 생각을 정리한 것인데요."

"팀원들이 다들 확신을 갖고 일을 밀어붙이나 보네요. 정말 좋네요."

"제가 말하지 않아도 다들 의욕을 가지고 하니까 저는 편하죠 뭐."

서로 덕담을 주고받는다. 돌이켜보니 우리 팀장은 늘 한우 팀장과 친근하게 지내는 것 같다.

"아무튼 한우 브랜드는 이번에 제출해주신 계획 그대로 반영하겠습니다. 다른 브랜드들은 손을 좀 봐야겠지만요. 한 번에 잘 해주셔서 고맙습니다."

"제가 감사하죠. 늘 팀장님 덕분에 많이 배우고 있습니다."

한우 브랜드 팀장이 돌아간 뒤 나는 다시 계획을 취합하라는 지시를 받았다.

"팀장님, 계획을 다시 수정하나보네요."

"뭐… 다들 한 번에는 안 되는 거 같네요."

"어떤 점을 중심으로 보면 좋겠습니까?"

"사실 피터 씨는 뭐가 문젠지 알 줄 알았어. 그런데 아직은 아니

"일에 절박함이 필요합니다" ➡

더라고."

에둘러 하는 빈정댐이 더 날카롭다.

"다들 그렇게 여유롭게 계획을 잡으면 피터 씨가 확인해서 피드백을 좀 줘야 계획이 잘 마무리되지. 다들 저렇게 널널하게 해서야 회사가 언제 혁신하겠습니까."

어제 들은 이야기 그대로구나.

"네, 이번에는 잘 확인해서 프로세스에 잘 맞게 만들겠습니다."

그렇지만 어떻게 맞춰야 하지? 쪼는 거 외엔 생각이 나지 않는다.

다행히도 새롭게 온 계획들은 모두 4개월을 넘지 않는 마감기한으로 되어 있었다. 아무튼 팀장은 만족해했고 우리는 경영계획 최종 보고를 위해 대표를 만났다.

"나는 이 일들이 어떤 과정에서 이렇게 되었는지 궁금합니다. 다들 준비를 많이 한 것 같은데, 달라진 목표 실적을 달성하려면 만만치 않겠어요."

"제가 팀장들을 한 명씩 만나면서 구체적인 계획을 들었고 관련 내용을 보고서에 정리해두었습니다. 한우 브랜드는 내년에 고급화를 하면서 매장 인테리어나 식자재 조달을 다른 방법으로 하는데 모두 3개월 이내에 해결하겠다고 합니다. 직원들을 만나보니 다들 의지가 있고 기존과 다른 업무 프로세스를 준비하고 있어서 잘될 것 같습니다."

"아… 그래요? 내가 한 명 한 명을 다 만나지 못하고 바쁘니까 내용을 듣고 싶어도 어려웠는데, 팀장님께서 역시 잘해주고 계시네요.”

“그런데 아직 의지가 약한 팀도 있었습니다.”

“의지…요? 어떤 의지죠?”

“기존 업무 프로세스를 전혀 바꾸려 하지 않는 팀도 있습니다. 구체적인 방법이나 해외 사례를 토대로 몇 번 권했지만 피자 브랜드나 해산물 뷔페 브랜드는 아직 기존 사고를 고수하는 것 같습니다. 이번 계획도 자세히 보면 크게 달라진 게 없습니다.”

“팀장님이 그렇게 보셨다면 문제가 있는 건데…. 내가 담당 팀장님들을 따로 만난 지가 오래되어 구체적으로 확인하지 못했네요. 이야기는 자주 하지만 짧고 현안 위주라서….”

“그래서 저희 팀에서 몇 가지를 함께 협업하면서 시너지를 내기로 했습니다.”

“어떤 협업이죠?”

“일전에 신메뉴 개발을 주제로 삼았는데, 해산물 뷔페나 피자 브랜드는 신메뉴를 만들어도 프로모션을 제대로 하지 못하고 있다는 생각이 들어 마케팅 예산을 추가로 잡아 저희 팀을 중심으로 해당 조직을 구축할 생각입니다.”

“마케팅팀이 따로 필요하다는 말씀인가요? 지금 브랜드별로 관련 담당자들이 있는데요.”

“그렇긴 하지만 마케팅 시너지가 나지 않고 전사적인 브랜딩에 문제가 있어서 조직을 별도로 만들면 많은 실험을 해볼 수 있을 것 같습니다.”

“인사팀장하고 이야기해보죠.”

“일에 절박함이 필요합니다” ➡

"네, 우선 예산이라도 조금 주시면 당장 다음 달 프로모션부터 시너지를 기대할 수 있을 것 같습니다."

"일단 도전해본다고 하니까 좋습니다. 구체적인 방안은 메일로 주세요. 한 번 더 만나도 좋고요."

"네, 감사합니다, 대표님."

한 번도 이야기한 적 없는 내용이다. 그 많던 직원의 생각은 어디 가고 우리 팀장의 생각만 별도 예산을 받아버린 걸까.

"모쪼록 회사에서 팀장님처럼 새로운 사업 제안을 하는 직원들이 많이 나왔으면 합니다. 팀장님께서 먼저 우수 사례를 만들어주세요. 그리고 항상 직원들이 자율적으로 제안할 수 있게 많은 창구를 열어두시고요. 내가 정기적으로 만나는 것도 좋겠네요."

"네, 대표님. 인사팀장과 이야기해서 그런 자리를 만들어보겠습니다."

세부사업 마감 일정에 대한 이야기나 구체적인 사업모델에 대한 내용은 회의 내내 한마디도 나오지 않았다. 확인과 평가만이 있을 뿐이었다.

과정을 설명해줘 vs. 의지를 보여줘야 한다

갤럽Gallup에서는 몰입하는 직원이 많은 회사가 최종적으로 고객의 선택을 받을 거라고 본다. 갤럽 회장 짐 클리프턴Jim Clifton이 쓴 『갤럽보고서가 예고하는 일자리 전쟁The Coming Jobs War』에는 몰입을 위해 성과 목표를 분명히 아는 것, 목표를 달성하기 위한 도구를 제공받는 것, 성과를 이루는 과정에서 내부적으로 격려와 지지를 받는 것을 중요하게 다루고 있다. 하지만 이것은 직원의 몰입을 돕는 장치일 뿐 누구도 개인의 몰입을 강제할 수 없다. 강제한다고 되는 것이 아니기 때문이다. 하지만 많은 회사가 '주인의식', '능동성', '프런티어' 등 별별 단어를 써가며 직원들에게 몰입하기를 강요하고 있다. 몰입하게 만드는 조건에 대한 정의나 환경 조성보다는 몰입을 통해 얻을 수 있는 열매만 강요해 직원들은 지쳐갈 뿐이다.

사실 갤럽에서 말하는 몰입을 위한 세 가지 주요한 요건을 잘 만들어주는 회사는 많지 않다. 성과 목표를 분명히 정하기보다는 과거의 관행 답습에 무리한 목표를 남발하고 목표를 달성하기 위한 도구인 자원 투입은 기업에서 가장 꺼려하는 일이기 때문이다. 책임은 있으나 권한이 없는 자리가 많다. 이것은 곧 기업이 직원들이 일을 잘하도록 진정성 있게 지원할 의사가 없는 것이다. 성과를 이루는 과정에서 격려와 지지를 보이기는 하지만 상황이 어려워지거나 성장이 정체되면 차가운 민낯을 보이는 경우가 많다.

사업 목표를 달성하는 기간에 대한 기업 내부의 모순적인 상황도 이런 원인에 기인한다. 사업에서 수익을 내고자 하는 다급함은 알지만 거위의 배를 갈라서 황금알을 꺼내 올 수는 없다. 선결 조건도 있고 절대적인 시간이 필요한 일도 있다. 그리고 처음에 제대로 목적이 정의되지 않은 일을 진행하면서 실제로 필요한 기간이 늘어나는 경우도 생긴다. 위에서 보면 답답할 수도 있을 것이다. 그러나 그게 현재 회사의 역량으로 할 수 있는 진짜 시간이다. 느리다고 닦달하면 정상적인 결과가 아닌 부실공사와 같은 결과만 반복될 뿐이다.

이런 업무의 디테일이 소통되지 않는 데는 중간관리자의 역할이 한몫한다. 경영진에게 실무자의 상황을 전달하고 자신이 차지하고 있는 역할의 의미를 살려서 조정하는 과정을 거치려 하지 않는 관리자가 많다. 당장은 실무를 모르거나, 경영진과 현장의 요구에 대해 의사소통을 하기 시작하면 혁신적이거나 빠른 관리자로 보이지 않을 수 있다는 두려움도 있는 것이다. 물론 경영자가 합리적인 사고를 하지 않는다면 중간관리자가 조율하는 과정을 기대하는 것도 사치일 것이다.

최근에는 애자일Agile 방식으로 업무를 진행하는 기업이 많이 늘었다. 일을 진행하면서 수시로 발생하는 요구사항을 반영해 구현하고 수정하기를 반복하는 것이다. 실무와 고객의 수요에 맞도록 일하는 바람직한 방식이라고 할 수 있다. 원래 취지는 그렇다. 하지만 애자일 방식을 고집하는 회사에서 직원들의 피로도가 높아지고 퇴사자가 많아지는 것은 진행 방법에 문제가 있는 것이다.

일을 시작하고 나서 변경할 수 있는 범위를 벗어난, 합의된 결과물의 주제를 마음대로 바꿔버리기 때문이다. 보통은 기업의 자금 사정이나 일을 추진하기로 했던 리더가 바뀜에 따라 일이 줄어들기도 하고 늘어나기도 한다. 이런 과정이 실무자에게만 오롯이 짐으로 돌아올 뿐 위에서는 이런 사정을 봐주지 않는 경우가 많다. 단순히 직장 상사나 고객사에 의지를 보여주기 위해 현장에서는 야근이 잦아지고 모양만 맞춘 결과물이 속출한다.

과정이 공유되지 않으면 결과를 해석할 수 없다. '아이에게 말하듯 상사에게 말하라'라는 말이 격언처럼 돌아다닌 적이 있다. 상사에게는 복잡한 디테일이 아닌 중요한 결과를 중심으로 이야기하라는 말이다. 맞는 말이다. 하지만 말문을 꺼낼 때는 그렇게 하고 그 이후에는 디테일을 함께 설명해야 한다. 나중에 결과를 평가할 때 과정을 모르면 단순히 자기의 과거 경험만으로 피드백하고 그 일에 대해 제대로 마무리하지 못한 채 다음 방향을 좇는 잘못을 저지를 수 있기 때문이다. 하지만 이런 과정의 관리는 기업 내부에서 공유되고 남겨지지 않는다. 결과도 제대로 관리되지 않는 기업에서 과정을 정리해 거기서 인사이트를 찾는 것은 요원한 일일 것이다.

하지만 시간적, 의미적 흐름에 따라 일이 어디서 어떻게 진행되었는지 알아야 하고 남겨야 한다. 이왕이면 관련 직원 모두가 실시간으로 공유받는 것이 좋다. 하지만 일의 세부사항에 관심을 갖고 조정자 역할을 하는 중간관리자가 기록으로 남겨 후일 피드백과 새로운 방향 정립에 활용하지 못하면 대부분 이런 시도들도 휘발성으로 사라지고 조직은 곧 요요현상을 경험하게 된다.

"다음 미팅 때까지 고민해보세요"

> 휘슬이 울리기 전까지 야근이다

`#야근`　`#보고서수정`　`#딜버트의원리`

"완수하는 데 필요한 시간에 맞게 작업이 늘어난다."

파킨슨의 법칙

- 분명한 것은 마감시간 때까지는 일이 완료되지 않는다는 것이다.
- 경영의 속도가 중요해지는 시대에 미리 완료되는 일은 왜 적을까?
- 대부분의 평가가 상대적이라면 이런 현상은 더욱 심해질 것이다.

이번 경영계획을 진행하면서 알게 된 것이 있다. 마감시한이 있으면 다들 임박해서야 자료를 낸다는 것이다. 오후 3시까지라고 시한을 정하면 2시 50분 전후해서 집중적으로 메일이 온다. 그건 그나마 좀 낫다. 3시 넘어 메신저로 말을 걸면서 다시 제출하겠다고 시한을 넘겨가면서 자료를 수정한다. 뭐가 그들을 이렇게 촉박하게 만드는 것일까.

"제인 씨, 보통은 보고서 어떻게 만들어요?"

큰 일이 지나가고 좀 한가해져 자판기 커피를 마시면서 이야기할 짬이 좀 생겼다. 아직 이직한 지 한 달 조금 지난 나로서는 틈만 나면 회사 사정과 문화에 대해 물어보는 수밖에 없다.

"보고서라…. 어떤 종류의 보고서인가에 따라 좀 다르겠지만, 보통은 작년 자료나 올해 다른 부서에서 작업한 선례가 있으면 그걸 많이 참고하죠."

"이번 경영계획 진행하면서 보니 다들 자세히 읽어보면 내용이 비슷한데 모두 마감시한이 다 되어 제출하고, 심지어 제출하고 나서도 계속 수정하는 것 같은데, 이런 게 일반적인지가 궁금해서요."

"흔하죠. 마감시한까지 계속 일하니까요. 마치는 시각은 딱 마감 시간까지예요."

이런 이야기를 웃으며 할 수 있는 것을 보니 제인은 연차에 맞지 않게 이미 이런 일을 많이 겪어본 것 같았다.

"미리 끝내고 다른 일, 평소에 하던 일에 다시 착수하는 게 좋을 것 같은데…."

"그러니까… 이게 상대적인 거더라고요. 옆 팀과 우리 팀, 우리 팀 안에서도 같은 내용을 만드는 사람들끼리. 마치 대학교 때 리포트로 중간고사 점수 매기는 것처럼 상대평가 같은 거라서 그런 것 같아요."

"옆에서 뭐를 더 만들면 나도 하나 더 넣고, 더 잘하고 싶으면 거기에 뭔가를 더 추가하니까 끝나지 않는 거네요."

"그렇죠. 보통은 그렇게 일해요. 다들 그런 것 때문에 집에 못 가고 이미 작업한 걸 계속 붙잡고서 이거 고치고 저거 고치는 거죠. 심지어 서식 고치는 것도 잘하는 조직이나 사람이 한 거 보고 따라

"다음 미팅 때까지 고민해보세요" ➡

하느라 야근하기도 해요."

"보고서가 마치 시험지 같은 거네요."

그러고는 어떻게 하면 앞으로 전략기획팀에서 실무 조직으로부터 자료를 받아 취합하고 정리하는 일을 기한 내에 끝내고 제시간에 퇴근할 수 있을까에 대한 이야기가 이어졌다.

"아마 지금 세운 경영계획 중간 중간 진척 상황을 확인할 때 느끼실 거예요. 서로 서로 늘 비교하다보니 옆 사람, 옆 부서와 비슷한 수준을 맞추려고 하는 게 문제예요. 그런 분위기가 바뀌지 않으면 계속 수정된 자료 취합하느라 야근하게 될 거예요."

경영계획처럼 중요한 일 외에도 어떻게 보면 회사의 본질적인 업무와 무관한 것임에도 이런 식으로 처리하는 일들이 있는 것 같았다. 지난주 일도 그랬다. 각 팀마다 경영계획 수립 기념으로 워크숍을 가는 데도 서로 눈치게임을 했다.

"팀장님, 얘기 들으셨어요? 영업본부는 이번에 각 지역 팀 다 데리고 교외에 새로 생긴 리조트로 간대요. 타임테이블도 봤는데 내용이 엄청 �꽉 차 있더라고요."

"역시 영업팀은 그런 걸 잘한다니까. 이번에 각 팀장마다 대표님께 워크숍 가는 거 보고하는데 다들 영업본부 내용 알고 싶어서 스파이게임 하는 거 있지."

제인이 자리로 돌아와서 팀장에게 각 팀별 워크숍 이야기를 하기 시작했다.

"네, 영업팀 이야기를 듣고 한우 브랜드도 타임테이블 엄청 빡빡하게 만들고 비용을 더 저렴하게 해서 어디 연수원으로 간다고 하더라고요."

"그런데 워크숍 계획도 우리가 취합하기로 했지? 아직 제출한 데 없어? 나도 영업팀 것 보고 싶네. 우리 것도 만들어야 하는데…."

"네, 저희가 받아서 서면으로 대표님께 먼저 전달하고 각 팀장님들이 모여서 보고하기로 했어요. 제가 받고 있는데 계획서가 도착한 데는 아직 없어요. 내일 오전 10시까지 받아서 정오에 서면으로 드릴 예정이에요."

"10시에 받아서 12시에 드리면 좀 빡빡하겠네."

그냥 단순히 내용을 받아서 정리하는 것 아닌가.

"이번에도 늦게 주는 데가 있을 것 같아요. 시간 다 돼야 주니까 미리 뭘 할 수도 없고…."

대체 워크숍 계획이 그렇게 중요한 것인지 잘 모르겠지만 다들 열심히 준비하는 것 같다. 그리고 다음 날이 되었지만 제인의 말처럼 9시까지 어느 팀에서도 워크숍 계획을 보내주지 않았다.

"보세요, 제 말이 맞죠?"

"그렇네요. 워크숍 계획이 중요한 건가봐요."

"중요한 건가? 어차피 경영전략은 정해져 있고 세부계획도 상당 부분 나왔으니 그저 잘해보자는 의미의 시간 보내기 정도가 메인인데…. 비용이 들어가는 거니까 대표님 눈치도 보이고 이런 작은 걸로도 조직이나 팀장을 평가한다고 느낄 수 있어서 그런 것 같아요. 워크숍 계획 작성하는 데만 거의 일주일 준비하고 수정하는 팀이 있다고 들은 적도 있어요."

"다음 미팅 때까지 고민해보세요" ➡

"생각보다 대단한 건 아닌데 다들 이렇게 하나봐요…."

그리고 9시 30분에 첫 메일이 왔다. 영업팀이었다. 제인은 받은 메일을 재빨리 우리 팀장에게 전달하고, 계속 이어지는 메일들을 하나의 파일로 신속하게 정리했다. 정리라고 해봤자 타이틀 만들고 서식 정리하는 수준이었다.

그런데 신기한 것은 표준적인 양식을 만들지 않았는데 몇몇 팀은 비슷한 양식에 내용을 적어 보내왔고 일부는 심지어 내용 자체가 서로 비슷한 팀들도 있었다. 팀별 워크숍은 각각 따로 가는데 장소만 다를 뿐 내용은 거의 비슷했다.

"아마 다들 다른 것 참고해서 만든 걸 거예요. 영업이랑 한우나 인사 팀 다 비슷하잖아요. 이런 건 뭘 보고 따라하지 않았다면 이렇게 특수한 프로그램도 공통적으로 있으니 사전에 맞췄거나 뭐 그런 게 있었을 거예요."

그리고 10시가 되자 나머지 팀들의 계획서도 도착했다. 제인은 모두 하나의 파일로 정리한 후 대표에게 보낼 메일 내용을 쓰고 있었다.

"아… 또야? 수정을 몇 번이나 하는 거야? 나도 시간 없는데…."

제인이 시간에 쫓겨 짜증을 낸다.

"한우 브랜드 팀장님이 내용을 또 바꾼대요. 영업팀이 취지와 목적에 대해 길게 썼다면서 굳이 그걸 넣으시겠다니 그거까지 반영해서 대표님께 메일을 드려야 할 것 같아요…. 언제 받아서 언제 드리지…."

"그게 중요한 거예요?"

"아니죠. 워크숍 내용이나 주제는 그대로인데 앞에 설명이 더 들어가는 것뿐이니까…."

"그런데 그걸 바꾼다고 마감 시간이 지났는데 또 수정하는 거예요?"

"아마 지금 그거 수정하느라 거기 직원 몇 명은 일 안 하고 컴퓨터에 앉아 작성하고 있을 걸요."

이런 열정을 뭐라고 설명해야 할까? 아무튼 11시가 되어서야 한우 브랜드의 워크숍 계획이 다시 와 최종 정리를 할 수 있었다. 대표는 별다른 코멘트가 없었고, 애써 작성하고 수정한 워크숍 계획은 그대로 진행하면 되었다.

오후에는 한우 팀장이 우리 팀 자리로 왔다. 우리 팀장과 이야기를 나누었다.

"그런데 팀장님, 대표님께서 저희 워크숍 계획 보시고 별말씀 안 하셨습니까?"

"글쎄요… 별말씀 없으셨는데요…."

"아, 그렇군요. 저는 이번에 이걸 따로 정리해서 받는다기에 뭔가 있는 줄 알았습니다. 하하하."

"아… 뭐 보셨겠죠. 별말씀 안 하셨지만요."

한우 팀장이 우리 팀장을 만나러 와서 하는 말은 가십거리 빼면 주로 보고사항에 대한 대표님의 반응 같은 걸 확인하는 것이었다.

아무튼 지난주 워크숍 계획서 제출건은 제인의 말을 이해하는 데 도움이 되었다.

"지난주 워크숍 계획 같은 게 그런 일이군요."

"다음 미팅 때까지 고민해보세요" ➡

"그렇죠. 그거 만든다고 일 못한 직원들 적지 않았어요."

"대표님께서 그에 대해 무슨 말씀이라도 있으셨어요?"

"팀장님께 말씀하신 걸 들었어요. 직원들이 일만 하기에도 바쁜데 워크숍까지 정성스럽게 준비하는 모습 보고 감동받으셨다고…. 회사가 잘되어가는 느낌이 드신다고 하시더군요. 어때요? 완전 이상하죠?"

"뭐 워크숍 계획 보고서만 보면 그렇게 느끼실 수도 있겠네요."

"네, 보고서만 보면 뭐 엄청 공들였으니까요. 대표님은 이런 배경은 모르시니까요."

"계속 이러면 보고서 디테일 부분까지 수정하느라 정말 일할 시간이나 생각할 시간이 많이 날아가겠네요."

커피를 마시고 돌아오니 팀장이 자리에 와 있었다. 오늘 해야 할 일은 다 해놓은 터였지만 눈치가 보이는 건 어쩔 수 없었다.

"피터 씨, 이번에 최종적으로 각 팀별 세부 경영계획 짠 파일 좀 보내주세요."

"네, 팀장님."

"공유 폴더에 있는 건 아는데, 워낙 파일이 많아서 뭐가 최신 버전인지 모르겠더라고. 맨 마지막 걸로 하나 보내줘요."

공유 폴더에 지금까지 경영계획을 진행하면서 만든 파일들이 정리되어 있지만 워낙 많아서 만든 사람 외에는 구별을 할 수 없을 정도가 되어버렸다. 문제는 그것을 만든 나도 헷갈린다는 것이다. 분명 이 파일이 최종인 것 같은데 확신이 없다. 이후에 뭔가 또 수정된 것들을 받아서 저장한 것 같은데, 이게 그걸 포함한 건지, 수

정파일을 따로 보관했는지 바빠서 어디다 휙 던져놓고 작업을 안 했는지 기억이 안 난다.

"제인 씨, 최종 파일이 어떤 건지 알아요?"

"음… 잠깐만요. 저도 찾아봐야 할 것 같은데요…."

그러고는 몇 분에 걸쳐 파일들을 다 열어보고 최종 버전 파일을 찾아냈다.

경인지역 영업팀장이 이야기했던 것처럼 경영계획 수립 기간 단축이 정말 절실한 것 같았다.

"이것도 실무자들이 엄청 공들였을 텐데. 실무자가 초안을 만들면 팀장이 수정하고 또 그 윗선에서 수정하고, 다시 밑으로 내려보내 다시 수정해서 올리게 하고…. 시간이 엄청날 것 같아요…."

다들 마지막 종료 휘슬이 울리기를 기다릴지도 모른다는 생각을 해봤다. 어차피 일은 그때까지 계속해야 할 테니까. 차라리 계획이 좀 어설프더라도 시간을 많이 들여야 할 일과 적게 들여도 되는 일을 처음부터 구분해서 모두 잘하려고 하지 않는 게 어떨까. 그냥 받기만 하던 메일과 첨부파일들이 얼마나 많은 수고로 만들어졌을지 생각해보면 쉽게 열 수가 없을 것 같다.

"다음 미팅 때까지 고민해보세요" ➡

혁신을 위한 보여주기 식 이벤트
vs. 정작 일할 시간이 없다

딜버트의 원리The Dilbert Principle라는 말이 있다. 조직에서 무능력한 실무자를 현장에서 빼내 관리자로 만들어 실무자들에게 보고서를 요구하고 쓸데없는 일만 시킨다는 내용이다. 1990년대 만화 〈딜버트〉에서 유래된 말이다. 그때나 지금이나 조직에는 보고서가 넘쳐나고 실무자들이 진짜 해야 할 일을 할 시간이 없는 상황이 자주 발생하는 것 같다.

세계적 규모로 사업을 하는 국내 모 기업에서는 부서별로 돌아가면서 혁신을 위한 캠프에 참여해 교육을 받는다. 사업장이 있는 지방의 이름난 산을 중심으로 저녁부터 아침까지 돌아다니며 미션을 수행하는 것이다. 예를 들면, 'ㅇㅇ시 ㅇㅇ분까지 어느 장소 찍기', '혁신구호를 틀리지 않고 전 팀원이 동시에 외치기' 이런 것을 하면서 지정된 코스를 돌게 한다. 중간에 구호 소리가 작거나 보물찾기 같은 이정표를 놓치면 곤란해지는 아주 한국적인 혁신 캠프다. 웃지 못할 게 이걸 실행한 모 경영자가 이 교육 이후 회사의 일부 실적이 개선되었다고 주장했는데, 몇 년 지난 지금은 과장, 차장들의 발목 부상, 근육통의 추억만 가득한 무용담으로 남아 있을 뿐이다.

가만 보면 이런 일이 이 회사에만 있는 것은 아니다. 군대와 다름없이 신입 교육을 하는 한국의 대기업들은 가끔 '대학 신입생 군기잡기' 못지않은 실력을 자본과 결합해 놀라운 장면들을 많이 보여준다. 실제로 '해병대 신입 캠프', '국토 원정대'와 같이 혁신적 사고나 창의성 등 요즘 시대가 원하는 인재를 기르려는 건지, 단지 육체적 고통을 통해 충성심과 인내심을 키우려는 건지 모를 기업 교육 사례가 많다. 한국 기업의 야근 문화를 버티기 위해 필요한 체력 훈련이라면 차라리 수긍할 만하다.

군대 프로그램이 별도의 프로그램으로만 존재한다면 그나마 다행일지도 모른다. 매일 사무실에서 일어나는 일상이 군대인 곳이 많다. 군대를 두 번 가는 기분이 들 정도다. '군대 문화'는 전통적인 한국 기업문화를 대표하는 말이다. 심지어 호랑이 담배 피우던 시절의 옥상 집합, 다나까 말투 등 리얼 '진짜 사나이' 문화가 여전히 남아 있는 회사도 있다.

2015년 기업 평판 사이트 '잡플래닛'이 40개 기업, 1,212명에게 기업의 단점에 대해 조사한 자료에 따르면, 최고의 단점으로 군대 문화와 경직된 조직 체계, 상명하복의 보수적 문화가 16.5퍼센트로 가장 많이 나왔다. 회사원들이 직장에서 가장 싫어하지만 가장 많이 남아 있는 게 군대 문화란 얘기다.

군대란 어떤 곳인가? 훈련소 가면 첫날 이상한 걸 가르쳐준다. '직속상관 관등성명.' 중대장, 대대장, 연대장 등을 포함해서 뭔 상사가 그리도 많은지. 사단장에서 분대장까지 적어도 5단계는 될 것이다. 이것은 '관리'를 위한 조직이다. '책임'을 지고 엄청나게 큰

"다음 미팅 때까지 고민해보세요" ➡

조직을 일사분란하게 톱다운top-down 방식으로 움직이기 좋게 만든 '관리'형 조직이다. 물론 군대는 이렇게 운영될 필요가 있다. 문제는 고객이 친구처럼 느껴야 할 소비재 회사에조차 군대 문화가 자리 잡고 있다는 것이다.

김 대리는 박 과장님께 기획서 초안을 보여드리고 한 번 수정해서 최 부장님께 간다. 물론 최 부장님 생각도 있다. 그래서 상사의 피드백을 반영하느라 야근을 한다. 최 부장님 방을 몇 번 왔다 갔다 한 뒤 그 기획서는 이튿날 황 전무님께 올라간다. 그런 다음 다들 떨면서 기다린다. 다시 주말을 반납하고 수정해야 할지 그대로 통과할지. 그사이 시장의 변화와 실무 현장의 목소리를 그대로 반영한 김 대리의 기획서는 각종 이해관계와 과거의 성공 패턴에 의해 각색된다. 김 대리의 심정은 어떨까? 이런 상황은 양반이다.

황 전무님이 팀에 일을 내릴 때 명확하지 않은 상태에서 출발하는 경우도 있다. 주제만 잡고 결정의 방향성이 없는 리서치 같은 일 말이다. 이런 일도 김 대리가 초안을 잡는다. 하지만 중간에 과장, 부장 누구도 시원하게 뭔가 말해주지 않는다. 말만 전달할 뿐이다. 초안을 쓰는 내내 과장, 부장은 매직아이처럼 황 전무님의 의중을 살피느라 정신이 없다. 이러면 시시각각으로 리서치 방향이 달라지고 초안 전체가 몇 번 엎어진다. 왜 처음에 지시 들을 때 철저하게 물어보지 않는 걸까? 왜 중간에서 일의 맥을 잡는 일을 기피하는 것일까?

피드백의 내용도 보자. "내가 너희 때는 이렇게 일하지 않았다"고 말하며 부장님은 중간에 좋은 사업 아이디어를 주신다고 오늘

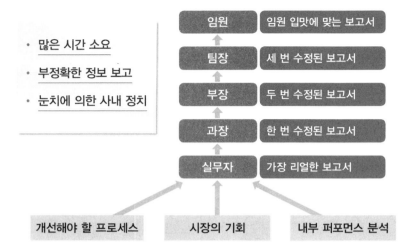

- 많은 시간 소요
- 부정확한 정보 보고
- 눈치에 의한 사내 정치

임원	임원 입맛에 맞는 보고서
팀장	세 번 수정된 보고서
부장	두 번 수정된 보고서
과장	한 번 수정된 보고서
실무자	가장 리얼한 보고서

개선해야 할 프로세스   시장의 기회   내부 퍼포먼스 분석

도 김 대리의 기획서에 본인의 아이디어를 넣고 있다. 그런데 부장님이 대리 때, 전무님이 대리 때와 지금의 상황이 같을까? 고성장기 연이자 7퍼센트 이상의 적금이 있을 때, 고객님 댁에 가전제품이 몇 개 없을 때, 고객님이 해외여행이 신기해서 면세점에서 물건을 막 사올 때와 오늘날 고객님의 취향과 씀씀이가 같을까?

스타트업이 서비스 산업을 중심으로 괜히 뜨는 게 아니다. 스타트업은 소비자의 다양해지는 수요를 맞추는 단순하고 빠른 조직이다. 대기업도 사내에 연구실 개념의 이런 스타트업을 하려고 한다. 점점 '관리'라는 것이 얼마나 허상인지 깨닫고 여러 단계에 걸쳐 컨펌confirm 받으려고 대기하는 게 아니라 팀장과 팀원의 한 단계로 구성된 깔끔한 프로젝트 조직이 속출하고 있다. 모였다 헤어지는 것이 일상화되는 수평적이고 유동적인 조직이 점점 일반화되고 있다.

"다음 미팅 때까지 고민해보세요" ➡

그런데 이미 군대 문화에 젖어 10년 이상 근속한, 오더만 내리는 오더 로봇 부장님과 몇 년째 오더만 받아서 일하고 있는 대리에게는 이런 변화가 달갑지 않을 것이다. 그렇게 된 것은 그들의 잘못만이 아니다. 시키기만 해도 일은 돌아가고, 생각하지 않고 오더받은 대로만 빠르게 처리하면 되었던 시절, 시키는 사람은 현장에서 멀어진 채 책상에서 고민만 하고, 오더 받는 사람은 더 이상 자신의 이야기가 먹히지 않으니 생각을 지우고 상사의 코멘트만 반영하기에 바빴다.

　　'생각 없는 직원'들과 '무능한 관리자'가 변화하려는 의지가 없는 것도 문제지만, 조직을 제대로 설계하지 못해 그들을 그렇게 만든 경영자, 인사팀, 전략팀도 공동의 책임을 져야 한다. 그런 공유된 책임 없이 직원들만 해고하고 좌천시키는 회사는 영육분리의 화법을 쓰고 있는 것과 같다. 왜 조직을 빨리 단순하고 수평적으로 만들지 않았는가? 이젠 시대가 변화해 그런 사람의 자리는 없어지고 그런 기업은 문닫을 위기에 놓여 있다.

　　생각의 전환은 결코 쉽지 않다. 단순한 조직 구조에서는 모두가 실무자다. 관리자의 영역은 줄어들고 중요성은 더 높아진다. 진짜로 중요한 일만 남아 결정의 책임이 더 커진다. 이런 변화는 분명 조직을 현장에 가깝게 만들 것이다. 그런데 한편으로는 인간적으로 엄청 빡빡한 생활이 기다리고 있을 것 같기도 하다. 소위 '숨을 곳'이 없어지기 때문이다. 그렇지만 분명 생산적인 고민이 생산적인 커리어를 누리는 데는 도움을 줄 것이다. 누가 내 치즈를 옮기기 전에 나도 빨리 돌아다녀야 한다.

그런데 이런 이상향은 쉽게 오지 않는다. 변화에 반대하면서 관리를 위한 관료로 남으려는 직원들이 중간관리자급 이상에 늘 포진하고 있기 때문이다. 이런 사람들은 어떻게 관료제를 공고히 하고 회사 내에서 수명을 연장할 수 있는가?

회사에서 일을 못하는 사람인데 정치를 잘하는 사람은 되도록 적을 만들지 않는다. 자신보다 낮은 직급이면서 아직 일을 잘하지 못하는 사람, 이미 승진의 길에서 나가떨어진 사람만 철저히 밟는다. 적을 만들면 그 적이 일 못하는 자신에게 역공할 것을 알기 때문에 언젠가 성장할 사람은 함부로 적으로 대하지 않는다. 그래서 일 못하는데 정치적인 사람은 적절한 동지를 만든다. 일종의 공범이다. 서로 뒤를 봐주면서 서로 공격하지 않고 밀어주고 끌어주는 역할을 하는 관계가 된다. 성과와 상관없이 서로 작은 명분만 서면 하나의 집단을 만들면서 주요 요직에 오른 서로를 의지한다. 이런 공범들은 어느 순간 조직의 체계를 망치면서 해야 할 일을 하지 않는다. 그러고는 일 못하는 부하 직원이나 다른 부서의 마음을 얻는다. 또 다른 동지를 만드는 것이다. 일하는 문화가 느슨해지면서 잘못된 방식이나 비리 방법들이 조직 내부에 퍼져간다. 그래서 공범을 만드는 사람을 찾아 없애는 것이 중요하다. 성과와 상관없이 회사를 자신의 둥지로 만들 생각만 하는 사람 말이다.

대표적인 것이 보고서를 보고서화시키는 사람이다. 다른 말로는 점검을 점검화시키는 사람이다. 반드시 보고해야 할 문제가 있을 때 중간관리자인 자신의 잘못이 드러날까봐 아예 아래 실무자들과 입을 맞춰버린다. 그렇다보니 실제와 무관한 이야기가 보고된

"다음 미팅 때까지 고민해보세요" ➡

다. 보고가 제대로 검증되지 않는 것은 실적에 상관없이 보고서 자체에 연연하는 기업문화에도 문제가 있다. 그러니 한 번만 보고를 잘 꾸며서 피하면 된다는 문화가 만연하는 것이다. 그러기에 정말 자신이 월급 받으면서 할 일을 죽은 보고서로 만들어버린다. 정말 해야 할 일을 평소에 하지 않았기에 보고 시점이 되면 문제점을 그냥 덮어버리는 것이다. 이런 문화는 같은 패거리를 통해 주변으로 퍼지고 결국 보고는 보고를 위한 보고로 전락하며 진정한 문제는 겉으로 드러나지 않는다. 겉보기에는 아무 문제 없어 보이지만 실적은 나아지지 않고 역량은 풀린 근육처럼 말을 듣지 않는다. '말은 하되 진정한 문제는 말하지 않는다', '잘되어도 방법에 대해서는 공유하지 않는다', 이런 식이다.

　이런 유착관계는 중간관리자와 하부조직 사이에서만 일어나는

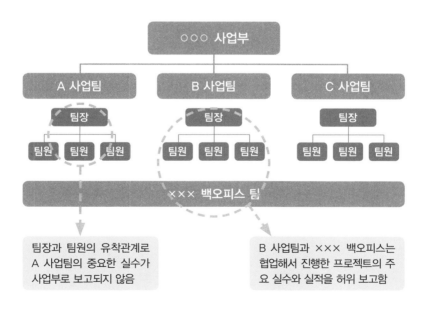

것이 아니라 사업본부와 관리부서 및 지원부서의 관계에서도 발생한다. 만약 회사의 모든 사업부서가 일을 할 때 반드시 한 부서를 통해야 한다면 어떨까? 예를 들어 회사 내 광고 부서를 통해 모든 사업의 광고가 이루어진다면 어느 사업부에 더 많은 시간과 힘을 실어줄 것인지는 광고 부서의 판단에 달려 있다. 일의 진척에서 광고 하나의 처리 속도 때문에 진행이 느려진다면 모든 사업 부서는 대안을 찾을 것이다. 하지만 오로지 본사 광고부서를 통해서만 광고를 할 수 있으므로 그들이 할 수 있는 일이라고는 광고부서와 친해지고 잘 보이는 수밖에 없다. 광고의 품질에 대해서도 경영진에 뭐라고 말할 수 없는 상황이 되고 심지어 일종의 카르텔을 만들어 특정 사업부와 광고부서가 서로 뒤를 봐주는 일까지 벌어지게 된다. 사업부와 지원부서 간의 이해관계가 얽혀 있기에 이런 유착은 쉽게 드러나지 않는다. 처음에는 해당 조직의 리더들이 이런 동지적 관계를 만들지만 곧 실무자들의 업무 방식에도 스며들게 된다. 이런 상황이 되면 이 조직의 모든 사람을 교체하지 않는 한 문제는 사라지지 않는다.

3장

돌다리 두드리다가
못 건넌다

해보기도 전에 가로막는 검증 프로세스

"근거가 뭐예요"

해낼 수 있는 이유 설명하는 시간에 일 다 했겠다 ⇅

`#간섭` `#경영관리` `#레드테이프`

"시간 낭비의 보편적 원인은 스스로 제거할 수도 있는 것들에
시간을 투입하기 때문이다. 다시 말해, 다른 사람이 처리할 일에
자신의 시간을 낭비하기 때문이다."

피터 드러커

- 조직이 커질수록 위임을 통한 권한 이양이 이루어진다.
- 하지만 동시에 경영관리 조직도 강화된다.
- 자칫 관리를 위한 거대한 집단이 되기 쉽다.

"이제 경영계획을 수립했으니 주요 실행계획에 대한 관리에 들어
갑시다."

월요일 오전, 팀장은 우리 팀이 해야 할 다음 일에 대해 설명
했다.

"이번 주에 대표님을 만나보면 알겠지만, 작년에 진행되었던
방식으로 이후 경영계획에 대한 관리를 먼저 공유해야 할 것 같
네요."

경영관리란 일반적으로 기획업무 중 운영업무에 해당하는 일이다. 따라서 회사마다 방법이 달라 적용하는 수밖에 없다.

"작년에는 일주일, 한 달 단위로 예산 계획 대비 지출 내역, 연구성과와 관련된 목표 대비 진척 현황에 대해 체크했어요. 특히 예산이 많이 투입되는 사업에 대해서는 거의 매주 진행상황을 확인했죠."

이전 회사에서도 그 정도는 정기적으로 파악했었다. 다만 예산만 보는 수준이냐, 연구 현황까지 보느냐, 전체적인 사업에 대한 확인까지 하느냐에 따라 범위와 사후 조치 수준이 다를 뿐이다.

"아무튼 올해도 이렇게 할지, 아니면 다른 방식으로 할지는 대표님 뵙고 나서 본격적으로 정리하기로 해요."

아무래도 우리 팀에서 먼저 제안하기보다는 대표가 방향을 제시해주면 그에 맞춰 세부전략을 짜는 방식이라고 해야 할까.

그리고 몇 시간 뒤 주 단위 정기회의에서 우리 팀은 대표와 마주했다.

"저희가 다음 분기 경영계획의 세부 실행에 대해 전략 실행계획과 각각의 목표들이 잘 진행되고 있는지 작년과 마찬가지로 관리해보고자 합니다."

"어려운 일이에요. 사실 실무자들의 실력이 충분할 때는 실무자들에게 권한을 충분히 주는 것이 정말 좋은 방법이지만 검증되지 않은 사업이나 관리자에게는 사업의 명운을 불확실성에 내던지는 일이기도 하니까요. 그 점에서 경영관리는 중요한 일인데…. 솔직히 지금까지 경영관리가 잘되고 있는지 돌아볼 겨를이 없었어요."

대표의 말에 우리 팀은 적잖이 긴장했다.

"대표님, 사실 지난 달까지 경영관리는 각 팀장들에게 너무 위임한 경향이 없지 않았습니다. 최근 몇 년간 사업 실적이 좋지 않아 충분히 개입하고 확인해서 피드백을 줄 필요가 있었는데, 관리가 선제적으로 잘되지 않은 게 사실입니다."

팀장이 흔들림 없는 말투로 답을 이어갔다.

"그래서 이번 분기부터 시작되는 새로운 경영관리 방법으로 대표님께서 직접 예산이 많이 투입되는 상위 5개 사업에 대해서 주 단위로 보시고 팀장들과 면담하시는 게 어떨까요? 자칫 팀장들의 권한을 침범할 수도 있지만, 그보다는 회사 규모가 커진 만큼 전사적으로 시너지를 내기 위해서 대표님께서 충분히 확인하시고 현안을 풀어주시는 게 더 낫지 않을까 생각합니다."

팀장은 준비한 듯한 내용으로 대표에게 또렷하게 말했다. 물론 나와 제인에게는 사전에 언급한 적이 없는 내용이었다. 처음 듣는 내용이라 나와 제인은 무슨 얘기인지 갈피를 잡을 수 없었다.

"좋은 말씀이네요. 몇 년간 부진한 사업도 많았고 전사적으로 시너지를 내지 못한 것도 사실이네요. 고민할 필요가 있는 지적입니다."

팀장은 방법에 대해 우리 팀에서 더 세부적으로 정리해서 보고하겠다고 말했고 회의는 긍정적으로 끝났다.

"팀장님, 혹시 작년과 올해, 방법상 어떤 차이가 있습니까?"

자리로 돌아와서 팀장에게 물어보았다.

"작년에는 그냥 서류상으로 진척 상황을 전달받았죠. 각 팀장들이 팀의 세부사업을 모두 표시해놓아 그것도 체크라는 측면에서는 정보가 들어오고 피드백도 되었어. 그런데 생각해보니까 그게 다란 말이지. 팀장들이 긴장하지 않고 그냥 끝까지 가는 경우도 있었고, 사업이 목표와 다르게 가고 있어도 대안이 없었어요."

"그럼 이제부터는 규모가 큰 사업에 대해 대표님께서 직접 보시면서 수시로 방향을 잡아나가시겠군요."

"그렇죠. 조금만 생각해보면 이게 얼마나 전사적으로 좋은지 알 수 있을 거예요. 그런데 매주 그냥 면담을 하면 서로 할 말이 없을 수 있으니까 뭔가 간단한 보고서 같은 것을 준비하는 게 좋을 것 같은데…."

"간단한 보고서요?"

"목표 대비 현재 상태, 그 차이에 대한 설명 정도랄까. 지금대로 하면 목표대로 가는지 알 수 없으니까요."

그렇게 시작된 세부 점검표는 대표의 승인을 얻어 바로 다음 주부터 시작하기로 했다. 각 팀장들은 회의에서 이 내용을 듣고 적잖이 당황하는 모습이었다.

"아니…. 대표님께서 보시고 대화하는 거야 당연한 건데…. 이걸 매주 하면 뭐가 달라질까요?"

피자 브랜드 팀장이 포문을 열었다.

"사실 대표님이 경륜은 있으시지만 디테일은 다 모르시잖아요. 그런 걸 다 설명하려면 무척 복잡할 텐데, 걱정도 되고요."

전략기획팀장이 낮은 목소리로 답했다.

"그야 사업이 목표한 대로 잘 진행되면 걱정할 필요 없는 일이

"근거가 뭐예요" ➡

죠. 그런 걱정은 저희가 준비한 간단한 보고서 정도로 커뮤니케이션하면 큰 문제 없을 거라 생각합니다."

"보고서가 있어요?"

"매주 보는데 그냥 보면 이야기가 다른 주제로 샐 것 같아 목표와 현재 상태, 그 차이에 대한 설명을 작성해서 회의 전날 오후까지 저희 팀으로 보내주시면 됩니다."

팀장들의 안색이 더욱 좋지 않았다.

"이번 주는 피자 브랜드와 해산물 뷔페 브랜드의 사업을 중점적으로 보고하고 커뮤니케이션하는 걸로 하겠습니다."

회사의 방침이라는 대명제에 딱히 반론 없이 회의는 종료되었다. 하지만 돌아가는 팀장들의 수군거리는 소리는 자리에 앉아 있어도 들릴 정도였다.

"피터 씨와 제인 씨는 각 팀에서 보고서가 오면 나에게 먼저 보여주세요."

"네, 알겠습니다."

마침내 각 팀에서 보고서가 메일로 왔다. 전체 내용을 모아서 우리 팀장에게 전송한 뒤 반응을 기다렸다.

"다들 이래서 안 된다 저래서 안 된다는 이야기만 하고 있네. 이럴 줄 알았어."

팀장은 보고서를 보고 한 마디 한 뒤 의자에서 일어나 우리 쪽으로 다가왔다.

"한우 브랜드 빼고 프랜차이즈 팀장들 회의 좀 잡아주세요. 최대한 빨리요."

벌써 오후 4시를 넘어간다. 갑작스런 회의 소집. 외근 가려는 팀장들을 가까스로 모두 수소문해서 5시에 다시 모이게 했다. 한우 프랜차이즈 팀장만 빼고.

"이래서는 대표님하고 대화가 안 될 것 같네요. 내용이 이게 뭡니까. 온통 이래서 안 된다 저래서 안 된다, 하겠다는 내용보다 핑계가 더 많잖아요. 지금 민원 넣는 게 아니잖아요."

해산물 뷔페 팀장이 얼굴이 상기된 채 말했다.

"아니, 실제로 부족한 부분이 있으니까 이렇게 쓴 겁니다. 예산이 계획보다 적게 지급되면서 당장 해야 할 일이 뒤로 미뤄지고 인원 충원도 생각보다 늦어지고. 우리 규모가 아직 계획만큼 크지 않아서 원재료 구매 같은 데서도 한계가 있고 물류는 말할 것도 없고요. 이런 이야기 하려고 이런 자리 만드신 것 아닙니까?"

답답하다는 표정의 팀장은 느릿한 말투로 회의를 진행해간다.

"고충은 알겠는데 그런 상황이라 하더라도 뭔가 대안을 만들어서 목표 달성 의지를 보이는 게 팀장님의 역할 아닌가요? 실무자들처럼 이렇게 안 되는 배경에만 집중하면 어떻게 일이 되고 사업이 되겠어요?"

"팀장님, 저도 그것 모르지 않는데 최근 몇 년간 솔직히 회사에서 우리 팀에 지원해 준 게 얼마나 됩니까? 다 늦어지고, 작년에는 실적이 다들 빠지니까 우리가 예산 축소 가장 많이 당했어요. 그런데 이런 이야기는 다 빼고 자꾸 뭔가 내놓으라고만 하시면….'"

격앙된 회의 분위기에 다른 팀장들이 나서서 해산물 뷔페 팀장을 진정시켰다.

　　　　　　　　　　　　　　　"근거가 뭐예요" ▶

"아무튼… 알겠습니다. 전략기획팀에서는 제출하신 것 그대로 올리고 대표님과의 미팅 시각 잡아서 알려드리겠습니다."

"네, 그럼 대표님과 이야기하겠습니다."

다른 팀장들도 크고 작은 불만이 없지 않았으나 해산물 뷔페 팀장의 항변 앞에서는 다들 목소리가 작아졌다.

"피터 씨, 대표님 일정 잡았어요. 내일 오전에 대표님실 옆 회의실에서 모여요. 팀별로 들어오고 해산물 뷔페 팀장부터 해요."

눈도 마주치지 않고 팀장은 미팅 일정을 알려주고 퇴근했다. 나도 각 팀장에게 내일 회의 시간과 장소를 알려주었다.

"이러다가 내일 무슨 일 나는 것 아닌지 모르겠어요."

퇴근 준비를 하면서 제인이 먼저 말을 건넸다.

"팀장님이 단단히 벼르고 있는 것 같은데."

"이건 뭐 어떤 방식의 차이라기보다 감정적인 부분이 더 들어간 것 아닌가 싶어요."

"그럼 작년에는 그냥 서류로 받기만 한 거예요?"

"네. 사실 이런 거 안 해도 그동안 사업이 잘됐으니까요. 올해 갑자기 이런 논의가 많이 부각된 거예요."

"제인 씨는 어떻게 생각해요?"

"글쎄요. 같은 형식이라도 내용이 어떠냐에 따라 달라지는 건데…. 사실 아까 회의 때 해산물 뷔페 팀장님 말씀 틀린 것 하나도 없거든요. 다른 팀장님들도 비슷하게 공감하는 분위기였고…. 한우 브랜드 팀장님이야 워낙 잘 맞추는 스타일이라 모범답안을 쓴 거지만, 다른 팀장님들은 지금 목표를 이루기 위해 줄 것과 받을 것에 대해 계산이 엄청 많을 거예요.”

“어느 한쪽의 말이 무조건 맞는다고 보기는 어렵겠네요.”

“그렇죠. 그리고 매주 대표님과 만나는 것도 단순히 사업 확인만
이 목적이 아니라 수시로 각 팀장들에 대한 평가를 하는 거라는 말
도 있어요.”

“평가요?”

“그렇죠. 아무래도 대표님과 팀장님이 다이렉트로 사업 논의를
하면 바로 평가하는 자리가 되어버리니까….”

“권한 위임이라면 어느 정도 계획한 걸 해볼 시간은 줘야 하는
것 아니에요?”

“회사 사정이 좋지 않으니까 초조해진 것 같아요…. 저도 인사팀
에 있는 동기한테 들었어요.”

“아… 단순한 목표 달성 회의가 아니네요.”

“네…. 요즘 저희 팀장님과 인사팀장님이 자주 만난다는 이야기
가 있어요. 평소에는 별로 친하지 않은데 이런 건 또 합의가 잘 되
는 스타일이라서….”

“합의요? 두 분이요?”

“네, 두 분은 서로 견제하지만 다른 팀들을 함께 견제하는 역할
도 하니까 이럴 땐 비교적 의견이 잘 통하는 편이에요.”

아무튼 다음 날은 아침부터 대표실 옆 회의실에서 대표와 우리
팀장, 그리고 내가 자리에 앉고 각 팀장들이 순서대로 들어와 간단
한 보고서를 토대로 얘기를 나누는 회의가 진행되었다.

“그런데 팀장님…. 하기 전에…. 이렇게 하면 팀장님들이 의욕을

“근거가 뭐예요” ➡

잃지 않을까 걱정입니다. 내가 꼭 다 개입하는 것 같은 느낌이 들면 안 되는데….”

“대표님, 그렇지 않습니다. 모든 팀장이 역량을 가진 건 아닙니다. 개별 사업이 전사적인 방향성에서 벗어나면 안 되니 미리 방향을 잡아주는 게 반복된 실패를 막는 방법입니다.”

“아무튼 내용이 중요해요. 이건 다 형식이고…. 원래 취지대로 전사적으로 일관된 방향으로 진행되었으면 좋겠네요.”

“오늘 순서는 해산물 뷔페 브랜드부터 시작하겠습니다.”

보고서가 전달되고 해산물 뷔페 팀장이 회의실로 들어왔다. 아직 들어오지 않은 팀장들은 각자 자기 자리에서 대기하고 있었다. 시작 시간은 정해져 있지만 각 팀마다 정확한 시간이 배정되지는 않아 앞 팀이 마칠 때쯤 다음 팀에 연락해서 들어오게 했다. 이 회의 때문에 모든 팀장들이 오늘 하루를 사무실에서 눈치 보고 있었다.

“팀장님, 주신 건 읽어봤는데 작년부터 지원이 부족해서 미안합니다.”

대표가 비교적 따뜻한 표정으로 해산물 뷔페 팀장을 맞았다.

“대표님, 저희가 신메뉴 개발을 중점적으로 진행해야 하는데 지금 예산 수준으로는 연구개발조차 어렵습니다. 연구개발 인력에 대한 충원도 인사팀에서 더뎌지고 있는 상황입니다.”

계속 해산물 뷔페 팀장의 이야기가 이어졌다.

“물류도 전사적으로 신선식품에 대한 물류 및 보관 체인을 구축한다고 했는데, 이게 지역별로 이뤄지고 있어서 저희가 직접 수급하는 경로와 달라 지금으로선 혜택을 많이 보지 못하고 기존 물류 시스템을 외주로 사용하고 있어서 비용도 만만치 않습니다."

우리 팀장이 듣다가 말을 잘랐다.

"팀장님, 그 부분은 잘 알겠습니다. 회사 사정상 지원이 충분치 않은 건 전략기획팀에서도 알고 있습니다. 하지만 자원이 부족함에도 불구하고 성공한 사례나 반전의 아이디어는 얼마든지 있습니다. 해산물 뷔페는 현재 예산으로 할 수 있는 일을 어떻게 했는지를 중심으로 말씀해주시면 좋을 것 같습니다."

"일을 하기 위해서는 먼저 필요한 게 있습니다. 그게 해결되지 않으면 그다음은 해결되지 않습니다. 방금 말씀드린 부분은 다음 사업모델로 나가는 데 필수적인 것들입니다. 현재 체인을 그대로 유지만 하려면 이런 건 필요 없겠지만…."

다시 전략팀장이 끼어들었다.

"팀장님, 지금 해산물 뷔페에 연간 몇 억이 투입되는지 아세요? 매출이 줄어드는데 그런 말씀만 하시면 안 되죠…."

대표도 한마디 한다.

"팀장님, 매출이 빠지는 건 사실이니까 그것도 같이 이야기해주시죠."

해산물 뷔페 팀장은 대표의 말에 다시 표정을 조금 풀고 말한다.

"대표님, 식재료 구입 예산이 줄어 각 점포마다 마감시간에 가까워질수록 주문할 수 없는 메뉴가 많아졌습니다. 또한 주요 점포들의 프로모션이 지속적으로 이루어지지 않아 이런 이유들로 매출이 줄어들고 있는 게 사실입니다… 하지만…."

"근거가 뭐예요" ➡

"계속 자원 관점에서만 말씀하시면 어떻게 합니까?"

전략팀장이 다시 말을 끊는다. 제대로 시작도 못한 분위기. 대표가 정리해보려고 한다.

"이렇게 해서는 원래 의도한 논의를 하기 어려울 것 같네요. 일단 해산물 뷔페 브랜드 팀장님께서는 자리로 돌아가시고, 전략팀장님과 이후 방향에 대해 다시 논의한 뒤 뵙겠습니다."

해산물 뷔페 팀장이 나가고 다시 셋만 남았다.

"팀장님, 왜 계속 말을 자르세요? 일단 듣는 것도 좋을 것 같은데…."

"대표님, 물론 해산물 뷔페 팀장 말이 틀린 것은 아니지만 저런 방식으로는 문제를 해결할 수 없습니다."

"팀장님 말씀도 맞죠. 하지만 선결해야 할 문제가 있는 것도 맞는 것 같은데요."

"대표님, 회사 사정상 모든 팀에 자금이 넉넉하게 나가기는 어렵습니다. 모두가 제한된 자원으로 일합니다. 그런데 초점이 벗어나면 계속 문제해결보다는 이런 이야기만 반복할 것 같습니다. 자원의 규모에 맞는 해결방안이 없는 것 같습니다."

"고민되네요. 경영관리는 팀장이 나보다 잘 아실 텐데 실무자들의 고민도 무시할 수 없고…. 이런 방식으로 만나는 게 맞나 싶네요."

"아주 간단한 양식입니다. 이런 건 평소 일하는 수준이라면 작성하는 데 몇 분 걸리지도 않습니다."

이 회의를 위한 보고서에 이틀 내내 시간을 쏟은 팀도 있다는 이야기를 제인 씨에게 들은 적이 있다.

"시간이 얼마 안 걸린다니까 뭐 그냥 작년처럼 취합하는 것보다는 정보가 있으니까 보기 좋긴 하네요."

"그런데… 대표님…. 드릴 말씀이 있습니다."

"네, 어떤 거죠?"

"피터 씨, 잠깐만 나가 있죠."

"아, 네."

나는 밖으로 나왔고 회의실에는 대표와 전략팀장만 남았다.

"다들 분위기에 얼어 죽으려고 해요. 위아래층에 회의 분위기가 실시간으로 중계되고 있어요."

제인이 기다렸다는 듯 내게 말하며 다가왔다.

"안에서 저도 힘들었어요. 끌려들어간 건데 분위기도 뭣하고…."

"그런데 이거 계속할까요?"

"글쎄요…. 오늘 대표님 분위기로는 계속할 것 같지 않은데… 모르겠네요."

"매주 이러면 다들 지쳐서 나가떨어질 것 같아요. 일하기에도 힘들고 시간이 부족한데 이렇게 하면…. 이제 겨우 한 팀 회의한 건데…. 아직 사무실에서 대기하고 있는 팀만 해도 몇 팀 되고…."

"그러게요. 계속 이러면 일할 시간이 많이 줄겠죠. 더군다나 매주 이렇게 보고서와 회의에 며칠씩 걸리면…."

대표와 팀장의 독대는 꽤 오래 진행되었다. 중간에 인사팀장도 합류했고, 점심쯤이 되어서야 회의실 불이 꺼졌다.

"피터 씨, 수고했어요. 나머지 대기하는 팀들에는 오늘 회의 없

"근거가 뭐예요" ⇒

으니 일하라고 전해주세요."

"아… 없어졌습니까?"

"네, 나는 대표님하고 인사팀장님하고 함께 식사할게요."

그리고 며칠 뒤 해산물 뷔페 팀장이 교체되었다는 사내 공지가 떴다. 한우 브랜드 부팀장이 신임 해산물 뷔페 팀장이 되고, 전임자는 충청지역 영업팀장으로 발령 났다. 주간으로 하는 '간단한' 보고서 기반 회의는 계속 하는 것으로 결정되었다.

전사적 지원 vs. 전사적 간섭

몇 년 전 국내 기업 '제니퍼소프트'의 파격적인 복리후생이 화제가 된 적이 있다. 호텔 주방장을 불러 식사를 제공하고 회사에 수영장을 갖추는 등 기존 기업에서 볼 수 없었던 복지 제도로 직장인들에게 동경의 대상이 되었다. 파주 출판단지에 있는 출판사 중에서도 당연한 칼퇴와 눈치 없는 연차로 인기를 얻은 회사도 있었다. '여행박사'는 일정 기간 근무한 직원에게는 휴가 때 해외여행을 보내주는 등 통큰 복리후생으로 SNS에서 화제가 되기도 했다.

이런 기업들의 경영진을 만나 인터뷰한 내용을 보면 공통적으로 직원을 대하는 태도가 남달랐다. 기본적으로 직원 한 명 한 명이 회사에 얼마나 귀한 존재인지 알기에 최상의 컨디션으로 일하도록 동기부여한다. 개개인의 지식과 기술이 경쟁 기업과의 차이를 만들어내는 시대에 사람의 가치를 알고 있는 경영이다.

직원은 회사의 파트너인가, 회사의 부품인가? 변화에 저항하는 조직 문화의 가장 아픈 상태는 경영진과 실무진 사이에 벽이 생기고 서로를 미워하고 감시할 때다. 변화에 저항하고, 변화하는 척하는 조직은 기업을 지탱하는 기본적인 신뢰가 무너지면서 비효율로 가득 차게 된다.

기업 경영이 기술의 발달과 수요의 창출로 발전하는 것처럼 보

 "근거가 뭐예요" ➡

이지만 정말 중요한 것은 이면에 있는 기업 이념이다. 기업을 이루는 경영철학의 혁신이 이 모든 것을 가능하게 만드는 시작점이다. 아무리 좋은 기술이 있다고 하더라도 이것은 기업을 이루는 인재를 통해 나오는 것이다. 인재를 다루는 경영철학에 따라 기업이 발전하기도 하고 퇴보하기도 하는 것이다. 그렇기에 기업의 인재관, 사람을 대하는 태도는 중요하다. 인적 자원을 계발하는 기업경영의 명제는 명확하지만 이것을 성취하는 방법은 지금 큰 도전에 직면해 있다.

육체노동을 기반으로 생산성이 결정되는 시대에는 최적의 효율을 올리는 육체 작업의 지침에 따라 표준적인 방법론을 준행하고 이것을 지키는지 피드백하는 '왕도'라는 게 있었다. 지금도 건설 현장, 공장의 조립 라인, 판매 서비스 현장에서는 의도한 육체 작업을 표준적인 방법으로 활용하는지 측정한다. 여기서는 기존 것을 따르지 않고 성과를 내지 못할 경우 받아들이지 않는다. 표준안은 기획이나 R&D 부서 고유의 역할이다. 지키지 않는 직원에게는 표준을 가르치고 혼내고 압박하고 따르지 않으면 축출한다. 고대의 육체노동 현장처럼 직원을 감시하고 옆에서 계도하는 '인력'의 개념으로 인재 양성을 했다. 이 시스템에서는 측정이 중요하고 표준적인 매뉴얼이 중요했다. 표준화와 일사분란한 실행을 위해 두터운 관료제가 형성되었다.

하지만 기계와 전자통신 기술이 발전하면서 지난 100여 년간 경영 일선을 장악했던 테일러 식 과학적 직원 관리principles of scientific management, 인재 양성의 패러다임은 바뀔 수밖에 없었다. 전에는 뻔했던 기업 역량을 이루는 수단이 너무나 다양해진 것이다. 무엇이든 그것을 테스트하는 비용이 줄어들면서 실험은 높이 평가받고 새로운 수요를 창조할 수 있는 시간적 여유를 공급자가 쥐게 되었다. 재화의 양은 많아졌고 다음 단계의 재화를 먼저 고민하고 시제품prototype을 테스트해서 준비할 시간과 기회도 엄청나게 늘었다.

기술과 역량이 상향평준화되어 이제 어떤 제품도 오랫동안 선점효과를 누리기 어렵게 되었다. 이제 시장 변화를 발빠르게 포착해 적시에 선도제품을 지속적으로 창조하는 능력이 기업의 핵심역량이 되었다. 이제 인재의 정의는 단순히 표준화된 작업을 수행하면서 표준 방법을 개선하며 표준 이상의 성과를 거두는 것이 아니라 '무엇을 할 것인가'를 잘 정하는 것으로 변화되었다. 직원의 창조성이 기업 역량의 핵심이 되면서 자연스럽게 직원들의 권익이 향상되는 추세로 이어졌다. 물론 이런 변화는 IT, 스타트업을 중심으로 나타나고 변동성이 적은 필수 소비재 산업은 기존 자본의 힘으로 경쟁우위를 유지할 수 있기에 변화가 더딘 느낌이다. 그러나 점점 더 어떤 산업에서든 인재를 바라보는 관점이 표준적 작업을 준행하고 노동윤리를 강제하는 것이 아닌, 포스트모던한 창의성과 융합을 통한 기회 실현으로 옮겨가야만 하는 시대가 되었다.

이런 환경에서는 더 이상 규격화된 말투와 복장 같은 것에 매달릴 필요가 없다. 그것이 새로운 융합과 창의성, 명제 찾기의 주도성과 연결되지 않기 때문이다. 그렇기에 일부 표준화가 중요한 산업을 제외하고는, 직원에게 표준을 정해주고 따르라는 것은 기업 스스로 경쟁력을 잃는 일이 되었다.

가장 큰 문제는 경영진이 직원을 자신과 다른 그룹으로 여겨, '타자화^{他者化}'시키는 데 있다. 조직 내부에서 긴밀한 커뮤니케이션이 필요한 시대에 집단이 분열되는 것은 과거의 인재관을 가진 경영진이 실무자의 변화무쌍한 모습을 보고 그들을 계도할 필요가 있는 집단 정도로 여기기 때문이다.

내부 직원들에게 회사의 중요한 결정을 알리는 방식, 업무 프로세스를 경청하고 개선하는 방식, 직원 채용 면접 때의 질문, 복리후생에 대해 직원들과 소통하는 방식 등 작아 보일 수도 있는 일들이 직원들을 타자화시키는지 여부를 알 수 있는 현상들이다. 작아보이는 이런 부분들에서 경영진의 눈치를 보면서 살아남으려는 관리부서는 과한 결정으로 직원들을 밀어붙인다. 우수한 직원일수록 회사의 이런 인재관을 먼저 알아차리고 스스로의 창의성과 비전을 실현시키기 위해 빠져나간다. 더 강도 높은 계획으로 기존 패러다임을 강화시키려는 관리부서의 안일한 자기생존 욕구가 이 과정에 투영된다. 어떤 기술을 도모하고 어떤 시장에 탐을 내도 그것을 실현할 인재는 떠나가고, 남은 사람은 마음이 멀어져 있어 일이 제대로 이루어지지 않는다. 이런 조직은 속도가 나지 않고 잘해야 현상유지에 머문다.

'레드 테이프Red Tape'는 이런 관료제의 한 현상을 나타낸 말이다. 지나치게 규정된 절차를 따르라고 강요해서 시간을 낭비하고 원활한 업무수행과 의사결정을 방해하는 공식화된 규칙을 강제하는 것을 뜻한다. 16세기 스페인과 영국에서 중요한 행정 서류는 붉은 끈으로 묶어놓는 관습에서 유래한 표현이다. 레드 테이프는 믿지 못하기 때문에 '타자화'를 문서로 규정하고 그것을 강제한 결과 중 하나다. 지금도 많은 기업의 파일에 오늘날 레드 테이프에 해당하는 문서 만든 사람과 수정한 사람의 이력이 잔뜩 붙어 있다.

매주 일의 진척을 점검하는 것도 레드 테이프의 대표적 사례다. 근거를 설명하는 서류를 만드는 시간이나 이런 것을 계기로 잡히는 회의는 모두 '불신 비용'에 해당한다. 이런 비용은 장부상 어디에도 표시되지 않지만 직원들이 일에 몰입하지 못하게 만들고 허례허식이 창궐하는 출발점이 된다. 일의 디테일에 대해 파악하는 역량이 누가 가장 좋으냐에 따라 일을 추진할 수 있는 권한을 주어야 하며 일괄적으로 모든 것을 경영진과 관리부서의 개입으로 진행하려 해서는 일에 몰입하기 어렵다. 특히 어떤 과업을 수행하기 위해 꼭 필요한 선결과제는 해결할 수 있는 충분한 자원을 들여 반드시 해결하고 그다음에 예정된 단계를 밟게 하는 것이 중요하다.

"이제부터 권한과 책임을 다 드릴 겁니다"

차포 떼고 장기 둔다

#앙리파욜 #경영관리의14법칙 #권한과책임

"사장님의 사장님이 내리신 지시입니다"

영화 〈오! 마이 보스!〉에서

- 상명하복의 조직에서 권한을 대폭 내려주는 조직으로 혁신하려 한다.
- 하지만 정말 자율경영인지는 책임과 권한이 일관되게 주어지는지 봐야 한다.
- 권한이 없으면 '바지 사장'이 되기 때문이다.

해산물 뷔페 프랜차이즈 새 팀장이 된 제임스는 말쑥한 옷차림으로 사내에서 이미 유명한 사람이다. 한우 프랜차이즈 팀장의 오른팔이자 우리 팀장과도 친분이 있다는 소문이 나 있다. 업계에서 일을 시작한 지는 몇 년 되지 않지만 빠른 속도로 이 자리까지 올라온 인재라는 평판을 듣고 있었다.

팀장은 나와 제인을 불렀다.

"지난번 대표님과 했던 미팅의 주요 내용은 권한을 최대한 실무자들에게 주는 것이었어요. 지난번 회의 때 전임 해산물 뷔페 프랜차이즈 팀장은 자신의 역할보다 선결과제를 강조하기는 했지만, 그게 지나치지만 않으면 사실 들어줘야 할 말이긴 했어요. 그래서 권한을 최대한 본사 차원에서 밀어주되 대신 책임도 명확히 하는 게 좋을 것 같습니다. 권한을 충분히 주고 책임도 그만큼 강화하자는 거죠. 주 단위로 각 팀장들을 만나는 자리가 권한과 책임에 대해 전반적으로 논의하고 수시로 평가하는 자리가 될 거고."

소문으로 돌던 이야기가 기정사실이 되었다.

"권한을 준다는 건 아무거나 다 해주겠다는 게 아니라 각 팀의 필요를 먼저 파악하고 전사적으로 자원이 가능한 수준에서 선별적으로 지원하겠다는 거예요. 그러니까 우리 팀의 역할이 더욱 중요해졌어요. 실무자들의 필요를 듣는 것도 잘해야 하고 그것을 토대로 뭐가 더 중요한지도 판단해야 하니까요."

팀장은 전에 없던 강력한 중앙통제 식 경영관리를 실행할 참이라고 말했다. 아무래도 우리 팀으로 권한이 많이 몰리는 분위기였다.

"그런데 팀장님께서 말씀하시는 것처럼 그렇게 권한을 다 줄 수 있을까요?"

팀장이 자리를 비운 사이 제인이 말했다.

"아무래도 사람이 하는 것이다 보니 100퍼센트 공정하게 되지는 않겠죠."

"분명히 대표님께서 지난번 회의 때 내용을 듣고 실무자들의 권한을 강화하라고 했는데, 이게 책임과 맞물리고 정기적으로 경영

"이제부터 권한과 책임을 다 드릴 겁니다" ➡

관련 미팅에 보고서까지 포함되면서 뭔가 거대해지는 느낌이에요. 실무 부서에도 그만한 효과가 있어야 할 텐데….”

“절차가 많아지는 것에 비해서는 실무에 별로 도움이 안 된다는 거죠?”

“권한을 많이 준다고 하는데 어디까지인지 좀 불확실하잖아요. 인사권이나 비용이나 외부 제휴 등에 대해 얼마나 권한을 줄 수 있는지 정리가 안 되어 있으니까요. 기준이 없는 상태에서 자칫 눈밖에 날 수도 있고….”

팀장이 자리에 돌아오자 나와 제인은 다시 머리를 숙이고 컴퓨터 화면만 쳐다보았다.

“나 다음 주에 일주일간 자리에 없어요. 월, 화는 외부 일정이 있고 수요일부터는 집에 일이 있어서 주말까지 출근하지 않아요. 피터 씨가 하는 일정 그대로 맡아주고 경영관리 일정은 대표님과 이야기해서 지금 정해진 방침대로 하세요.”

“아… 알겠습니다.”

구체적으로 정해진 절차와 목적 없이 팀장이 경영관리 미팅에서 자리를 비우니 세부적이고 실제적인 일은 내가 해야 할 것 같았다.

“팀장님, 권한에 대한 건 미리 받아서 대표님께 말씀드리고 하면 될까요?”

“네, 미리 각 팀장들의 생각을 정리하고 우리 팀에서 생각하는 우선순위대로 정리해서 대표님과 이야기해보는 게 좋을 것 같은데….”

“네, 알겠습니다.”

뭔가 분명한 방향이 나왔지만 분명하지 않은 느낌이었다. 팀장은 일찍 퇴근했다. 그리고 새로운 주가 시작되었다. 나는 제인과 논의해서 지난번 보고서 양식에 권한과 책임 부분만 새롭게 강조해서 각 팀에 보냈고, 그 내용을 각 팀장들로부터 받아 예산이 많이 들어가는 사업에 대한 내용을 가장 우선적으로 배치해 대표에게 자료로 제출했다.

회의 전에 대표를 단독으로 만나 정리된 자료를 설명하고 피드백을 받는 시간을 가졌다.

"피터 씨, 팀장님이 칭찬하는 것처럼 정리 잘하네요. 가장 중요한 사업별로 전에 해결되지 않았던 선결과제를 정리해놓아 어떤 일에 추가로 투자가 필요한지 잘 보이네요."

"팀장님이 시킨 대로 정리한 것뿐입니다."

"지난번 해산물 뷔페 브랜드 팀장 회의 때 같이 있었죠? 그것에 대해 어떻게 생각해요?"

"그건… 제가 함부로 판단하기에는 좀 그렇지만…. 해산물 뷔페 프랜차이즈 팀장의 의견 중에 일리 있는 부분이 있었습니다. 경영계획 때 세운 필요 예산보다 실제로 적게 투입되는 것도 사실이고, 사업을 위해 선결돼야 할 일들이 해결되지 않은 점이나 그것을 해결하는 의사결정 주체가 팀 외부에 있는 것도 팀에서 사업을 해나가는 데 장애가 될 수 있다고 생각합니다."

대표는 내 말을 듣더니 잠시 뜸을 들였다.

"피터 씨 말이 맞습니다. 회사가 몇 년 사이 커지다보니 모든 현안을 내가 알기 어려워졌어요. 그렇다고 권한이 팀장 선으로 내려간 것도 아니고요. 돈이나 사람이나 이런 중요한 투자는 결국 회사 차원에서 봐야 하는데 현장은 실무자들이 하고 있으니 엇박자가 날 수밖에요. 내가 팀장들을 다 못 믿어서 그런 건 아니지만, 분명히 전략기획팀장님 말처럼 아직 역량이 안 되는 팀장도 있으니까요. 그래서 어디까지 챙기고 어디까지 줘야 할지 고민이에요. 전사적으로 해야 할 일도 있고 세부 팀별로 해야 하는 일도 있으니 자원 투입 관계가 좀 복잡해진 것 같아요."

나는 이 말에 답을 해야 하는지 그냥 듣고 있어야 하는지 고민되었다. 대표는 정적을 깨고 말을 이어갔다.

"권한과 책임을 같이 주자고 했지만 다 같이 줄 수는 없는 거거든요. 회사의 지원과 투자도 규모가 큰 사업부터 챙기다보면 결국 작은 사업은 끝내 지원 등이 계속 미뤄질 수밖에 없고…. 정답이 있을 수야 없겠지만 최선의 답을 찾고 싶어요. 내가 이 일만 할 수는 없으니 피터 씨나 팀장님이 나서줘야 해요. 전략팀장님의 방향이 물론 100퍼센트 다 맞거나 내 생각과 같을 수는 없겠지만 일단 뭔가 들고 와서 하고 있으니까 믿고 가는 수밖에요. 하고 나서 또 바꿀 수도 있을 테니까요."

대표는 말을 하면서 서류를 만지작거리더니 한우 브랜드 팀장을 부르는 것으로 첫 회의를 시작했다.

"팀장님께선 요청사항 같은 것 없으신가요? 제출하신 내용에는 지금 팀에서 모두 할 수 있다고 되어 있네요. 목표가 너무 높지 않나요?"

한우 팀장은 미소 짓는 표정을 계속 유지한 채 고개를 약간 숙이고 대표를 보면서 대답했다.

"저희 팀은 목표한 대로 잘 가고 있습니다. 목표가 조금 높긴 하지만 잘할 걸로 생각합니다."

달리 질문할 내용이 없는 보고서 내용이었다. 문제와 답을 보고서에서 다 말하고 있었다.

"팀장님, 물론 예산이 다른 데보다 많고 예산 반영도 100퍼센트 다 되어 있으니 지금은 부족한 게 없겠지만 혹시 뭔가 요청사항이 있으면 말씀해주세요. 브랜드 고급화라는 게 매장 인테리어, 식자재 차별화 등 지금은 보이지 않아도 돈 들어가는 게 워낙 많아서…."

"네, 대표님. 요청사항이 생기면 말씀드리겠습니다."

"네, 다음 주에 뵙죠."

별 이야기 없이 한우 브랜드 팀장은 회의실을 떠났다. 다음에는 새로 바뀐 해산물 뷔페 팀장이 들어왔다. 말쑥한 정장 차림의 팀장은 시작부터 반성 모드로 나왔다.

"해산물 뷔페에 와서 며칠 보니 일하는 프로세스나 마인드가 제대로 되어 있지 않았습니다. 자원이 적은 편도 아닌데 못하겠다는 생각만 했던 것 같고…."

이런 종류의 이야기가 몇 분 동안 이어졌다. 상당히 상기된 얼굴로 제스처를 써가며 지금까지의 방식은 모두 잘못되었고 자기자신도 이 잘못과 하나라는 생각이 들었다는 메시지가 대부분이었다.

"그래서 완전히 바꾸기 위해 앞으로 몇 주간 식자재 확보부터

"이제부터 권한과 책임을 다 드릴 겁니다" →

물류, 영업점까지 차례로 돌면서 바꾸어야 할 프로세스를 눈으로 확인하고….”

“팀장님, 열정은 알겠는데 살살 하세요. 너무 몰아가면 아래 직원들이 힘들어져요. 물론 지금까지 잘못 일한 부분이 없지는 않겠지만 시간이 필요한 문제예요. 공감도 필요하고요.”

“네, 알겠습니다.”

“잘하고 있는데 그냥 말씀드리는 거니까 이해해주세요.”

사업에 대한 이야기보다는 주로 각오와 태도에 대한 이야기로 해산물 뷔페 팀장의 순서도 끝났다. 뒤이어 피자 브랜드 팀장이 들어왔다.

“대표님, 우선 이렇게 권한과 책임이 명확해진 것은 좋다고 생각합니다. 마땅히 잘못 관리하는 것이 있다면 평가를 받겠습니다.”

“네, 팀장님. 필요한 것이 있거나 목표와 차이가 있는 부분에 대해 말씀해주시죠.”

“네, 저희는 중앙 조리식 주방에 대해 집중적으로 진행하고 있습니다. 각 지점마다 품질이 다르다는 의견이 전부터 꾸준히 있었기 때문에 회사에서 진행하는 전략에 맞춰 진행하고 있습니다. 이 부분은 인프라나 시스템이 진척되고 있어서 아직은 큰 문제 없습니다. 하지만 메뉴 개발 전문 인력이 부족해 제대로 진행되지 않아 고객의 재방문율이 계속 떨어지고 있는 상황입니다.”

“그 채용 건은 제가 몇 주 전에 인사팀에 이야기해 뒀는데…. 해산물 뷔페 브랜드 충원 이야기하면서 전체적으로 파악해서 진행해달라고 했는데…. 아직 안 되었나봐요?”

"네, 인사팀에서는 인건비가 과잉 상태라 당장은 충원이 어렵다고 하더군요."

"아, 인건비 문제는 저도 알고 있어요. 그래도 몇 명인데…."

"저희가 경쟁사에서 스카우트하려는 특정 인물이 있는데 사이닝 보너스 등 돈이 좀 듭니다."

"그 사람 말고 다른 사람은 없나요?"

"이런 일 하는 사람이 몇 명 더 있긴 한데 성과가 없어서 별로 하고 싶지 않습니다."

"알겠어요. 인력 문제가 진척되지 않으면 지금 하는 계획에 차질이 있겠네요."

"네, 그렇습니다. 신메뉴 개발의 필요성은 평가에서 주로 나오는 이야기입니다."

"이 문제는 확인해서 답을 드릴게요."

비교적 빠른 시간에 주요 내용 중심으로 회의가 끝났다. 이어서 인사팀장이 호출되었다.

"대표님, 찾으셨습니까?"

"인사팀장님, 잠깐만 앉아보세요."

대표는 인사팀장에게 방금 피자 브랜드 팀장이 말한 메뉴 개발 인원 충원에 대한 이야기를 했다.

"…그러니까 지금 인건비가 부담스러운 상황이라는 거잖아요."

"네, 이미 재무팀과도 이 부분에 대해 이야기했는데 현재로선 빨라도 하반기는 되어야 인력 충원이 가능한 상황입니다. 브랜드에서 요청한 인력의 몸값이 워낙 높아서요. 다른 사람이라면 절반으로도

"이제부터 권한과 책임을 다 드릴 겁니다" ➡

가능합니다."

"메뉴 개발을 안 할 수도 없고 돈은 없고, 고민이네요."

"지금 그 일을 하고 있는 주니어들을 키우는 건 어떻습니까? 시간이 걸리긴 하겠지만 비용은 가장 적게 듭니다."

"지금 당장 고객들이 떠나고 있으니 문제죠. 시간이 없어요."

오랜 시간 회의가 이어졌지만 대표는 결정을 내리지 못했다. 전략팀이나 인사팀이나 재무팀 모두 실무 조직에 해결책을 먼저 제시하지는 않았다. 요청에만 답할 뿐이었다. 할 수 있다 혹은 하면 안 된다는 식으로.

한 주가 지나고 전략기획팀장이 복귀했다.

"피터 씨, 별 일 없었지?"

"네…. 경영관리 쪽 미팅을 대표님과 진행해 각 팀을 만났는데 별다른 후속조치는 없었습니다."

"그렇다고 들었어요. 당장 해결해 줄 수 있는 구조가 아니니까요."

팀장은 별로 놀랍지 않다는 반응이었다.

"피자 브랜드에서 메뉴 개발에 필요한 인원에 대한 요청이 있었는데, 인건비 과잉이 해결되기 전까지는 원하는 인력에 대한 스카우트나 이런 게 어렵다는…."

"네, 그럴 거예요. 다른 데서 돈이 남아도 그걸 먼저 해결할 수는 없는 구조니까…."

그러고는 말을 이어갔다.

"경영관리라는 게 '관리'잖아요. 그냥 돌아가게만 만들어주면 돼요. 책임지지 못할 일을 우리가 먼저 하지는 말자고요. 괜히 무리해서 뭘 투입하고 지원했다가 나중에 책임을 묻게 되면 우리가 곤란해진단 말이죠. 우리는 뭐 성과가 매출이나 이런 게 아니다보니 나중에 불미스러운 일에 끌려 들어가면 그때부터 신뢰 잃는 건 걷잡을 수 없고…. 그런 것은 우리뿐 아니라 인사팀이나 재무팀 같은 부서라면 모두 마찬가지일 거예요. 피터 씨도 그걸 알고 일해야지 무턱대고 다 해줄 것처럼 하면 안 돼요…. 책임이나 권한, 이런 말은 뭐 안 하는 것보다야 나은데… 결론적으로 우리가 보는 건 결과니까…. 권한은… 주어진 자원 안에서의 권한이고…. 안 그래요?"

"아, 네."

우리가 처음 이야기한 권한이란 건 무엇이었을까? 책임은 무엇에 기준한 책임이었을까?

"내가 각 팀장들을 먼저 만나봐야겠어요. 투자 우선순위를 정하는 것도 필요하고요. 우리 팀이 해야 할 일이 많아질 것 같아요."

팀장은 의욕적으로 하루를 시작한다.

"이제부터 권한과 책임을 다 드릴 겁니다" ➡

권한과 책임 vs. 책임 없고 투자 없고

오후 5시에 회의하자고 모으는 상사, 메일로 주고받아도 될 내용을 만나서 얘기하자는 내부 부서, 아침부터 퇴근할 때까지 계속되는 회의, 회의 때문에 회의가 미뤄지는 상황, 회의 사이에 끼어든 또 다른 회의, 자세히 살펴보면 일주일 동안 일한 시간보다 회의한 시간이 많은 회사. 사회생활을 시작할 때는 회의란 '의식'처럼 엄격하고 마땅히 지켜야 할 프로페셔널한 어떤 것이라고 생각했는데, 막상 회사생활 해보니 많은 회의는 일하기에도 벅찬 시간을 앗아가는 것으로 느껴진다.

고객사와의 미팅보다는 조직 안에서의 미팅이 더 문제다. 회의 자료를 준비하고 회의 장소를 잡고 회의 주제를 정밀히 조율해 사전에 알린 다음, 회의에 참석하니 안 하니 관련 부서와 몇 시간 동안 보이지 않는 샅바 싸움을 하다가 저녁 늦게 간신히 오늘까지 꼭 해야 하는 일만 처리하고 퇴근하면서 많은 이가 현재 자신의 커리어에 대해 회의를 느끼고 있을지도 모른다. 회의는 '대기업병'이다. 회의는 하지 않겠다고 맘 먹으면 안 할 수 있는 게 아니다. 잦은 회의는 조직 구조가 복잡하다는 반증이고, 권한과 책임이라는 직무 간 가장 중요한 권력관계를 드러내는 단면이다.

회사가 무엇인가? 혼자 할 수 없는 일이 생기면서 누군가가 혼자 하던 일을 나누어 맡고, 나누어 맡은 일을 서로의 업무 영역에 최선의 시너지가 나도록 체계적이고 지속적인 조직체로 만든 것이 회사다. 피터 드러커의 『프로페셔널의 조건』에 의하면, 회사는 이익을 좇지만, 이익의 기회는 항상 조직 밖에 있다. 외부 조직보다 조직 내부 부서끼리 하루 종일 회의를 하면 사업의 기회가 보일까? 그냥 자신의 생각들을 이야기할 뿐이다. 실제 시장에서는 점점 멀어질 뿐이다.

사람들이 중요하다고 말하지만 실행으로는 잘 옮기지 않는 게 조직 구조의 권한과 책임을 재조정하는 일이다. 하지만 이익을 좇는, 특히 고객의 이익을 좇는다는 조직에서 이런 변화는 서로 갈등을 만들고 싶지 않은 부서 간 이해관계 속에서 더디게 굴러간다.

예를 들어, 영업부서에서 경쟁사 대비 상품을 매력적으로 보여주지 못하는 유통망과 매장 진열을 바꾸려면 몇 명과 논의해야 할까? 그리고 그 논의는 얼마만큼의 회의 시간과 접촉을 거쳐 고객이 사용할 수 있는 수준의 모습으로 실현될까? 회사는 이런 것을 측정해본 적 있는가? 회의뿐이 아니다. 조직과 조직 사이에 의사소통하는 메일이나 SNS까지. 일을 하기 위해 계속 서로 이야기만 하는, 한 번에 끝까지 정하지 않고 계속 수정하는 조직인지 알아보자는 것이다.

회의는 권한의 분립에서 나타난다. 한 명이 다 못하니 그 일을 온전히 할 수 있도록 관련 권한이 있는 사람이 모두 모여 이야기하는 자리이기 때문이다. 그러므로 회의가 많다는 것은 권한이 세부적으로 분리되어 있다는 이야기도 된다.

권한을 나누었다면 나누면서 기대했던 좋은 점도 있을 텐데 그런 효과와 부작용은 제대로 검증되지 않는다. 만약 권한이 너무 세분화되어 일 하나 하는데 거쳐가는 부서가 너무 많다고 진단했다고 하자. 그렇다고 부서를 통합해서 회의를 줄일 수 있을까? 현재 나누어진 각 부서 팀장들의 밥그릇 싸움 때문에 이것도 쉽지 않을 것이다. 부서를 줄이면 자기 자리가 사라지는 것이니 서로 눈치보면서 지지부진한 상태가 이어진다.

이 문제는 회사가 왜 잘 안 바뀌는지에 대한 대답도 된다. 회사가 바뀌기 어려운 이유는 바뀌어야 할 대상이 커다란 조직이기 때문이다. 개인이 자신을 바꾸는 것도 어려운 일이기는 하지만 의지가 있다면 할 수 있는 게 많다. '오늘부터 금연하겠다'고 마음 먹으면 의지의 문제이긴 하지만 그냥 안 하면 바로 실행된다. 그런데 두 명만 되어도 금연을 하기가 더 어려워진다. 둘 다 같은 마음을 먹는 게 문제가 아니라 금연하지 않을 각종 이유와 방법을 각자 만들고 그것을 하느냐 마느냐부터 뭐가 맞는 방법인지 토론하다가 허송세월할 가능성이 높아진다. 게다가 둘 중 힘 있는 사람이 합리적이지 못한 결정을 내리면 분위기상 뻔한 실패가 기다리고 있더라도 잘못된 방향으로 가게 된다.

결국 회사를 바꾸려면 여러 사람을 바꿔야 한다. 하지만 여러 사람이 수평적이거나 완전히 수직적으로 구성되어 있는 것은 아니다. 회사는 조직의 구성 방법에 따라 일하는 방식이 판이하게 달라진다. 연말에 주요 기업에서 조직 개편안을 주기적으로 반복하는 것이 겉으로 보기엔 크게 바뀌는 것처럼 보이지 않을지 몰라도 자

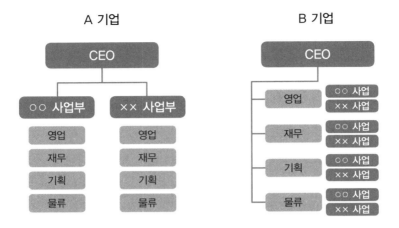

리 하나, 간판 하나 바꿔도 내부에서는 대단한 변화들이 일어난다.

같은 일을 하는 A 기업과 B 기업이 있다고 하자. 주어진 사람도 똑같고 자원도 마찬가지다. 그런데 조직 구성만 다르다. A 기업처럼 사업 단위 분권형 조직과 B 기업처럼 기능 조직이 사업 단위와 매트릭스 형태로 교차 구성되어 있는 조직은 어떻게 다를까? 어떻게 구성된 조직이 더 속도감 있게 일하기 좋을까?

정답은 없다. 어떤 조직이든 최적의 정보 인프라와 구성원의 마인드로 차이를 만들 수 있다. 하지만 보통은 A 기업처럼 완전한 책임과 권한이 드러난 조직이 더 속도감 있게 일하는 경우가 많다. 반면 B 기업은 내부적으로 많은 커뮤니케이션이 필요해 업무 속도는 떨어질지 몰라도 전문성 있는 일을 하기에는 무리가 없는 조직 구조를 갖고 있다. 축구감독이 포메이션formation 변화로 전략을 극대화시키듯 경영은 같은 일을 하려고 해도 어떤 형태로 조직을 짜고 운영하느냐에 따라 전문성 유지와 커뮤니케이션의 빈도 등을 전혀

"이제부터 권한과 책임을 다 드릴 겁니다" ⇒

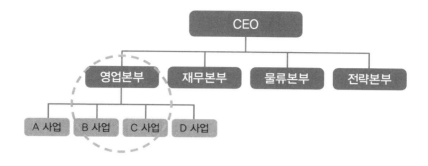

다르게 설계할 수 있다.

　조직 형태에 따라 일하는 프로세스는 어떻게 달라질까? 위의 조직도를 갖고 있는 회사를 예로 들어보자. 만약 이 기업 내 영업 조직 중 B와 C 사업이 하는 일에서 물류 체계를 혁신적으로 바꾸어야 한다고 가정하자. B와 C 사업을 맡고 있는 중간관리자가 영업본부에 와서 영업본부장과 이 사안을 논의해 뭔가 결정할 수 있을까? 원 안에 있는 조직의 규모로는 물류의 프로세스를 바꿀 수 없다. 물류의 문제는 물류본부장과 논의해야 한다. B든 C든 중간관리자가 스스로 답답해서 물류본부장을 만나더라도 물류본부장이 영업본부의 승인을 받아 오라고 하면 다시 거쳐야 할 관문이 생긴다.

　영업본부장이 물류 프로세스를 바꾸자고 결정해도 역시 물류본부장이 안 하면 그만이다. 이들은 서로 수평적인 관계이기에 자신의 이해에 맞게 해버리면 그만인 것이다. 더 심각한 것은 이 정도 규모를 벗어나는 이해관계일 경우다. 물류 변화가 야기하는 비용이나 인근 물류 회사와의 관계 등 재무와 전략적인 부분까지 합의해야 한다면 일은 지지부진해지고 늘어나는 이해관계 부서의 수에 비례해 문제 해결 실마리를 찾기 어려워진다. 만약 영업본부에서 내부적으로 할 수 있는 범위에서라도 업무 프로세스를 바꾸면 오히려 일을 더 복잡하게 만들 수 있다. 근본적인 문제가 해결되지 않은 이상 추가 비용과 시간만 더 들어갈 수 있고 나중에 영업본부장이 바뀌면 이 일은 중단될 수도 있다. 결국 할 수 있는 부서들끼리만 일해서는 문제가 해결되지 않는다.

결국 조직은 본부 전체의 의지와 권한의 조정에 의해서만 변화시킬 수 있다. 별도의 조직을 운영하더라도 이런 구조는 바꿀 수 없다. 해당 영역에서 인사권과 예산을 쥐고 있는 결정권자가 조직 변경이나 업무 프로세스 변경에 대해 동의하지 않으면 별도로 운영되는 TFT는 구호에 그칠 확률이 크다.

19세기 프랑스의 경영 사상가인 앙리 파욜Henri Fayol은 조직관리의 법칙을 14가지로 정리한 바 있다. 동시대에 과학적 공장 관리를 중심으로 이론을 세운 테일러와 달리 최고경영자까지 거친 경험을 바탕으로 전사적 경영에 대해 접근한 파욜은 직무의 권한과 책임을 포함한 관리 원칙으로 현재까지 적용 가능한 질문을 던졌다. 현재 우리 회사에서는 이 기준에서 몇 가지나 만족하고 있는지 살펴보자.

- [ ] **분업** 기술직이든 관리직이든 전문화되어야 한다.
- [ ] **권한과 책임** 권한과 책임은 반드시 서로 연결되어 있어야 한다.
- [ ] **기강 확립** 규칙에 따라 업무를 수행하고 그릇된 업무방식을 처벌하는 유능한 감독이 있어야 한다.
- [ ] **명령의 일원화** 한 명의 구성원은 한 명의 리더에게서만 명령을 받아야 한다.
- [ ] **지휘의 일원화** 공통된 목표를 수행하는 집단은 하나의 계획과 한 명의 리더로 구성되어야 한다.
- [ ] **전체의 이익을 위한 개별 이익의 복종** 개인과 전체의 이익이 충돌하면 리더가 조정한다.
- [ ] **적정 보상** 고용주나 종업원 모두 최대 만족을 얻는 절차에 맞춰 공정하게 지급되어야 한다.
- [ ] **중앙집권화** 조직에 최적인 권한 분산과 집중 정도를 가져야 한다.
- [ ] **관리 계층의 연쇄** 조직의 최상위부터 최하위까지 계층을 이탈해서도 너무 길어져서도 안 된다.
- [ ] **질서 유지** 물질적(물적 자원)으로나 사회적(인적 자원)으로 모든 자원이 적재적소에 있어야 한다.
- [ ] **공정성** 상사의 공평함과 정의감이 부하의 헌신과 충성을 낳는다.
- [ ] **직장의 고용 안정성** 높은 이직률은 관리가 잘못된 결과다.
- [ ] **자발성** 모든 조직원은 자신이 직접 계획하고 실천할 수 있어야 한다.
- [ ] **종업원 단결** 단일화한 명령 체계에 의한 팀워크는 강력한 힘을 발휘한다.

"지금까지 실적을 중간보고하세요"

> 먼저 엎어지는 팀장들

#가레스모건 #조직의8가지이미지 #성과분석

"조직에 대한 기계적 접근은 현재 우리 주변에 믿을 수 없을 만큼
보편화되어 있다. 그 이유는, 기계적 접근을 통하여 일상화되고 반복적인
과업들을 효율적으로 수행해낼 수 있는 능력을 확보할 수 있기 때문이기도
하지만, 무엇보다도 그러한 접근이 사람과 그들의 활동에 대한 철저한
통제를 가능하게 해주기 때문이다."

가레스 모건Gareth Morgan, 『조직이론: 조직의 8가지 이미지』에서

- 조직의 성과를 관리하면 할수록 미래에 대한 논의보다는 지나간 것의 과
  오를 따지게 된다.
- 대부분의 시간을 조직 외부의 기회보다는 내부의 교통정리에 쓰게 된다.

경영관리가 진행되면서 나타나는 일관된 경향은 보고서가 '반성
문'처럼 되어간다는 것이다. 필요한 것에 대한 제안이나 새로운 인
사이트보다는 '왜 하지 못했나', '왜 이 정도밖에 달성하지 못했나'
에 대한 설명이 대부분을 차지한다.

"한우 브랜드는 매주 반성 모드예요. 이번 주도 높은 목표를 달

성하지 못한 이유를 썼는데 내용이 지난주와 크게 다르지 않아요."

제인이 제출한 내용들을 정리하다 말을 꺼낸다.

"매주 특별한 일이 있어도 이상한 거죠."

"그래도 신기한 건 다른 데는 일부라도 아직 필요한 걸 이야기 하는데, 해산물 뷔페나 한우 브랜드는 거의 첫 주 빼고는 줄곧 반성 모드예요."

우리끼리 하는 이야기가 팀장 자리에까지 들린 모양이다. 팀장은 노곤한 표정으로 뭔가 심심하던 차에 잘되었다는 표정으로 우리 자리로 와서 끼어든다.

"슬슬 목표와 차이 나기 시작하더니 점점 따라잡지 못할 정도로 벌어지니까 미리 엎어지는 거지, 뭐."

미리 엎어진다?

"그런 거 아니겠어? 목표가 너무 높거나 시작했는데 안 될 게 빤히 보이는 상황이지만 안 한다고 할 수 없으니까 스스로 몸을 낮추는 거지, 뭐. 태도라도 불손하게 보이지 않으려는 거지. 똑똑한 거야."

팀장은 일관되게 몇 주간 계속 반성 모드를 보이고 있는 한우 브랜드와 해산물 뷔페 브랜드 팀장을 칭찬하고는 계속 반성보다는 다음 주 계획이나 요구사항이 상대적으로 많은 피자 브랜드 팀장에 대해서도 평가했다.

"그런데 봐봐, 여기는 너무 뻣뻣해. 아직도 요구사항이 많아. 여기도 목표 대비 차이가 보이는데 임하는 방법이 다르잖아. 태도 문제야."

"그런데 팀장님, 지역 영업 조직에서도 이런 걸 받는데 설명이 너무 없는 경우엔 어떻게 할까요?"

"거기는 놔둬. 어차피 그렇게 중요한 것도 아니니까…."

간단한 보고서를 정말 간단하게 써내는 영업 조직은 사실 프랜차이즈 브랜드에 비해 다소 변방 조직에 가깝다. 여기서 보고서를 진정성 있게 써내든 대충 써내든 별로 상관하지 않겠다는 것이다.

"거기보다는 프랜차이즈 브랜드들이 이런 태도를 보여야 하는데…. 한우, 해산물은 태도가 좋은데…. 피자는 항상 반대고…. 커피는 조용하고…. 거기는 뭐 매출도 작으니까…."

팀장은 들으라는 건지 듣지 말라는 건지 혼잣말을 계속 하면서 자리로 돌아갔다.

"피터 님, 보고서 이렇게 계속 받으니까 이걸 왜 받는지 더 생각해보게 되는 것 같아요."

제인이 계속 말을 이어간다.

"이건 목표와의 차이를 줄이기 위해 해결 사항 중심으로 전사적으로 파악하는 용도로 시작한 거잖아요. 그런데 이걸 파악하기 위해서 한다기보다는 보고서를 위한 보고서가 되는 것 같기도 해요."

아까보다는 목소리가 작아졌다.

"뭐 돌아보고 반성할 게 있으면 그걸 표현하는 게 맞는데 계속 그런 내용만 쓰다보면 이 보고서가 향후 뭘 할 건지 활용 목적보다는 계속 과거에만 얽혀 있는 게 되지 않을까 싶기도 해요."

일을 진행하다보면 이게 뭘 하는 것인지, 왜 하는 것인지 한참 열심히 일한 후에야 알게 되는 경우가 있다. 이것도 그런 건가.

"지금까지 실적을 중간보고하세요" ➡

대표와 전략기획팀이 함께 점심을 먹으러 나왔다. 대표는 평소 점심을 외부 사람이나 팀장들과 주로 먹지만 우리 팀과도 종종 먹으러 나온다.

"오늘은 제인 씨 먹고 싶은 걸로 하지. 뭐 좋아해요?"

지난번에도 제인 씨가 고른 것 같은데…. 이번에도 일식 돈까스 집으로 갔다.

자리에 앉아 바쁘게 수저를 분배하고 물을 컵에 따르고 메뉴를 시키는 일사분란한 움직임 이후 다들 말없이 식당에 설치된 텔레비전만 보고 있다. 팀장이 먼저 이 침묵을 깬다.

"대표님, 경영관리를 매주 하니까 확실히 각 팀장들이 전보다 더 몰입도 있게 일을 진행하는 것 같습니다. 매주 시간을 그냥 보내는 사람은 없는 것 같아요."

"그런가요? 저는 요 몇 주간 팀장들의 보고서를 보고 다들 마음에 짐이 많은 것 같다는 생각이 들더라고요. 태도와 자세에 대해 다들 상세히 말씀해주셔서 읽는 사람이 부담스럽기도 했고요."

"그만큼 관리 없이 일할 때에 비해 다들 새로운 마인드로 어떻게 일해야 하는지 깨달은 것 같습니다."

"그런 거라면 좋은데…. 이게 너무 반복되어 비슷한 내용이 매주 이어지다보니 이걸 계속하는 게 맞는 건지 고민되기도 하고요. 당장 이 다음엔 뭘 할 건지가 눈에 보이지 않으니 답답하기도 하고."

대표의 말에 팀장이 빠르게 반응한다.

"보고서에 이번 주, 이번 분기에 할 것에 대해 간단히 쓸 수 있도록 칸을 추가하겠습니다."

"아, 그러면 매주 다음에 할 일을 거기에 쓰겠네요. 그래도 양식이 너무 세분화되면 너무 보고서 중심으로 되는 것 같은데. 그렇다고 내가 일일이 만나는 것도 아닌 것 같고…"

"일단 먼저 해보고 말씀드리겠습니다."

"음… 그럼 이번 주부터 적용해보고 문제가 있으면 이후에 바꾸는 걸로 합시다."

점심을 먹다 말고 보고서가 다시 디테일을 얻었다.

우리는 사무실로 돌아온 후 간단히 보고서 양식을 바꾸어 각 팀에 공지하는 메일을 보내고 각 팀으로부터 메신저로 숱한 항의 혹은 질문을 받았다.

'피터 씨, 이거 왜 바꾼 거예요?'

'혹시 대표님께서 시키신 거예요? 바꾼 배경이 있어요?'

'이걸 어떻게 쓰면 좋은지 알려줘요. 다른 팀 사례가 있으면 우리도 작성하기가 더 쉬울 것 같은데.'

지금 하는 일과 상관없이 내용을 채우기 위한 배경과 우수 사례를 찾아 카피하고 싶다는 요구들이 밀려들었다. 하나씩 답해줄 수 없는 내용들을 넘어가거나 모른다고 하면 다시 메시지가 쇄도했다.

'그러지 말고 알려줘요. 자료 갖고 있는 거 다 알아요.'

'베끼려는 게 아니라 참고하겠다는 거예요.'

'이거 어떤 식으로 쓰면 좋은지만 알려줘요. 반성 모드로 쓰면 돼요? 너무 한 것만 적으면 뻔뻔해 보이려나.'

실적이 작성 방식을 고민하게 만드는 주요 변수가 된다. 실적이 나쁘면 어떤 식으로 쓰든 좋게 보일 리 없으므로 작성 디테일에 상당한 시간을 들여 다듬는 작업을 거치고 있다. 실제로 일과 관련된 새로운 발견이나 대안을 생각하는 시간과는 무관하게 말이다.

"이거 봐요. 내용이 이렇게 디테일하지 않으면 어떡해. 달랑 제목만 있잖아. 뭐를 설치하겠다, 이런 식으로 제출하면 뭐 할 건지 어떻게 아냐고."

새로운 양식으로 작성해온 각 팀의 보고서를 보던 팀장은 피자 브랜드 내용에 또 혼자 열을 낸다.

"이렇게 작성해야지. 한우 브랜드 보고서 봐봐. 보고서만 봐도 내용을 다 알 수 있겠어. 핵심 내용이 1, 2, 3으로 이렇게 나와 있잖아. 이렇게 하면 알기 쉽지."

팀장은 자리에서 옆 부서 들으라는 듯이 혼자 평가한다.

이번 주 주요 내용란에 적힌 내용을 보니 한우 브랜드와 피자 브랜드는 한눈에 보기에도 차이가 확연했다. 하지만 실제 내용이 다른 건지, 같은 건지, 뭐가 더 디테일한 건지는 잘 모르겠다.

옆에서 같이 보고서를 보던 제인이 정리를 해준다.

"그런데 이걸 왜 이렇게 하는 거예요? 대표님 보여주려고 하는 거예요? 아니면 팀에서 원래 하려던 업무 내용 정리 차원이에요? 어차피 또 대면보고할 거잖아요. 자꾸 팀마다 디테일 늘리고 칸 늘어나니까 정리하기도 힘들어요."

몇 주간의 보고서 파일들을 다 모으니 벌써 폴더에 긴 스크롤이 뜬다. 파일이 쌓인다. 한 번 열어보고 더이상 열어보지 않을 파일들.

• 이번 주 주요 내용 •

A. 한우 브랜드

- "고급화 인테리어 사양 확정"
- 전반적인 인테리어 디자인 모티브 3개 안 중 하나로 결정
- 입찰업체 평가기준과 채점표 수정안 확정
- 적용 대상 영업장 최종 확정

B. 피자 브랜드

- "사이드 메뉴 가안으로 최종 확정 및 식자재 업체 확정"

경인 지역 영업팀장이 메신저를 통해 잠깐 차나 마시자면서 자판기로 부른다.

"보고서가 너무 많아졌어, 피터 씨. 왜 이렇게 된 거야?"

"그게… 처음에는 간단하게 그냥 회의 주제 미리 공유하고 기록해두려고 시작한 건데, 하다보니까 내용이 너무 길어져버렸어요. 내용도 원래 원하는 내용과 좀 달라지고 있는데 어디서부터 손을 대야 할지 모르겠어요."

제퍼슨 팀장은 답답하다는 듯이 말한다.

"보고서를 쓰기 시작하면 결국 보고서가 정치가 되는 것 같아. 일단 대표님하고 커뮤니케이션에 들어가면 끊임없이 보고서 수정

하느라 시간만 계속 들어가고. 우리도 보고서를 누가 보는지, 다 읽어보긴 하는지도 잘 모르면서 요즘 그거 쓰느라 야근도 하고 그런다고."

제퍼슨 팀장은 주변을 둘러본 뒤 아무도 없음을 확인하고 다시 말을 잇는다.

"그런데 눈치가 중요하단 말이야. 다른 팀에서 어떤 뉘앙스로 보고서를 쓰는지 알면 우리만 튀게 쓸 수도 없고. 이게 다 상대평가잖아. 그러니까 먼저 엎어지는 게 차라리 낫겠다 싶어서 보고서가 다 그런 방향으로 가는 거지."

"정말 보고서가 평가 대상이 되었네요…."

"그렇지. 게다가 매주 쓰니 할 말도 없고, 계속 반성 모드로 쓰는 것도 힘들고, 억지로 세부 디테일 많이 써서 고민한 흔적을 담기도 힘들고. 진짜 한 일 진짜 할 일 쓰면 너무 튀고 다른 팀에 비해 너무 거부감 드는 내용으로 비칠까봐 다들 각색하고 있어. 이런 것 좀 안 하게 해줘봐."

찌푸린 표정으로 웃는 제퍼슨을 보니 미안한 마음이 들었지만 달리 해줄 이야기가 없었다.

"나도 알아. 피터 씨가 어떻게 할 수 없다는 거. 너무 답답해서 해본 소리야."

"팀장님, 회사에서 디테일하고 미래 지향적인 커뮤니케이션을 하는 게 잘 안 되는 것 같아요. 여기나 전에 있던 회사나 다 마찬가지예요."

"아무래도 조직 생활이다 보니 서로 견제하고 나와 다르면 다들 공격하지. 다른 색깔을 내면 조직에서 환영받지 못하고 말이야. 사실 조직을 위해선 그런 게 필요하기도 하지. 나도 입사해서 처음에는 그런 것에 대한 고민이 좀 있었는데 그런 생각 싹 지우고 산 지좀 됐지. 그냥 맞춰서 사는 거지. 나도 꼰대 다 된 건가….”

“사실 보고서도 내용은 다 비슷한데 디테일이 자꾸 강화되고, 보는 사람에 따라 내용에 대한 평가가 달라지니 너무 주관적인 것 같고….”

“피터 씨, 사회생활 몇 년 차인데 아직도 그런 고민을 해? 순진한 사람이군.”

그리고 당연하다는 듯한 눈빛으로 조언한다.

“조직이 꼭 내 맘처럼, 원론처럼 되는 건 아니잖아. 사람 사는 데니까. 결국엔 조직에 사람이 맞추거나, 자신에게 맞는 조직을 찾아 떠나야 하는 시간은 오니까. 잘 생각해봐. 뭐 나보다 더 잘 알 수 있는 자리에 있지만. 아무튼 보고서 의견 좀 줘요, 허허. 그 팀장님은 만날 기회도 없고 그 앞에선 말하기도 어려워서요, 허허.”

매달 타운홀 미팅을 하고, 팀장들끼리 한 달에 몇 번씩 식사도 하지만, 그래도 서로 나누지 못하는 이야기가 있다. 결국은 서로 상대평가로 경쟁하는 상황이라서 그렇지 않을까.

“지금까지 실적을 중간보고하세요” ➡

한 것을 들어볼까 vs. 할 것을 이야기하자

'TED'에 유명 작가 말콤 글래드웰Malcolm Gladwell이 나와서 이야기한 예화가 있다. '노든 폭격 조준경Norden bombsight'에 대한 이야기다. 제2차 세계대전 당시 폭탄을 비행기에서 지상의 목표물에 떨어트리려면 정교함이 요구되었다. 그래서 미국에서는 엄청나게 정교한 조준경을 개발하는 데 착수했다. 설계상 비행할 때의 날씨와 비행 속도, 폭탄을 떨어뜨리는 사람의 행동까지 완벽한 가정이 현실에 일어날 때에만 정확한 타격이 가능한 도구였다. 미국은 엄청난 돈을 들여 이 조준경을 만드는 데 매달렸지만 전장에서는 몇 번 써보는 데 그쳤다. 실제 비행할 때는 개발 당시의 가정과 다른 변수가 엄청나게 많아 낙하 정확도가 형편없었기 때문이다. 효과를 전혀 보지 못하고 비싼 돈만 들인 꼴이다. 미국이 얻고자 했던 첨단 무기에 의한 전쟁 종결은 이런 조준경을 정교하게 만드느라 수고한 노력이 아닌 원자폭탄 몇 방으로 간단하게 해결되었다. 대부분의 문제는 의외 간단한 해결방법이 있는데 작은 문제만 보다가 해법을 놓치지 않는지 돌아보라는 이야기다.

적지 않은 기업이 경영관리로 조직 내부에서 커뮤니케이션할 때 노든 폭격조준경 같은 방식을 따른다. 세부적인 것으로 모두 나누고 그것에 맞춰 지나간 일을 모두 채워 넣고 이를 토대로 보고서를 제출하게 만드는 식이다. 하지만 이런 작업은 대개 보고서의 양만 늘어날 뿐 사업의 실적은 개선되지 않는 결과를 맞는다. 경영관리를 더 꼼꼼히 할수록 직원들의 업무 몰입도는 낮아지고 사업은 비본질적인 방향으로 흐른다. 왜 그럴까?

헤드쿼터headquarter의 역할은 세분화된 하위 조직이 하지 못하는 통합과 비전에 대한 큰 결정을 제시하기 위해 존재한다. 기업이 단순히 세부 하위 조직들의 합에 불과하면 개인 사업자들의 연맹과 다를 게 없을 테니 말이다. 단기적인 목표보다는 하위 조직이 미리 준비할 수 있도록 중장기적인 회사의 발전 방향을 정하고 이에 맞춰 큰 투자가 필요한 역량을 확보하는 쪽으로 과업을 하는 게 본래 취지를 달성하는 일이다.

하지만 기획 조직이 변질되면 단순히 경영자와 오랜 시간을 보내면서 회사의 주요 정보를 쥐고 쉽게 자신의 포지션을 회사 내에서 지키려고 한다. 바로 하위 조직을 감시하는 일을 주업으로 하는 것이다. 어디가 매출이 많이 나오는지 빠지는지, 어디에 사람이 줄었는지 늘었는지, 신상품의 반응이 좋은지 나쁜지 등을 보면서 시간을 보내고 '누가 잘했어요', '누구는 빼야 할 것 같아요'라며 경영자에게 고자질하는 일로 주업이 변한다. 어차피 기획팀이 이런 일을 하는 것은 경영자가 기획의 본업을 망각한 채 본인이 편한 대로 부려먹기 때문에 가능한 것이다.

관리가 기획 조직의 본업이 되면 콘텐츠contents는 사라지고 툴tool만 무성하게 자라기 시작한다. 관리만 하는 사람들이 회사가 하는 사업의 기술적인 부분이나 시장에서 일어나는 영업적인 변화를

"지금까지 실적을 중간보고하세요" ➡

대부분 알지 못하기에 본인이 잘하는 일에만 집중하는 것이다. 보고서의 빈도와 양식을 정리해서 '보고 체계를 잡는다'고 말한다든지, 하부 조직의 재무 상태를 분석해서 등급을 나누고 못 살게 군다. 사실 등급은 나누기 나름이고 세상 일이 칼같이 이루어지지는 않는다. 그럴 거면 기계가 경영을 하는 게 더 낫다. 하지만 관리로만 먹고 사는 기획 조직은 자신이 아는 것만 줄창 한다. 보고서는 많아지고 조직은 엄한 잣대로 정기적으로 평가받으면서 사업을 주도적으로 해나갈 기회를 박탈당한다. 일하려고 하면 참견도 잦아진다. 지난번에 제출한 보고서를 보면서 이건 했는지, 저건 하고 있는지 참견이 많아진다. 갑자기 이런 것을 확인하기 위해 같이 출장을 가자고 하든가, 콘퍼런스 콜conference call을 수시로 청하기도 한다.

　이러는 사이 회사는 큰 방향과 역량을 잃게 된다. 변질된 기획부서는 큰 틀의 방향성과 역량을 자기들이 생각하기 귀찮으니 사업을 가장 잘 아는 하위 부서에서 하라고 말하지만 그들은 힘이 없는 경우가 많다. 생산량에 대한 재량, 인재 선발 및 보충과 배치에 대한 권한, 비용 집행 및 투자에 대한 결정권을 보통 중앙에서 쥐고 있는 경우가 많기 때문이다. 이 중 어느 것 하나라도 하부 조직에서 갖고 있지 않으면 설령 뭔가 사업의 단서를 찾았다고 해도 그것은 실제 준비와 괴리되기 쉽다. 기획부서는 자신들이 원래 해야 할 시장의 중장기적인 흐름과 방향, 포지셔닝에 대해 둔감해진다. 그러는 사이 모든 방향과 역량을 준비한 경쟁자들은 이 비대하고 둔한 조직을 앞서 나간다. 이런 상황에서도 기획팀은 왜 뒤처지느냐고 실무진을 압박하고 괴롭히기만 할 것이다

관리는 만능 도구가 아니다. 사람을 관리 도구에 집어넣는다고 해서 달라지리라 생각한다면 오산이다. 사람은 동기부여를 하고 권한과 책임을 부여하며 명확하게 의사소통해야 하는 존재지 정기적으로 못살게 괴롭힌다고 뭔가를 하는 존재가 아니다. 하지만 관리에 찌든 회사는 온갖 시말서와 보고서로 직원들을 괴롭힌다. 준비하고 피드백하느라 본연의 일을 하지 못하는 우스운 일이 회사 내에서 벌어진다. 이런 상황에서 기획으로 기득권을 잡은 세력은 이런 일을 오히려 더 강화하면서 자신의 입지를 굳히려고 한다. 관리의 칼로 조직 이곳 저곳을 흠집내면서 관리하는 사람과 관리받는 사람은 서로 남이 된다. 유기적으로 돌아가야 할 기업에서 서로가 남이 되는 '타자화'가 벌어진다. 팀워크는 경영자의 꿈에 불과하고 모두 죽은 숫자들만 분석하기에 바쁘다.

기획은 조직에서 고유한 일을 해야 한다. 다른 사람의 성과나 이미 끝난 재무적 결과만 뒤쫓고 정교하게 만들 필요가 없다. 어쩌면 스티브 잡스가 말한 '인문학적 소양'이 가장 필요한 직무가 기획일 것이다. 사람들이 어떻게 생각하고 어떤 흐름이 다가올 것인지 미리 생각하면서 무엇을 구체적으로 준비하면 좋을지 밑그림을 그려 보는 것이다. 실무를 하는 하부 조직은 밀려드는 일을 처리하느라 이런 데 시간을 많이 투입하지 못하니 상보적인 일을 할 수 있다. 하지만 많은 기업에서는 경영자 한 명만 자기 고집대로 사업의 밑그림을 그리고 위험한 도박을 한다. 기획팀을 비롯한 본부 부서들은 모두 관리에만 열중하고 있는 것이다.

조직이 어떻게 관리를 위한 집단이 되어버린 것일까? 조직행동

"지금까지 실적을 중간보고하세요" ⇒

론을 연구한 가레스 모건Gareth Morgan은 7가지 조직 모델로 조직의 상황을 설명했다. 그의 1993년 저작인『상상력: 창의적 경영의 예술Imaginization: the art of creative management』에서는 시간의 변화에 따른 조직 모델의 변화를 설명했다.

가장 처음엔 완전한 탑다운Top-down 방식의 조직 모델이다. 관료주의 모델로서 변화에 살아남기 힘든 구조다. 그러다가 가치사슬의 리더와 경영자 수준에서만 커뮤니케이션이 일어나는 모델로 바뀐다. 경영자의 과업이 너무 많아 기능 조직의 리더 수준까지는 권한을 일부 오픈한 것이다. 이런 조직은 가치사슬의 리더들끼리도 업무에서 유기적인 관계를 맺게 된다. 프로젝트와 태스크포스Task Force 조직이다. 기능 조직의 리더들이 중요 의사결정에 참여할 수는 있지만 아직 관료주의가 살아 있는 조직이다.

그다음 단계는 매트릭스Matrix 조직이 된다. 각 기능별로 권한이 완전히 이양되는 조직이다. 프로젝트와 함께 기능도 자율적으로 수행해야 함을 뜻한다. 매트릭스 조직은 이후 진정한 프로젝트 조직으로 변하는데, 각 프로젝트 팀원은 완전한 팀 단위 자율 안에서 팀을 옮겨 다니며 경력을 발전시켜나갈 수 있다. 프로젝트 조직은 이후 아웃소싱의 활성화 및 재택 근무를 통한 업무 환경의 변화를 맞이하게 된다. 이 경우 조직은 거대 전산망을 이용하여 일정한 형태가 규정되지 않는 네트워크 조직이 된다. 최종적으로는 '거미나무 조직'으로 마치 거미나무 모양으로 하나의 컴퓨터 프로세스 중심으로 넓게 퍼져 계약에 의해 조직 기능이 확장되고 수행되는 조직에 이르게 된다.

중요한 것은 모양의 이름이 아니다. 가레스 모건은 조직의 힘이 어떻게 분산되고 변화하는지, 그것이 가능하기 위한 시스템 발달 조건은 무엇이 있는지에 기초해 조직의 변화를 설명한다. 현재 우리 조직은 어떤 조직 모델에 해당할까? 중앙 집권적 관리 시스템의 범위가 어디까지 미치는지 보면 답이 나올 것이다.

"그래서 성과가 뭐예요" ➡

"그래서 성과가 뭐예요"

성과는 네 마음 안에 있어

⇅

`#직무분석` `#커리어패스` `#성과`

"어떤 기업이 성공하느냐 실패하느냐의 차이는 그 기업에 소속되어 있는
사람들의 재능과 열정을 얼마나 잘 끌어내느냐에 좌우된다고 나는 믿는다"

토머스 J. 왓슨Thomas J. Watson, IBM 전 회장

- 회사 내에는 분명히 주목받는 직무와 기피하는 직무가 있다.
- 승진이 잘 되지 않는 직무는 기피하는 직무의 대표적인 케이스다.
- 열심히 일하지만 성과가 무엇인지 처음부터 정의되지 않은 직무 말이다.

회사에 '영업지원팀'이라는 조직이 있다. 각 지역 영업 조직을 중앙
에서 지원하는 역할을 한다. 이 조직이 구체적으로 무슨 일을 하는
지 비교적 최근에 알게 되었다. 각 영업점의 계약 실무나 점포 직원
채용 실무, 인테리어 업체 계약 실무 등 영업 조직에서 하는 일의
결정 사안을 주로 실행하는 부수적인 역할을 한다. 평소에는 회사
사람들이 관심을 잘 갖지 않는 조직이다.

하지만 최근 영업지원팀에 대해 우리 팀과 인사팀에서 자주 이

야기가 오갔다. 매주 각 조직의 목표 대비 성과에 대해 확인하면서 이 부서를 어떻게 관리할 것인가가 주제로 떠올랐던 것이다.

"이 부서는 목표 수립 때부터 전체 지역의 매출액으로 목표를 설정했는데, 그게 적절한지는 말이 많죠."

이 문제를 두고 인사팀장과 전략기획팀장, 그리고 나와 제인이 회의실에 모였다. 인사팀장이 먼저 입을 열었다.

"…그리고 여기 인원이 너무 많다는 이야기도 있어요."

목표 KPI의 적절성과 인원 문제가 처음 나온 단어들이다.

"그렇죠. 여기 인원이 현재 14명으로, 지역 영업 조직을 다 합친 것의 20퍼센트가 넘는데 적절한 규모인지는 잘 모르겠습니다. 검토가 필요한 거죠."

우리 팀장이 화답해주었다. 나도 가만히 듣기만 할 수는 없었다.

"그럼 지금 하는 업무의 과업 중심으로 KPI를 새롭게 정하는 게 필요하겠네요."

너무 뻔한 이야기를 한 것일까. 우리 팀장은 내 말을 지나치고 이야기를 계속해나갔다.

"따지고 보면 인사나 전략 파트에서 지난 몇 년간 영업지원팀에 대해 별로 고민하지 않았던 게 사실입니다. 적절한 과업이 무엇인지 정리하지 못했죠."

"그렇습니다. 주로 영업팀의 지원 업무만 하다 보니 따로 성과나 실적이라고 말할 만한 것들이 정리되지 않은 거죠. 실무적으로는 사람이 필요하지만 그만큼이나 필요한지는 알 수 없게 된 거고요."

"그럼, 인사팀장님, 이 문제를 어떻게 하는 게 좋을까요? 저희가

"그래서 성과가 뭐예요" ⇨

적합한 KPI가 무엇인지 안을 준비할 테니 인사팀에서는 과업에 따른 적절한 조직 인원 수에 대해 한 번 검토해주시죠."

"네, 이번 주에 정리되면 대표님께 보고드리도록 하겠습니다."

"네, 고질적인 문제였는데 이번에 정리할 수 있겠군요."

회의는 두 팀장의 말만 오가다 끝났다. 나와 제인은 듣기에 바빴다. 왜 이 조직에 대해서만 지금 시점에서 이런 회의를 하고 있는 것일까.

"제인 씨, 그런데 이 회의 어제 잡힌 거잖아요. 왜 그런 거예요?"

"글쎄요, 저도 모르겠는데요. 아마 대표님께서 목표가 적절하게 셋업되었는지 확인해보시다 발견해서 두 팀장님께 검토해보라고 말씀하신 것 아닐까요?"

아무튼 나는 회의를 마친 후 다른 회사의 영업지원팀에 대해 리서치를 했다. 하지만 논문이나 정보들을 찾아봐도 이건 대외비에 가까운 내용이어서 쉽게 얻어질 리 없었다. 그러고 보니 영업하는 사람을 만나 영업지원팀에 대해 물어보면 좀 더 공정한 내용으로 정리할 수 있겠다는 생각이 들었다. 제퍼슨 팀장에게 메신저를 했다.

'선배님, 영업지원팀 관련해서 여쭤보고 싶은 게 있는데 혹시 시간 되시나요?'

회의 중이었는지 한나절이 지난 후에야 답장이 왔다.

'시간 괜찮아요. 영업지원팀이라면 잘 알아요. 무슨 일인지 모르지만 커피 사요. ㅎㅎㅎ'

회사 근처 커피 전문점에서 제퍼슨 팀장과 만났다. 아무래도 회사 내에서는 영업지원팀 관련 직원들이 들을 수 있어 구석 자리를 잡고 경인지역 영업팀장에게 영업지원팀 업무에 대해 물었다.

"선배님, 이번에 영업지원팀 과업과 목표 등에 대해 재정리를 하게 되었는데… 혹시 영업지원팀 본연의 성과로 인정받을 만한 게 뭐가 있는지 알려주실 수 있으세요?"

선배는 웃으면서 말했다.

"또 그거 해? 그거 몇 년 동안 벌써 몇 번째 정하고 있는 건데."

"네? 전에도 했다고요? 그런데 왜 지금까지 정리가 안 되었다고 하는지…."

선배는 다시 웃으면서 말했다.

"그건 아마 정말 영업지원팀을 위해 뭔가 하는 게 아닐걸? 지금까지 그런 이야기 나오고 벌어진 일이 뭔지 알아? 영업지원팀 인원만 줄었어. 그 팀 일이 꼭 필요한 게 많지만 뚜렷한 성과로 드러나지 않으니까 회사 어려울 때 단골처럼 인원을 줄였지."

생각과 다른 이야기였다.

"그러니까 이게 어떤 취지에서 다시 불거진 이야기인지 아는 게 중요해. 영업지원팀에서 일 잘한다는 사람들은 다 그만뒀고 거기는 이제 그냥 버티는 자리가 되었지."

"아… 그런 건지 몰랐습니다. 저는 이번 경영계획 후속조치라고 생각했거든요."

"후속조치는 맞을 거야."

"후속조치가 맞으면 지금까지 일어난 일은 또 뭡니까?"

"이런 일을 누군가가 활용, 아니 이용하고 있으니까 문제인

　　　　　　　　"그래서 성과가 뭐예요" ➡

거지."

"활용…이라뇨?"

"잘 들어봐. 분명히 대표님은 경영에 대해 관심이 많고 직원들의 평가나 목표에 대해서는 타협의 여지가 별로 없는 분이야. 그래서 당연히 영업지원팀이 바른 방향으로 가길 바라시겠지. 최근 몇 년 간 이 주제는 계속 나왔고, 그때마다 사람만 줄이고 결국 과업이 없다는 식으로 정리되면서 축소 지향적으로 나왔어. 그 결과 현장에서 꼭 필요한 일을 할 사람은 줄어들고 남아 있는 사람은 과부하가 걸려 있지."

"그래서요?"

"영업지원팀의 KPI를 누가 정리했느냐를 보면… 처음에는 영업지원팀장이 정리했어. 그런데 전략팀장과 인사팀장이 태클을 걸었지. 그게 아니라는 거였지. 영업팀과 성과가 지나치게 걸쳐 있는 부분이 많다는 논리였어. 그래서 그 팀장이 그만두고 이후에는 팀장이 공석이 되었지. 이후에는 대표님이 전략기획팀에서 영업지원팀 목표까지 챙기라고 했어. 그런데 그렇게 자기 팀 챙기듯이 챙기지는 않았지. 피터 씨 있는 앞에서 이런 이야기까지 할 줄은 몰랐네."

"저도 알아야 하니 알려주신 선배님께 감사할 뿐이죠."

"감사하긴… 그런데… 잘 모르긴 몰라도 인건비에 대한 부담이 있거나 회사 자금에 일시적인 문제가 생기면 영업지원팀 문제가 단골로 다뤄지곤 했어. 아무튼 영업지원팀 일이라면, 영업팀에서 하는 업무의 실무를 담당한다고 볼 수 있지. 주로 영업팀은 리서치하고 의사결정하는 역할을 맡고 있다면, 영업지원팀은 영업팀에서 결정한 일을 수행하는 역할을 하고 있어. 작게는 실제 계약이나 물류 이동 요청과 같은 업무부터 크게는 계약에 대한 행정적 실무까지 범위가 다양하지."

"영업팀에는 영업지원팀이 꼭 필요하고, 영업지원팀도 영업팀 없이는 별도로 뭔가를 할 수 없는 구조겠네요."

"그렇지. 그게 핵심이지. 서로 별도의 성과가 있을 수 없지. 특히 영업지원팀의 성과는 영업팀의 성과와 무관할 수 없어. 그래서 딱히 별도로 무슨 목표를 세우는 게 쉽지 않고."

"적절한 KPI를 찾아야 하는데 쉽지 않네요. 각각의 활동에 대한 최고의 퍼포먼스를 무엇으로 정의해야 하는지부터 막막하네요."

"자료라면 나한테도 있어. 다만 동의하냐 안 하냐의 문제지."

"동의라고 하면, 어떤 말씀이신지…."

의외로 일이 쉽게 해결될 수 있을 것도 같지만, 마주하고 있는 경인지역 영업팀장의 얼굴은 그렇지 않았다.

"동의란 것은… 이 일이 정말 해야 하는 본연의 일이자 가치 있는 일이냐에 대한 생각이겠지."

제퍼슨 팀장은 커피를 한 모금 마시고 말을 이었다.

"지금 하고 있는 게 제대로 된 일임을 인정하지 않으면 소용없는 거야. 그렇지 않으면 지금 하는 일이 아닌 다른 걸 해야 하고 그것으로 KPI를 정해야 하는데 그건 실무자들이 원하지 않는 일이거든."

"지금까지 영업지원팀에서 하는 일에 대해서 위에서는 제대로 된 과업이라고 보지 않았군요."

"일을 그렇게 할 수밖에 없는 상황임에도 인정하지 않았지. 그 일이 돈으로 쳐서 얼마나 가치 있느냐만 물어보니까. 사실 영업지원팀의 일은 영업팀과 함께 생각할 때 매우 중요하고 필요한 일인데도…."

원하는 것을 다 얻지는 못했지만, 경인지역 영업팀장의 도움으로 이전에 정리된 자료를 파일로 받을 수 있었다. 작성자는… 내 자리에 있던 전임자?

팀장이 아는 내용일 테니 수정해서 제출하는 것으로 해야겠다.

다시 인사팀장과 전략기획팀장, 그리고 나 이렇게 셋이 모였다. 인사팀장이 먼저 입을 열었다.

"지금 하는 일을 토대로 보니까 지역 영업당 인원 두 명 정도만 있으면 되겠더라고요."

지금 인원에서 30퍼센트 이상 줄이는 안이다. 전략기획팀장이 말을 받았다.

"저희도 KPI를 검토해보았는데, 별도로 가치 있는 업무나 과업이라고 할 만한 게 많이 없어서 제대로 정하지 못했습니다. 기존에 조사된 것과 비슷한 수준이었어요."

"그럼 정리하는 쪽으로 하시죠. 여기서 아웃되는 인원들은 기존 성과에 따라 재배치하기로 하죠. 그 안은 저희 인사팀에서 준비하겠습니다."

인사팀장과 전략기획팀장은 빠르게 합의했다. 대표에게 보내는 보고서가 금방 조립되었고, 영업지원팀은 축소되는 것으로 안이 올라갔다.

서류 작업을 하면서 제인에게 말을 건넸다.

"영업지원팀 분들도 다들 맡겨진 일을 열심히 하고 이 일에 만족해하는 사람들이 있을 텐데 좀 아쉽네요. 어쨌든 조직이 변경될 테니까요. 남아 있는 사람들도 업무량이 늘어날 거고…."

"팀장이 없는 팀이니 뭐 따로 뭐라고 할 사람도 없고… 회사가 축소 버튼을 누르니까 1순위가 되는 느낌이에요."

"여기는 왜 처음부터 한 조직이 아니고 영업팀의 서브 역할로 시작되었을까요?"

"글쎄요, 영업 쪽에 두 명의 리더가 있었거나 아니면 물갈이하면서 기존 영업 인력들을 별도로 모아둔 조직같이 만들어지지 않았을까요? 지금도 회사 내에서 약간 그런 포지션이니까…."

만약 지금 내가 영업지원팀이라면, 그것도 신입이라면 어떤 기분일까 하는 생각이 들어 더 이상 이야기를 해나갈 수 없었다.

"그래서 성과가 뭐예요" ➡

성과 중심의 조직
vs. 애초에 성과를 낼 수 없는 직무

　직장에서 성과 합의 시즌마다 난감한 사람들이 있다. 올해 목표를 적어야 하는데 어떻게 해야 할지 잘 모르는 사람들이다. 지금 하고 있는 일이 매출이나 이익에 구체적으로 어떻게 연결되는지 잘 모르기 때문이다. 나 혼자 하는 일도 아니고 다른 사람들과 함께 뭔가 만들어가는 부서도 내가 하는 일이 성과로 어떻게 연결되는지 말하기 어렵다. 그래서 결국 작년과 비슷하게 작성하는 경우가 많다. 내용에 대해서도 잘 모르고 이게 왜 내 성과인지도 모른 채 관성대로 할 수밖에 없다. 결국 낮은 평가를 받게 된다. 뚜렷하게 할 이야기가 없기 때문이다. 평가자와 친할수록 평가는 후해진다.

　누구나 가기 싫어하는 자리가 있다. 그냥 상사의 '따까리' 역할을 하는 자리 말이다. 조직 내에도 그런 자리가 있다. 상사 옆에 붙어서 보고서 쓰고 피드백 받고 다시 보고서 고치는 자리 같은 것 말이다. 상사가 좋아하는 똑똑한 사람이 거기 뽑혀간다. 그러고는 소모되고 만다. 자기 자신만의 고유한 성과가 모호하기 때문이다. 일은 열심히 하는데 남는 게 없어서 '내가 잘하고 있는 것인가' 하는 자괴감을 느끼지만 일을 계속한다. 점점 더 현실 감각이 떨어지는 '보고서쟁이'로 남게 되고 조직 내에서 더 몸을 움츠리게 된다.

이런 사례는 보통 직장에서 흔한 경우다. 지금 하는 일이 제대로 된 일이 아니다 싶으면 내가 무슨 일을 하는지, 원래 무슨 일을 하면 되는 자리인지 물어볼 사람이 없어서 친구 직장과 비교하고 구글링하면서 직무에 대해 궁금해한다. 그렇지만 조직에서는 그냥 이런 자리들을 지나친다. 이런 사람들의 이야기를 듣지 않는다. "자리에 푸념하지 마라"라는 황당한 말만 툭 던지고 조직은 다시 무관심하게 흘러간다. 인재가 회사를 나오는 전형적인 수순이다.

요즘 경기가 어려워 기업에서 구조조정을 많이 한다. 새로운 사업모델에 맞춰 조직구조를 바꾸고 필요한 역량을 확보하는 차원에서 구조조정이 이루어지면 정말 좋겠지만, 단순히 현재 모델을 유지하는 차원에서 있는 사람을 줄이는 것이라면 정말 최악일 것이다. 이런 잘못된 판단 중에서도 제일은 필요한 업무를 없애버리고 필요 없는 직무를 그대로 남겨놓는 것이다. 업무 시간에 열심히 일해서 실적에 도움이 되는 일을 하는 사람은 사라지고 매일 커피만 마시러 다니는 사람은 그 자리를 유지하는 경우 말이다.

그래도 이런 경우는 차라리 완벽하게 악한 경우라서 그냥 '나쁘다'고 하면 속이라도 편하지만 이보다 더한 것도 있다. 아무 성과도 낼 수 없는 자리에 사람을 남겨두고 계속 그 일을 하게 만드는 것이다. 이런 자리는 보통 다른 누군가의 성과를 위한 자리인 경우가 많다. 이 직무만으로 고유한 성과를 증명하기 어려운 케이스다. 이렇게 보면 기업에서 '직무'라는 것에 대해 별로 고민이 없다는 것을 알 수 있다. 기업의 직무를 어떻게 정의하고 정리할 수 있을까?

21세기의 직무분석은 이전 시대보다 더 어려워졌다. 전통적인

"그래서 성과가 뭐예요" ➡

이름의 직무를 그대로 쓰기에는 작업의 변화에 따라 직무 성격이 다시 정의되는 일이 빈번해졌기 때문이다. 기존 직무는 그대로의 유용성을 유지하기 어려워졌다. E. L. 러빈E. L. Levine과 J. I. 산체스J. I. Sanchez는 향후 직무분석의 기준으로 직무가 아닌 작업을 분석해야 함을 제시했다. 그러기 위해서는 과거 직무분석 방법인 현직자 인터뷰 대신 다른 부서 작업자 등의 내부 고객과 조직 밖의 외부 고객 등 실제 해당 작업의 서비스를 받는 사람을 통해 분석하는 것이 필요하다. 이젠 직무 정보를 수집하는 직접 관찰, 면접, 설문지 등의 전통 방식의 출처보다는 작업이 자동 기록되는 IT 등의 도움으로 이 일이 가능해졌다. 메일이나 ERP의 로그 정보 등 이미 많은 데이터가 존재한다. 직무가 아닌 팀 단위 작업 수행으로 인지적 능력 외에 성격 요인 등 타 부서나 외부 고객과 직접 교류할 때 중요한 요인도 분석 대상이 되었다. 또한 현재 완성된 지식뿐 아니라 향후 변화에 대응할 수 있는 역량 자체의 분석도 중요하다.

아직도 대부분의 기업에서 직무분석이 1990년대 이론 이전 방식인 면접 중심의 비혁신적인 방법으로 이루어지고 있다. 직무가 올바로 정의되지 않는 데는 인사 조직의 비전문성이 크게 기여하고 있다.

다른 사람의 성과를 돕기만 하는 직무

산업의 변화 속에서 한 가지 유망 직무가 생겨난다. 처음에는 직무의 정확한 역할과 업무 범위, 성과지표에 대해 대부분 모르기 때문에 상대적으로 덜 중요한 것은 아래 보조 직무를 세워 이 일을 하게 한다. 보통 '안정적인 사람', '관리를 좋아하는 사람', '내성적인 사람'이라 포장하고 성장할 수 없는 일들만 잔뜩 맡긴다. 이런 직무는 물론 책임질 것도 성과지표도 권한도 없다. 모두 보조를 받는 사람이 가져간다. 일만 실컷 하다가 나중에 버려지는 직무다. 이런 직무는 없애고 보조만 했던 직원은 성과가 날 수 있고 성장할 수 있는 직무로 옮겨줘야 한다.

고유한 성과지표가 없는 직무

회사 내 권력관계의 변화로 성과지표만 사라진 경우다. 다른 직무를 돕는 것도 아니고 어엿한 부서 이름도 있지만 낼 수 있는 성과가 없다. 이런 직무는 업무 프로세스에서 하나의 단계만 맡고 있는 경우가 많다. 비즈니스 변화에 따라 업무 구조가 바뀌면서 이 일로 할 수 있는 성과가 매우 제한적인 경우다.

예를 들어, 옷 만드는 회사의 경우 패턴 뜨는 직무를 어떤 성과지표로 평가할 수 있을까? 이는 디자인과도 다르고 기획 업무와도 무관한 고유 직무다. 한때는 체형의 변화나 새로운 핏의 등장으로 패턴 업무가 중요하게 다루어지고 이것을 통한 성과를 낸 적도 있었다. 하지만 옷을 소비하는 패러다임이 이제 새로운 핏이 아니라 다른 요소로 옮겨갔다면 이 직무의 평가를 어떤 지표로 해야 할 것인가? 단순하게 패턴을 뜨는 기능이 아닌, 고객이 선호하는 다른 가치를 아우르는 지표로 바꾸고 직무의 성격도 재정의하는 게 맞을 것이다. 하지만 타성에 젖은 기업은 이 직무를 과거 방식 그대로 방치해둔다. 분명 기술적 변화를 통해 기여할 수 있는 부분이 존재

"그래서 성과가 뭐예요" ➡

함에도 그 부분을 확인하지 않는 것이다. 이 조직은 소모되고 기존 업무만 하면서 인정받지 못하는 부서로 전락할 위치에 놓일 수 있다. 산업이 바뀌었는데 기업 내부의 업무 프로세스를 바꾸지 않아 중간 역할만 하는 자리로 남는 것이다. 즉시 기업의 목적과 타깃, 업무 구조와 역량 재정의를 통해 전체적인 직무 재정의도 다시 이루어져야 한다.

CDPCareer Development Program가 사실상 없는 직무

현재 직무를 하면 다음에 할 일이 없는 일도 있다. 예를 들면, 그 직무로는 과장 이상의 직급이 없었던 일이다. 지금 그 일을 하는 사람 대부분이 그만두었고, 거기서 다른 직무로 이동한 적도 없는데 승진이 잘 안 되는 직무 말이다. 끝이 보이는 일에 인생을 걸면서 매진할 사람은 드물다. 이 직무가 정말 가치 있는데 CDP가 없다면 기업 내부의 권력 지형상 왜곡이 일어난 것이다. 내부 정치를 통해 중요한 일이 덜 중요한 일의 도구가 되어버린 경우다. 해당 직무 라인career path에 더 상위 직급을 만들고 고유한 책임과 성과 수준을 정의해야 한다. 중요하지 않은 직무라면 아예 아웃소싱하는 게 맞다. 승진을 못하고 인사적체가 일어나는 직무가 조직 내에 있을 경우, 눈치와 권력투쟁만 야기할 뿐이다. 갈 길을 만들어 주어야 한다.

직무는 한 사람의 인생이 달린 문제다. 안 되는 기업은 사람에 대한 철학도 없기 때문에 직무에 대해 신경 쓰지 않는다. 책임도 성과지표도 권한도 없는 직무, 남을 돕기만 하고 성장 루트가 보이지 않는 직무가 넘쳐난다. 특정 직무, 특정 라인만 모든 혜택을 누리고 나머지는 이것을 돕는 구조로 만들어진다.

하지만 기업에 '핵심역량'은 있어도 '핵심 직무'란 따로 존재할 수 없다. 물론 반도체 기업에서 연구직이 재무보다 더 중요해 보일 수는 있다. 하지만 각 직무마다 고유하게 기여할 수 있는 역할이 있고 성과를 위해 할 일이 많다. 비즈니스는 한 직무만이 성과를 내는 게 아니라 전체 직무가 시장의 변화에 맞게 고유의 역할을 재정의하고 하나의 전략을 중심으로 실행해야 하기 때문이다. 한 부서만이 선도하는 기업은 전체적인 성과가 날 수 없다. 한계가 있는 직무나 업무 프로세스가 전체의 발목을 잡아 그 한계에 따라 아웃풋 Output의 질과 양이 결정되기 때문이다. 직무 때문에 면담이 잦은 기업이라면 비즈니스 재설계에 대해 고민해야 하는 것이 당연하다.

4장

눈은 컴퓨터를 보지만
귀는 상사를 향해 있다

끌려다니는 실행 방법

"원가도 잡으면서 품질을 올려야죠"

배가 산으로 가는 일관성 없는 전략   ↓↑

#비전 #전략 #경영철학

> "자원과 행동을 집중하지 않고 모든 면을 두루 만족시키려고
> 어려운 선택을 피할 때도 나쁜 전략이 나온다."
>
> 리처드 루멜트, 『전략의 적은 전략이다』

- 기업 보고서는 대개 문제 파악으로 시작해 대안 도출로 이어진다.
- 하지만 대안들이 방향과 철학이 일관되지 않은 경우가 있다.
- 같은 비전을 공유하지 않으면 정말 배가 산으로 간다.

새로운 경영 계획이 시작된 지 한 달이 지났다. 나도 회사를 옮긴
지 두 달이 넘었다. 처음에는 헷갈리던 것들이 이제는 익숙해졌다.
엄청나던 긴장도 조금씩 풀려 목소리를 내기 시작하고 있다.

영업지원팀은 결국 인원을 30퍼센트 이상 줄여 11명으로 정리
되었다. 이번 일을 통해 회사에서 잘 모르던 직무를 알게 된 보람이
있었다. 특히 영업 조직과 프랜차이즈 브랜드 사이의 업무방식에
대해 좀 더 알게 되었다.

"그러니까… 영업팀은 지역 단위에서 영업을 시작하고 운영하는 일을 하고 브랜드는 영업 매장 일에는 관여하지 않지만 브랜드의 전략 방향에 따라 영업팀과 이야기할 수 있다는 거잖아요…."

제인에게서 지금까지 들어온 걸 정리해서 영업팀과 프랜차이즈 브랜드 사이의 역할이 맞는지 이야기 중이었다.

"네, 두 조직이 서로 얽혀 있어요. 영업팀은 결국 브랜드의 매장을 관리하는 거니까 영업 정책에서 브랜드의 영향을 받지 않을 수 없고, 지역 영업 조직은 영업총괄 조직에서 말하는 내용을 듣지 않을 수 없는 거죠. 가만히 보면 지역 영업 조직은 결국 영업총괄 부서의 평가를 받지만 성과급이나 이익에 대한 평가는 브랜드와 무관하지 않은 셈이죠."

제인은 설명하면서도 좀 찜찜한 표정이었다.

"그러면 브랜드에서 매장을 공격적으로 넓혀가고 싶을 땐 어떡해요?"

"그러면 브랜드 팀장이 영업총괄이랑 먼저 이야기하겠죠. 그러고 나면 점포개발 업무를 하는 팀과 만나게 될 거고… 얼마 전에 재무팀 밑으로 들어간 팀요. 그런 뒤 세 부서가 협의해서 어느 지역 상권에 추가로 입점할 건지 정하고, 최종 오픈 과정은 점포개발 부서와 지역 영업 조직이 맡아서 하고, 보고는 영업총괄에게, 공유는 브랜드 팀장에게까지 하는 구조예요."

"협업이 엄청 중요하겠네요."

"그래서 회의가 많아요. 뭘 하나 하려면 다 있어야 가능하니까요. 점포 단위 이익 관리도 기본적으로는 영업 쪽 책임이고 권한이

"원가도 잡으면서 품질을 올려야죠" ➡

있지만 당연히 브랜드 팀장과 이야기해야 하는 부분이 있어요. 보통 브랜드 팀장들의 연차가 더 오래되었기 때문에 영업 활동인데도 브랜드팀의 입김에 휘둘릴 때가 많죠."

각 팀의 목표와 실적을 관리하는 파일을 모니터에 띄워놓고 영업과 브랜드의 목표가 어떻게 연결되어 있는지 제인이 화면을 보면서 설명해준다.

"여기서 보시면… 자, 저기 위에 보세요. 영업총괄도 영업 조직에 대한 전략목표가 있어요. 올해는 충청 이남의 점포 수를 늘리는 게 주된 내용이고 기존 경인지역 적자 점포의 철수도 있어요. 그런데 브랜드 계획, 여기 이쪽에 있는 내용은… 브랜드 중에서는 매장 수를 급진적으로 늘린다는 데가 그렇게 많지 않잖아요. 그래서 영업의 계획을 달성하려면 브랜드를 설득해서 추가 입점 계획에 합의해야 하는 상황이에요. 좀 따로 노는 거죠."

"그런데 이런 게 왜 지금 와서 드러나는 거예요?"

제인이 화면을 보다 말고 몸을 돌려 이야기한다.

"그게, 지금 알았다기보다는… 저는 솔직히 처음부터 알고 있었거든요. 팀장님은 아마 모르셨을 것 같기도 한데…. 이게 파일을 각 팀별로 받다보니 전체적으로 서로 어떻게 연결되어 있는지 검토가 잘 안 되고 모두 취합하는 사람 정도만 아는 거라… 이야기해도 잘 모르시죠, 이런 건…."

"그럼, 처음부터 두 조직의 목표를 맞추면 되지 않나요?"

"그것도 쉽지 않아요. 기본적으로 평가 기준이 다르니까요. 영업은 매출로 평가받는 반면, 브랜드는 이익 중심으로 평가받으니까 하려고 하는 게 다를 수밖에요. 영업은 매장 수를 늘리는 것에 집중하지만 브랜드는 투자를 막 늘리면서 그렇게 할 수 없죠. 아마 처음부터 만나 이야기한다고 해도 평행선만 달릴 거예요."

"그럼 어떻게 해요? 이렇게 각각 놔두면?"

"그건 아까 말씀드린 각 영업 조직과 브랜드 간의 역학관계에 달린 거죠. 누가 더 연차가 높으냐, 서로 친하냐, 다음 자리는 누가 끌어주느냐, 이런 거 있잖아요…."

이야기를 들으며 파일을 보니 정말 영업 조직의 목표와 브랜드의 목표가 따로 놀고 있었다. 전략기획팀에서도 이 두 조직을 따로 평가하기 때문에 각 조직은 자신의 역할만 잘하면 그만이었다. 서로의 일이 서로에게 커다란 영향을 주지만 서로 협력할 이유가 마땅히 보이지 않는 상태.

"그래도 매주 회의를 하긴 해요. 브랜드와 영업총괄이 만나서 이야기하는 회의가 있는데, 한 번 같이 들어가보실래요? 팀장님은 가끔 배석하시거든요. 딱히 발언하거나 하진 않고 목표관리 차원에서 그냥 들으시더라고요."

"네, 어디서 하죠?"

"물어봐야 해요. 저희한테도 공유를 잘 안 해줘서. 그 부서에 동기가 있는데 물어보고 말씀드릴게요."

그렇게 화요일 오후에 21층 회의실에서 경인지역, 서울북부, 서울남부, 충청지역 이렇게 네 개 지역 영업팀장들과 커피 브랜드 팀장, 해산물 뷔페 브랜드 팀장이 모인 자리에 가보았다.

"제인 씨, 그런데 왜 다 오지 않은 거예요? 다른 팀장님들도 안

"원가도 잡으면서 품질을 올려야죠" ➡

보이고 영업총괄 팀장님도 안 오시나봐요."

"참석하지 않아도 뭐라고 안 하나봐요. 그래도 계속 해오던 거라 참석하는 사람들은 계속 참석하고…."

아무튼 회의는 영업팀이 이번 주에 할 일을 이야기하는 것으로 시작되었다.

"경인지역에서는 이번 주에 다음 달 오픈 예정인 두 개 점포에 대한 계약 확정을 진행하고 다다음달 오픈 예정 후보지 열 곳 중 세 곳을 우선적으로 방문해서…."

이런 식으로 각 지역 팀장들이 돌아가면서 준비해온 서류를 읽었다. 질문이나 서류에 대한 부연 설명은 없었다. 브랜드는 아예 준비해온 게 아무것도 없었다. 커피 브랜드 팀장인 톰슨이 그제서야 질문을 던졌다.

"그런데 저희는 오픈을 자제했으면 하는데요. 지금 메뉴의 원가와 가격으로는 더 팔아도 별로 이익이 나지 않는 상황이라서 메뉴를 좀 보강하고 기존 메뉴도 조정한 다음에 매장 수를 늘리는 게 좋을 것 같은데… 저희는 이번 반기에 오픈을 희망하는 곳이 없어요."

그러자 충청지역 영업팀장이 말한다.

"팀장님, 청주에 새로 오픈하는 쇼핑몰에 커피 브랜드 포함한 세 개 브랜드가 함께 입점하는 걸로 계약이 진행되고 있거든요. 거기 잘 아시잖아요? 유동인구도 많고 이 정도면 월세도 비싸지 않다는 거. 팀장님이 빠지면 계약이 안 되고 그러면 회사 차원에서 쉽지 않게 됩니다."

"그건 알지만, 한 번 검토해주세요. 꼭 저희가 들어가야 하는 거라면 입점하겠는데, 그게 아니라면 다른 브랜드도 있으니까요."

"네, 한 번 이야기를 해보긴 하겠지만 건물주가 커피 전문점 자리를 하나 비워둔 상황이에요. 커피 외에 다른 브랜드가 들어갈 만한 규모가 아니에요. 만약 저희가 계약을 파기하거나 진척이 늦으면 바로 경쟁사가 자리를 노리고 있는 상황이니 이 건은 좀 부탁드리겠습니다."

이 문제에 대해 커피 브랜드 팀장의 이야기가 끝나자 해산물 뷔페 브랜드 팀장이 얘기를 시작한다.

"팀장님들… 저희 손님이 줄어서 자꾸 매장 빼라는 이야기가 나오는 것 알고 있는데 좀 막아주세요. 특히 서울권에서 재계약 문제가 걸린 곳이 많은데, 이렇게 순차적으로 다 빠지면 올해 말엔 매출 떨어질 게 뻔하거든요…."

말이 끝나기 무섭게 영업팀장들이 서로 한마디씩 하려고 한다. 서울북부 영업팀장이 먼저 시작한다.

"팀장님 말씀은 잘 알겠는데 저희가 막는 데도 한계가 있어요. 영업 보조금을 주는 것도 아니고 이렇게 맨몸으로 막으라고만 하시면…. 저도 지금 찾아가고 불려가느라 제 일을 제대로 못해요."

서울남부 영업팀장도 한마디 거든다.

"팀장님 말씀은 이해합니다. 그런데 저희도 계속 이것만 잡고 있을 수는 없거든요. 해산물 뷔페라는 게 공간이 나와야 하는데 쇼핑몰들 MD merchandising를 새로 하면서 모두 공간 줄여 효율적으로 쓴다고 하고 트렌드와도 맞지 않고요. 여러모로 뷔페는 설득하는 데

"원가도 잡으면서 품질을 올려야죠" ➡

한계가 있는 편이에요. 차라리 교외나 지방 상권을 노려보는 게 좋지 않을까요?"

해산물 뷔페 제임스 팀장은 물러설 기색이 없다.

"팀장님들, 지금까지 잘 도와주셨잖아요. 아직 해산물 뷔페가 전체 매출에서 차지하는 비중이 있어요. 정말 저희 브랜드 매출이 떨어지면 대표님도 신경 쓰이실 거예요. 우리 브랜드 중 빠지는 데가 있으면 거기에 저희를 넣어주시거나 좀 다른 방법을 찾아주세요."

영업팀장들은 더 말하지 않았다. 다들 이야기가 없어지자 자연스럽게 회의를 마치는 분위기였다. 한 명씩 다음 회의를 해야 한다고 자리를 빠져나가고 경인지역 제퍼슨 팀장과 나, 제인만 남았다.

"그런데 여기는 왜 오셨어요? 잘하나 보려고? 하하."

제퍼슨 팀장이 농담인지 진담인지 먼저 말을 꺼낸다.

"잠깐 커피나 해."

제퍼슨 팀장은 나를 이끌고 밖으로 나왔다.

"사실 우리도 이렇게 될 줄 알았어. 이런 회의가 잘될 리가 있나."

"그런데… 이 회의는 왜 하는 거예요?"

"해야 하니까 하는 거지. 두 팀은 서로 대화를 해야만 하고 시간은 예전부터 정해져 있고. 보다시피 나오는 사람만 나오고 안 오는 팀장은 이제 오지도 않아."

좀 더 자세히 듣고 싶어 회사 주변 커피 전문점에 자리를 잡고 앉았다.

"영업팀이 이렇게 별도로 있지 않고 브랜드에 속했던 적도 있어. 한 5년 전에 말이야."

"네? 그 이야기는 처음 듣는데요. 그런데 왜 지금처럼 별도로 영업 조직이 나온 거예요?"

"영업총괄 임원이 오면서부터야. 지금 총괄팀장님 전임 팀장님이지. 없던 자리가 만들어졌어. 영업 조직의 전문화를 위해서라며 영업 조직만 별도로 떨어져 나갔지. 그때는 회사가 고속 성장 중이었고 영업망을 단기간에 폭발적으로 확장해야 할 시기라서 나쁘지 않았어. 그때는 지금과 같은 정체가 올 줄 생각도 못했지."

"그럼 브랜드에 있을 때는 어떠셨어요?"

"그때는 방향이 잘 맞았지. 브랜드 팀장이 평가자였으니까 하자는 대로 했지. 브랜드의 이익과 매출이 철저히 전략에 따라서 움직였어. 영업부만 따로 뭔가 평가받고 이런 게 없었으니까. 미리 목표 합의한 것만 잘하면 되었고…."

제퍼슨은 잠깐 늘어진 자세를 다시 다잡고 바로앉았다.

"그런데 지금은 이상해. 여기 말도 들어야 하고 저기 말도 들어야 하니. 영업은 영업 조직의 목표로 매출을 잡으니까 매출을 늘려야 하거든. 그래서 매장 오픈하는 게 관건이야. 그런데 브랜드는 어디 그런가. 돈 안 되면 안 하겠다는 정체기에 있는 브랜드는 매장 늘리는 데 원천적으로 반대하는 입장이지. 그렇지만 우리가 별수 있나. 평가하는 사람 맘대로 따라가는 수밖에."

예전에 비슷한 이야기를 들은 적이 있다. 구매와 생산 관리로 사

"원가도 잡으면서 품질을 올려야죠" ➡

회생활을 시작한 대학 친구였다. 퇴근하고 만나 이야기하다가 품질 향상과 원가 절감을 동시에 해결해야 하는 고충을 털어놓은 적이 있었다. 품질을 올리기 위해 비싼 원재료를 사용하면서 동시에 원가를 낮추라는 요구를 받았다는 것이다. 그게 어떻게 가능할 수 있느냐는 내 질문에 친구가 해준 대답이 잊히지 않는다.

"그렇게 말한 사람이 바로 우리 부서장이었어. 두 가지를 시간 차를 두고 말한 거야. 절대 한꺼번에 이야기하지 않지. 하루는 원가로 쪼고 다음 날은 품질로 야근을 시켰어. 웃기지 않냐. 그런데 무서운 건 부서장이 그렇게 상반되는 두 가지를 요구하면서 그게 가능하다고 믿었다는 거야. 방법은 모르고."

한 사람도 모순된 요구를 수용하기 어려운데 이렇게 두 개의 조직이 이해관계가 엇갈리는 구조로 돌아가고 있다. 서로가 서로를 조이고 있다.

"아무튼 곤란하게 생겼어. 전략기획팀장님은 브랜드 이익과 영업팀 매출을 모두 본단 말이야. 다음 주에는 영업팀도 들어가서 진척 상황에 대해 보고해야 하는데 죽겠어. 어느 장단에 맞춰 춤을 춰야 할지…."

모든 것엔 목적이 있다. 영업팀을 브랜드에서 분리시키는 것이 꼭 옳은 것도 그렇다고 꼭 나쁜 것도 아니다. 애초의 목적을 잃고 관성에 그냥 따를 때가 가장 무서운 것 아닐까.

돌아오니 팀장이 자리에 와 있었다.

"피터 씨, 브랜드와 영업팀 회의에 갔다 왔다고? 언제? 나는 거기 들어가본 지 꽤 되었는데…."

"서로 매장을 오픈해야 하니 마니 하며 줄다리기 중인 것 같았습니다."

"그래, 그럴 거야. 그게 목적이니까. 한쪽이 너무 막 몰아가는 게 아니라 서로 적절히 견제도 하고 대안도 내면서 정반합으로 뭔가 결론을 내려니까 늘 싸우게 되지."

"싸운다기보다는, 그냥 서로 대화를 하지 않는 것 같았습니다."

팀장은 의외라는 듯한 표정이었다.

"아냐, 보고할 때 들어보면 각자 자기 역할을 잘 하고 있던데. 영업은 새로운 영업망 잘 따오고 브랜드도 적절히 이익 관리를 하는 것 같고. 좀 더 들어가보면 알게 될 거야."

그러고 나서 팀장은 책상에 놓인 서류로 눈을 돌렸다.

헷갈린다. 한 조직에 상반된 두 개의 목표를 요구하는 게 균형 잡힌 성장을 위한 건지, 아니면 이도 저도 아닌 결과를 향한 건지.

원가를 낮추면서 고급 재료를 써라
vs. 어느 장단에 맞춰야 할지 몰라 눈치만 본다

　일관된 행동을 유지하는 것은 조직 활동에 매우 중요하다. 특히 기존에 해오던 것과 새롭게 하는 것이 서로 동일한 방향을 유지하는 것은 실무자에게 매우 중요하다. 실무자가 어떤 방향으로 일해야 할지 헷갈린다면 분명한 목표와 방침을 주지 않은 리더에게 문제가 있는 것이다.

　불명확한 행동을 초래하는 데는 몇 가지 원인이 있다. 하나는 두 개 이상의 조직에 영향을 받는 직원에 대한 평가이고, 또 하나는 메시지와 행동이 다른 방향을 가리킬 때, 그리고 또 하나는 메시지 자체가 없는 경우다. 이 경우들은 실무자가 일할 때 계속 고민하게 만든다는 데 문제가 있다. 실무자가 어떻게 하면 주어진 목표를 잘할 수 있는가에 대해 고민해야지 무엇을 해야 할지 고민해선 안 된다. 목표 합의 이후에도 이런 고민이 생기면 목표한 시간에 목표한 방향으로 성과를 내기 어렵다.

　두 개 이상 조직의 영향을 받는 직원을 만들고 있지 않은가? 이런 일은 주로 사업의 단위와 직무의 단위가 서로 교차해 운영되는 조직에서 나타난다. 직무는 직무대로 상하 라인이 구성되어 있고, 직무가 속한 사업은 사업대로 다양한 직무가 수평적으로 있으면서 또 사업의 단위에 따라 수직으로도 있는 경우다. 예를 들면 재무 담당 직원이 CFO에게도 평가받고 자신이 속한 사업부 책임자에게도 평가를 받는다면 어떤 일이 벌어질까? 더군다나 두 평가자가 지시하는 내용의 방향이 서로 다르거나, 역할의 범위가 다르거나, 업무 방법까지 다른 방향으로 시시콜콜 지시한다면 어떻게 될까?

만약 평가를 반반씩 받는다면 실무자는 어떤 건은 이렇게 하고 어떤 건은 저렇게 처리해 누구도 100퍼센트 만족시키지 못하는 방향으로 일하게 될 것이다. 만약 평가의 비중이 한쪽 조직으로 기울면 역시 비중이 적은 평가자가 원하는 일은 하지 않을 것이다. 그런데도 이런 직무는 아직도 많은 조직에 실제로 존재하고 있다. 왜일까?

직무 책임자와 사업 책임자가 서로 독립된 영역을 구축하는 조직에서 이런 일이 발생한다. 특히 전문적 기능이 강조되는 조직이 전문적으로 별개의 라인을 구축해야 할지 완전히 사업 조직에 속해 철저히 분권화할지 분명하게 결정하지 못하면 각 조직의 리더들이 각자의 조직을 갖추고 운영하게 된다. 실무자로 내려갈수록 두 조직의 접점에서 일하는 시간이 많기 때문에 어려움이 가중될 수밖에 없다. 하지만 각 리더들은 서로 양보하지 않는다. 조직 구조 자체가 그렇기 때문이다.

이런 경우 실무자는 원가를 낮추면서도 고급 재료를 써야 하지만 누구도 방법을 구체적으로 가르쳐주지 않고 도와주는 사람은 없는 상황을 맞기 쉽다. 평가받는 곳이 많아지면 불려다닐 일도 많아져 일할 시간이 더 부족해진다. 한 조직에서만 100퍼센트 평가받

"원가도 잡으면서 품질을 올려야죠" ➡

는 게 무조건 좋은 것은 아니지만, 경영목표에 따라 평가받는 조직을 한쪽으로 정하면 실무자가 일에 좀 더 몰입할 수 있다.

두 번째 경우는 행동과 메시지가 다를 때다. 1990년대 중반 포드 자동차의 유럽 임원이 된 자크 나세르Jacques Nasser는 자동차의 브랜딩을 강조하며 주요 자동차 브랜드인 볼보, 재규어, 랜드로버 등을 인수했다. 그런데 과거부터 원가를 낮추는 정책이 진행형이었다. 결국 한 공장에서 여러 브랜드를 만드는 등 규모의 경제를 유지하기 위한 활동이 다양한 브랜드를 차별화하지 못해 포드는 한때 위기를 맞았다.

이와 유사한 사례가 많은 브랜드를 가진 조직에서 나타난다. 원가를 낮추기 위해 같은 모듈이나 원재료로 다양한 브랜드를 만들면서 다양한 브랜딩을 위해 핵심적으로 갖추어야 할 브랜드별 차별화를 스스로 무너뜨린다. 특히 사업이 어려울수록 단기간에 재무적으로 효과가 나타나는 원가절감을 가속화하기 때문에 브랜딩 소멸은 더욱 가속화된다.

기존 철학을 유지하면서 새로운 행동을 할 때 기존 전략과 상충하지 않는지 충분히 검토하면 이런 일은 일어나지 않을 것이다. 하지만 지금 하고 있는 일들을 모두 검토할 생각도 준비도 하지 않는 경우가 많다. 이것은 현재 벌고 있는 돈과 별도로 전략이 어떤 철학 위에서 진행되고 있는지 검토하지 않고 그냥 현재 상황 위에 다른 색으로 덧칠하는 것이다. 그렇게 되면 현장에서 상충하는 전략을 실천해야 하는 실무자들은 우왕좌왕할 수밖에 없다.

다른 조직 레벨에서 이런 일이 일어날 수도 있다. 최고경영진이

나 그룹에서는 차별화된 브랜딩과 실험, 개발을 강조하지만 중간관리자는 원가를 강조할 수도 있다. 철저한 분권이 이뤄지지 않거나 하부 조직에서 뭘 하는지 알 수 없으면 이런 상충이 생긴다. 중간관리자가 단기적 실적을 추구해 이런 일이 일어나는 경우도 많다.

　메시지 자체가 없는 경우는 이보다 더 심각하다. 위의 경우들은 상충되는 것 중 하나를 없애거나 하나에 완전히 종속시키면 그나마 문제가 해결되지만 메시지가 없는 경우는 새로운 걸 만들어야 하는 어려움이 있다. 그렇게 되면 문제가 단기간에 해결되기 어렵다.

　특히 기존 책임자가 퇴사하거나 다른 조직으로 이동한 경우, 후임자가 오랫동안 공석인 상태에서 하위 팀장들에게 현상 유지하라고 할 때 이런 일이 발생하는 경우가 많다.

　기업의 비전을 구체화하지 못할 때도 이런 일이 벌어질 수 있다. '제품의 품질을 향상시키자'라는 말보다 'ㅇㅇㅇ 테스트에서 80점 이상 받은 제품만 출시하자'라는 목표가 훨씬 명확하고 구체적인 행동을 유발할 수 있다. 기업이 추구하는 가치에 좋은 말을 열거하는 것도 필요하지만, 그것을 토대로 구체적인 전술 과정에서 경영자와 직원, 또는 부서 간 합의가 반드시 이루어져야 한다.

"관계사와 협업해야죠"

내부의 적은 내부 ⇅

`#마이클포터` `#산업구조분석` `#협업`

"기업 내에도 불협화음이 있을 수 있다. 경영자는 이를 하나의 화음으로
만들어내야 한다. 그러나 너무 화음을 만들려고 하지 마라.
기업을 생동력 있게 유지하는 힘을 빼앗아버릴 수도 있다."

다케오 후지사와, 혼다 공동 창업자

- 기업의 규모가 커지면 내부 거래도 많아진다.
- 조직의 특성상 당연히 내부 권력 지형에 따른 거래의 편중이 발생한다.
- 하지만 이런 모습은 고객과 아무 상관이 없다.

회사의 경비 절감 노력이 장애물에 부딪히기도 했다. 계열사인 비
품구매 대행업체도 그런 장애물 중 하나였다. 회사가 커지면서 핵
심적이지는 않지만 규모의 경제를 통해 단가를 낮출 수 있는 업무
를 분사해 계열사로 두었다. 보통, 인테리어 업체나 광고물 제작업
체, 또는 구매대행업체 등이다. 대부분 처음에는 작은 팀으로 시작
하지만 회사에서 일감을 몰아주어 몇 년 만에 몰라보게 매출이 증
가하는 경우가 많다.

"이렇게 비품을 많이 사요? 한 달에 쓰는 돈만 해도 어지간한 조직의 매출 수준인데요."

재무제표를 보다가 비품 구매에 쓴 돈이 몇 년 새 5배 이상 증가한 것이 눈에 띄었다. 자리에 앉아 있던 팀장이 대답한다.

"조직이 커지니까. 사업을 많이 벌여놓으니까 각 조직에서 필요한 고정비가 늘어날 수밖에 없지. 그렇다고 일을 안 할 수는 없잖아?"

맞는 말이다. 일을 하려고 만든 조직이니 일하는 데 필요한 돈은 쓰게 해야지.

대화 중에 재무팀장이 우리 팀장을 찾아왔다.

"팀장님, 커피나 얻어 마실까 해서 왔는데요."

"아, 저기 앉으시죠."

부서에 있는 빈 자리에 의자를 놓고 두 팀장이 믹스 커피를 타와서 앉는다. 갑작스럽게 방문한 재무팀장이 먼저 한마디 한다.

"팀장님, 너무 걱정이에요. 지금 매출이나 이익 상황으로는 아무래도 목표 달성이 쉽지 않을 것 같아서요."

"그렇죠. 아무래도 작년 말부터 얼어버린 경기의 회복이 더딘 것도 있고 투자가 늦어지면서 원래 늘리기로 한 영업망 구축도 지연되고요."

"이렇게 가다간 자금 사정이 어려워져 중요한 투자가 늦어지거나, 무엇보다 계약 등 반드시 집행되어야 하는 부분에서 문제가 생기지는 않을까 걱정입니다. 그래서 말인데 뭔가 추가적인 방법이 필요한 것 같습니다."

"관계사와 협업해야죠" ➡

"저도 고민 중입니다."

전략기획팀장은 차분한 표정으로 멀리 사무실 반대편만 쳐다봤다.

"전략기획팀장님, 제가 생각해 본 건데, 이런 건 어떻습니까?"

"어떤 건데요?"

"관계사와 맺고 있는 계약도 많고 또 독점적으로 진행되는 것도 많은데 이걸 다시 계약하거나 입찰을 통해 외부업체와 경합을 붙이면 전체적인 비용 구조가 좀 좋아지지 않을까요."

재무팀장은 조심스럽게 말을 꺼냈다.

"…그리고 몇 년 동안 이 상태가 지속되다보니 품질에 대해서도 말이 나오는 곳도 있습니다. 아무래도 보는 사람에 따라 생각이 다르긴 하지만요."

전략기획팀장은 뜸을 들이다가 말을 받았다.

"팀장님, 이건 좀 고민이 필요합니다. 당장 비용 줄이기 위해서는 그것도 좋은 방법인데 그러면 아무래도 말이 나오지 않겠어요? 회사 외부로 돈이 나가는 것도 좀 그렇고요. 사실 작년부터 일감이 좀 줄어들어서 그쪽 업체들도 현상유지하기 어려워한다는 이야기가 있어서…."

곤란하다는 표정이었다.

"뭐, 지금 당장 어떻게 하자는 게 아니라 한번 생각해보자는 차원에서 드린 말씀이니 고민해보세요."

"네, 알겠습니다. 대표님하고도 이야기해봐야 하고 얽힌 사람도 많아서… 아무튼 의견 감사합니다."

재무팀장은 자리로 돌아갔다.

"피터 씨, 지난 5년간 주요 관계사에 지급한 비용 내역 좀 뽑아 줘요. 관계사별로 건수랑 금액이랑 내역과 합계 모두요."

팀장은 내역을 확인해보려는 듯 이렇게 지시하고 자리로 돌아 갔다.

5년 치 비용을 뽑는 것은 어렵지 않았다. 그리고 해당 항목에서 관계사가 차지하는 비용과 내역도 추가로 뽑았다. 인테리어는 100 퍼센트, 광고물 비용은 60퍼센트, 비품 구입은 90퍼센트를 관계사 를 통해 진행하고 있었다. 그리고 그 비중은 항목별로 차이가 있 었다. 인테리어는 처음엔 30퍼센트 수준이었으나 재작년부터 100 퍼센트가 되었고, 광고물은 처음부터 지금까지 비슷하게 60퍼센 트, 비품은 한때 95퍼센트 수준이었다가 최근에 조금 줄어든 것이 었다.

"팀장님, 말씀하신 내역 뽑아서 메일로 보내드렸습니다."

"빨리 정리했네요. 같이 봅시다."

팀장은 내 자리로 오더니 내 모니터에 띄워놓은 자료를 뒤에 서 서 봤다.

"그렇지, 내 생각하고 맞네. 인테리어는 처음에 사람이 부족해 다 못하다가 최근에 늘었지. 재작년에 대표님이 이젠 이곳만 쓰자 고 해서 이렇게 된 것 같은데…."

"대표님께서요?"

"응, 여기저기 맡기는 것보다 우리 내용을 가장 잘 아는 데다 맡 기면 아무래도 커뮤니케이션하기에 편하니까 그렇게 말씀하신 것 같아."

"아, 그런 히스토리가 있군요."

"그치, 왜 이렇게 되었는지 내막을 잘 모르면 아무도 계약을 조정할 수 없어. 광고물은 처음부터 우리랑 함께 커서 비중이 일정한 거고, 비품은 전산으로 구매 처리하다 보니 이렇게 비중이 높은 건데, 요즘 조직이 커지면서 오프라인으로 수시로 사는 게 늘어서 비중이 조금 줄어든 거지. 아, 그나저나 이걸 어떻게 하지…. 재무팀장님 말씀이 틀린 건 아니지만 이게 전사적으로 연결되어 있어서. 아까 인테리어나 광고물처럼 콘텐츠를 다 제안하고 기획까지 일부 하니까 이제 와서 다른 데 쓰면 전체적인 느낌이 다 깨질 거고. 우리 마케팅 조직은 아직 이런 역량이 없는데…."

팀장은 숫자가 가득한 엑셀 파일을 보면서 혼잣말로 계산을 하고 있었다.

"그래, 일단 한번 만나보지. 인테리어 업체 만나서 단가 협상을 좀 해보는 게 좋을 것 같아요. 피터 씨가 지금까지 들어간 원가 내역을 주요 건으로 정리해주세요. 되도록 빨리 보여주고 빨리 만나러 갑시다."

팀장의 말에 주요 매장 인테리어 비용과 평당 단가, 주요 자재와 공사기간 등을 정리했다.

"음, 평당 250만 원 정도 드는 건가."

많은 내용이 팀장의 한마디에 평균적으로 정리되었다. 물론 다양한 경우의 수는 존재하지만 그런 내용은 고려되지 않았다.

다음 날 오전 인테리어 업체에서 계약을 관리하는 팀장과 실무자를 만났다.

"오랜만입니다, 팀장님. 얼굴이 좋아지셨네요."

오십대로 보이는 흰 머리가 성성한 인테리어 업체 팀장은 우리와 친절하게 인사를 나누었지만 회의실에 앉아 이야기를 시작할 땐 얼굴에 가득했던 미소를 찾아볼 수 없었다.

"그러니까 전체적인 단가를 230만 원으로 맞춰달라는 말씀이신 것 같은데… 그건 그렇게 일반적으로 적용할 수 있는 게 아닙니다."

"뭐 저희가 밑도 끝도 없이 가격을 후려치는 게 아닙니다. 다른 업체에 견적을 내보니 이런 수준의 공사를 200만 원에 하는 곳도 많아서 드리는 말씀입니다. 사정을 들으셨겠지만 저희가 요즘 좀 힘들어서 이번만 넘기면 공사할 곳은 또 많아질 테니 같이 사는 방향으로 하면 안 되겠습니까?"

인테리어 업체 팀장은 이마의 주름을 밀어올리면서 어렵다고 말했다.

"팀장님, 작년에도 공사 물량이 줄어서 저희도 회사 유지하느라 힘들었습니다. 저희가 그냥 공사하는 것도 아니고 브랜드의 콘셉트에 맞춰 공사하느라 비용이 조금 더 드는 상황인데…. 다른 업체들은 새로 발주할 경우 일단 싸게 말한 뒤 나중에 이것저것 더해 실제로는 공사비가 훨씬 높습니다. 이번에는 저희 사정도 좀 생각해주시죠…."

이야기는 서로 어렵다는 말만 이어지다 소득 없이 끝났다. 자리에서 일어서면서 두 팀장은 언제 그랬냐는 듯 밝은 표정으로 문을

"관계사와 협업해야죠" ➡

나섰다.

"팀장님, 멀리까지 와주셔서 감사합니다. 팀장님과 같은 건물에서 일한 적도 있는데 앞으로는 자주 뵈어야겠습니다."

"제가 찾아뵈어야죠. 이번 건은 저희 사정도 있고 해서 그러니 좀 어렵지만 잘 부탁드립니다."

인테리어 업체 팀장이 돌아간 뒤 팀장은 고민에 빠졌다.

"피터 씨, 이런 게 어려워. 꼭 경제논리로만으로 할 수 없는 게 있거든."

언젠가 제퍼슨 팀장이 우리 회사 인테리어에 관해 말해준 적이 있었다. 아주 오랫동안 변화하지 않아 낡아 보일 정도라고. 새로운 점포인데 인테리어에서 낡은 느낌이 들어 영업하는 데 어려움이 많다고 말했었다.

"저, 팀장님, 이번 기회에 회사 브랜드 인테리어를 새롭게 바꿔보는 것도 좋을 것 같은데요. 일전에 영업 부서를 만나보니 품질에 대해 불만이 없지 않은 것 같던데…."

"알지. 나도 그 이야기를 몇 년 전부터 들었지. 그런데 우리 회사와 지분이 얽혀 있어서 어렵네. 여기와 같이 가야 하는데 여기도 어려운 상황이고…."

지난번에 제인이 같이 재무제표를 보다가 이 인테리어 업체에서 요즘 신입사원도 계속 채용하고 사세를 늘려간다는 이야기를 한 적이 있었다. 아무래도 인테리어 팀장의 말은 그냥 앓는 소리 같았다.

"피터 씨, 나도 바꿀 필요가 있다는 건 알겠는데 다른 데서 비용 줄이는 방안을 생각해봅시다. 이것 잘못 건드렸다간 더 피곤해질 것 같아. 우리가 갑이긴 한데 어떻게 보면 갑이 아닌 것도 같고….”

“다른 관계사 건은 어떻게 할까요?”

“비품은 전산으로 주문하는 거라 업체를 바꾸면 전산부터 바꿔야 하니 돈이 많이 들 거야. 혼란도 있을 거고. 광고물은 뭐 비용이 이런 수준이 아니니 또 그렇고.”

관계사와 함께 일하는 실무자들은 품질에 불만이 많았다. 독점적으로 수주를 받아서 하니 열심히 안 한다는 말부터 별로 싼 게 아니라는 말까지. 하지만 관계사를 만나면 언제나 실제로는 싼 거다, 업무의 연속성을 생각해볼 때 합리적인 선택이다라고 말한다. 대표를 설득하는 문제, 그리고 관계사끼리 지분이 얽혀 있어 관계사의 실적에 따른 신용 평가 등급 문제 등 실제적인 이해관계가 복잡했다. 경우에 따라 한 계열사의 매출이나 이익을 올리기 위해 다른 계열사와 시장가격보다 비싼 계약을 하거나 필요 수량보다 훨씬 많이 주문하기도 한다. 물론 이런 것까지 나 같은 직원이 알 수는 없겠지만.

“피터 씨, 지난번에 얘기한 유기농 캠페인 예산 줄일 수 있나?”

우리는 다시 유기농 캠페인 비용에 손을 대 어느 정도 줄일 수 있었다.

“관계사와 협업해야죠” ⇒

이왕이면 그룹 시너지 vs. 나를 잘 아는 적

기업 집단에서 사업을 하려면 여러 요소가 복합적으로 필요해 한 개 이상의 법인을 만드는 경우가 있다. 레스토랑을 운영하는 회사는 안정적이고 싼 재료의 수급을 위해 농산물을 구매하고 저장하고 도매하는 회사를 가질 수 있고, 통조림을 파는 기업이 통조림의 재료가 되는 생선을 잡는 선단을 운영하는 경우도 있다. 이렇다보니 복잡한 기업의 구조는 단일 법인의 가치사슬을 넘어 계열사 간의 이해관계로 서로 얽힌다. 기업의 역량을 확산해 시너지를 내려고 했는데, 서로 서로 의지해 결국 발목을 잡는 꼴이 되기도 한다.

자세히 보면 기업 이름만 같지 서로 영향을 주지 못하거나 안 좋은 영향을 주는 계열사 관계도 있다. 처음엔 서로 '독점적인 공급'과 '독점적인 수요' 관계를 맺어 시장에서 경쟁력을 가지면 그때 규모의 경제, 기술의 보안이 더 쉬우리라고 판단한다. 하지만 실제로는 내부 법인끼리 복잡하게 얽힌 기업이 당장의 생존을 위해 의외의 선택을 하기도 한다. 국내 모 통신사는 시장 점유율을 위해 같은 계열의 제조사 휴대전화 가격에 손댄 적이 있다. 같은 계열사에 외부 업체보다 낮은 가격으로 팔아야 하는 역차별을 받는 것이다. 같은 기업 집단 내 플랫폼 업체와 콘텐츠 업체의 공생은 어려운 문제다. 대기업 계열사 간 몰아주기, 싸게 납품하기 문제는 여전히 벌어지고 있다.

조직 구조가 확장되면서 생기는 가치 충돌도 더욱 빈번해지고 있다. 비즈니스 환경 변화에 따라 한때 모두 잘나갔던 처지가 달라졌기 때문이다. 유통과 콘텐츠를 함께 영위하고 있거나 원료와 제품 생산을 각각 맡고 있는 계열사 간에 이런 갈등이 자주 나타난다. 내부에 있는 갑이 갑 중의 갑인 것이다. 계약을 끊을 수도, 항변하기도 어려운 관계. 우리의 수익이 계열사로 새어 들어가는 게 눈에 보이는데도 말할 수 없는 관계. 왜 이런 일이 벌어지게 된 걸까?

경영학자 마이클 포터의 5가지 경쟁 요인 모델을 통해 계열사

마이클 포터의 5가지 경쟁 요인 모델

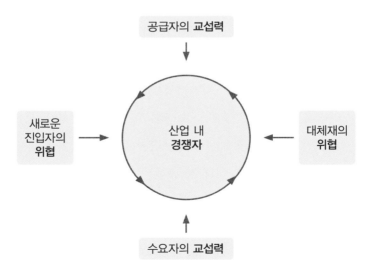

"관계사와 협업해야죠" ➡

간 갈등을 설명할 수 있다. 그의 이론을 간단하게 요약하면, 기업을 둘러싼 산업군에서 수요자, 공급자, 잠재적 진입자, 대체재, 산업 내 경쟁력의 관계에 따라 기업의 경쟁력이 결정된다. 핵심은 수요자와 공급자의 교섭이 너무 독점적으로 진행되어 기업의 주도권을 뺏기지 않고, 산업 진입은 어렵고 대체제가 적은, 산업 내 유사 업체가 적은 모델을 만드는 것이다.

그런데 문제는 역량을 확장하고 시너지를 내기 위해 상호 높은 비중의 공급과 수요를 계열사 간 내부거래로 충당하면서 수요자와 공급자의 교섭력에서 서로 경쟁력이 약화된다는 것이다.

예를 들어 우리 그룹 계열사가 만든 유통점에 수익이 나든 안 나든 우리 콘텐츠가 입점해야 한다면, 그리고 임원들 간의 권력 관계나 CEO의 의지에 따라 계열사 간 공급과 가격을 원가 수준에서만 진행해야 한다면, 최적의 비즈니스 구조는 성립하기 어려울 수 있다. 최초의 목적과 달리 계열사는 어쩌다 서로에게 짐이 된 것일까?

모든 생산 인프라를 새로 갖추고 기술적으로는 맨땅에서 시작하는 수준인데도, 우리가 판매하는 제품을 우리가 만들어야 한다고 고집하는 게 옳을까? 아니면 우리 생산처를 많은 거래처 중 하나로 보는 게 옳을까? 판매하는 법인 입장에서는 당연히 시장 경쟁력이 있는 경쟁사의 생산 시설까지 포함해서 생각해야 한다. 원가가 높고 품질이 낮은데도 그룹 계열사라는 이유로 억지로 품을 필요는 없다. 하지만 기업 내부의 이해관계에 따라 수직 계열화가 반드시 따라야 할 목표가 되어버리고 계열사 제품을 일정 비율 이상 사용해야 한다면 판매하는 입장에서는 전보다 높아진 원가는 물론 적시 상품 확보와 품질 문제로 어려움을 겪을 수밖에 없다.

이런 상황인데도 특정 거래처만 고수하는 상황이 되면 내부에서 일하는 직원들은 더 이상 최선의 대안을 찾지 않는다. 어차피 경영의 중요한 의사결정이 정해져 있는 상황이므로 외부의 우수한 업체를 찾을 필요가 없는 것이다. 관행대로 입찰하고 전임자가 거래한 대로 일을 진행한다. 조직에는 긴장감이 떨어지고 점점 외부 시장에 대해 알아보지 않게 된다. 기존에 잘하던 핵심적인 업무도 조직의 외부가 아닌 내부에서 알아보게 된다. 부정과 비리가 더 많아질 수밖에 없다. 이러한 관행은 결국 업무상 배임을 저지를 토양을 만든다. 더 비싼 원가와 낮아진 품질이 그 결과다.

'갈라파고스 신드롬'이라는 말이 있다. 대륙과 단절되어 다른 곳에서는 흔히 볼 수 없는 동식물이 살고 있는 섬, 갈라파고스. 우리가 어느 순간 세상의 흐름과 떨어져 있을 때 쓰는 말이다. 최고의 기술력이 있는 일본의 전자제품들이 세계시장과 단절된 상황을 설명하는 표현으로 일본 기업들이 만든 휴대전화가 갈라파고스섬에서 다윈이 발견했던 고유종들과 비슷하다는 의미에서 만들어진 신조어다. 즉, 다윈이 발견했던 고유종들은 대륙에서 멀리 떨어진 갈라파고스섬에서 독자적으로 진화를 거듭했는데, 일본 휴대전화는 최고의 기술을 가졌지만 세계시장과 거리가 먼 상황을 나타낸다. 일본 휴대전화 인터넷망 i-mode의 개발자인 나쓰노 다케시夏野剛 게이오대 교수가 맨 처음 사용했다. 일본에서는 세계 어느 나라보다 빠르게 모바일인터넷, 모바일 TV 등이 상용화됐으며, 휴대전화

"관계사와 협업해야죠" ➡

기술로는 1999년 이메일, 2000년 카메라 휴대전화, 2001년 3세대 네트워크, 2002년 음악파일 다운로드, 2004년 전자결제, 2005년 디지털 TV 등 매년 앞선 기술을 선보인 바 있다. 일본 내 3세대 휴대전화 사용자가 2009년 들어 미국의 두 배 수준인 1억 명에 이를 정도였다. 하지만 커다란 내수시장에 만족해온 일본은 국제 표준을 소홀히 한 탓에 경쟁력 약화라는 치명적인 결과를 초래했다는 견해다.

비록 일본 휴대전화의 사례에서 생겨난 것이지만 이 단어는 산업군을 넘어 일상에서 일어나는 많은 일을 설명해준다. 지금은 '갈라파고스 신드롬'이란 말이 사람들 사이에서 '외부와 협업하지 않아 도태되는 조직', '표준화에 실패해 범용성이 사라진 조직', '시장의 흐름과 관계없이 멈춰버린 조직'이란 말로 쓰이는 것 같다.

특정 업무에 계열사만 활용하면 처음에 역량을 축적할 때는 도움이 될 수 있으나 갈라파고스 신드롬에 빠지면 결국 기업 전반적으로 혁신에서 멀어지는 결과를 낳는다. 현재 시너지가 나고 있는지, 아니면 관성으로 유지하고 있는지 제대로 살펴 어떤 변화를 모색해야 할지 진지하게 고민해야 한다.

"다 입력해"

정보의 편의, 정보의 불편

#ERP #시스템 #효율성

"비즈니스에서 이용되는 테크놀로지가 가지고 있는 첫 번째 규칙은 자동화가 효율적인 공정에 적용되었을 때는 효율을 더 확대시켜준다는 것이다. 두 번째 규칙은 자동화가 비효율적인 공정에 적용되었을 때는 비효율을 더 확대시킨다는 것이다."

빌 게이츠, 마이크로소프트 창업자

- 업무 프로세스 혁신을 위한 새로운 시스템이 부담을 주는 경우가 있다.
- 요구사항을 충분히 정리하지 않고 시스템을 도입하는 게 주 원인이다.
- 혁신이란 포장 아래 이전보다 더 복잡하게 일하게 된다.

작년부터 진행된 프로젝트 중에 식자재 물류 추적 관리가 있었다. 회사 IT 부서에서 시스템 개발이 완료되었다고 전략기획팀의 확인을 요청한다며 메일을 보내왔다. 시스템을 오픈하기 전에 처음의 요구사항과 잘 맞는지 확인하기 위한 것이다. 이미 담당자가 그동안 여러 번 우리 팀장에게 진척 상황을 보고해 공유하고 있었던 프로젝트였다.

"다 입력해" ⇒

"그런데 이걸 왜 시작하게 된 거예요?"

메일을 받고 옆에 있는 제인에게 히스토리를 물어봤다.

"물류망이 확장되고 있는데 신선도 관리가 잘 안 된다는 이야기가 있어서 다른 회사들처럼 구매부터 운송, 매장 입고까지 위치와 수량 등 정보를 모니터링하고 분석할 수 있게 하려고 시작한 거죠. 한때 팀장님께서 엄청 밀던 프로세스 혁신 전략이었어요."

"돈이 적지 않게 투입되었겠네요."

"네, 실무자들의 요구사항도 많았어요. 그동안 실제 영업망을 늘리는 데 뒷받침이 될 만한 시스템이 거의 없었으니까요. 대표님께서도 돈을 쓰더라도 이 문제를 잡아야 회사가 다음 단계로 도약할 수 있다고 직원들 앞에서 여러 번 말씀하셨어요."

회사가 성장하는 데 필수적이고 대표와 팀장의 의지가 더해진 프로젝트.

"그럼 앞으로 이거 어떻게 되는 거예요?"

"아마 저희랑 시스템 시연하고 관련 부서들 불러서 같이 보여준 뒤 큰 문제 없으면 바로 다음 달에 오픈할 것 같은데요."

회의는 간단하게 화면에 시스템을 띄워놓고 운영하는 방법이나 시연을 하는 것으로 길지 않게 진행되었다. IT 부서 팀장은 척척 시연해 보이더니 간단하게 미팅을 마무리했다.

"그러니까 이렇게 정보들을 입력하면 그것을 토대로 다음 단계로 물류 프로세스가 넘어가는 것을 볼 수 있는 거죠. 온라인에서 물건 사고 배송 조회 하는 것과 같은 거라고 생각하시면 돼요."

결과를 보는 화면은 하나지만 결과를 보기 위해 각 부서들이 뭔가 입력해야 하는 화면은 각각 달랐다.

"실제로 지금도 하고 있는 업무니까 새로 뭔가 입력하는 데 많은 시간이 들지는 않을 겁니다. 각 식재료의 고유 코드가 있고 그것마다 구매 수량과 구매처, 담당자 등의 정보들을 입력하게 되어 있어서 추적이 간단하고 나중에 문제가 생겼을 경우 자세히 추적이 가능한 장점이 있죠."

전략기획팀장은 회의 내내 별 질문이 없었다. 마지막에 정리하는 멘트 정도였다.

"그런데 개발하는 데 20억 원 정도 들었는데 나중에 유지보수 비용은 좀 더 할인을 받으면 좋을 것 같아요. 지난번 단가표는 좀 비싼 거 같거든요. 시스템 결과야 원래 요구사항대로 추적 조회가 가능하니 만족합니다. 실무자분들 의견도 들어보시고요."

"네, 단가는 업체랑 네고가 추가로 필요한 부분이라… 한 번 확인해보겠습니다."

회의를 마치고 자리로 돌아와서 제인에게 아까 팀장이 말했던 부분에서 이해되지 않는 부분을 물어보았다.

"그런데 제인 씨… 팀장님께서 실무자들과 미팅하라고 하신 것 같은데 이거 만들기 전에 실무자분들과 미팅한 것 아니었어요?"

제인은 석연치 않은 듯한 표정으로 대답했다.

"하긴 했는데 그게…. 처음 요구사항 정리할 때 한 번 한 뒤 중간 개발 단계에서는 보지 못했을 거예요. 실무자들은 시스템의 실제 모습은 타사 샘플 정도를 본 거거든요."

"그럼 그 사이에는 어떻게 커뮤니케이션한 거예요?"

"다 입력해" ➡

"그게 IT 팀장님이 개발업체와 주로 이야기하고 진척 보고는 저희 팀장님이 주로 하셨죠. 그건 자주 했어요."

"그럼 이제 실무 팀장님들이 보시는 일만 남은 거네요."

"근데 당장 다음 달에 오픈이라 지금 와서 뭔가 피드백을 준다고 해도 얼마나 수정할지 모르겠어요."

회의 이후 IT 팀장은 메일로 우리 팀을 참조에 넣고 구매물류팀장과의 회의를 잡았다.

"제인 씨랑 피터 씨가 들어가봐요. 시작할 때 요구사항에 대해 서로 합의한 게 있으니까 큰 문제는 없을 것 같은데 혹시 모르니 무슨 이슈가 있는지 모니터링해봐요."

전략기획팀장의 말대로 가벼운 마음으로 다음 날 회의실에서 열린 최종 피드백 회의에 참석했다. IT 팀장은 실무자 한 명만 데리고 와서는 어제 우리 팀에 보여준 그대로 시스템을 구동하고 시연하는 과정을 거쳤다. 구매물류팀장과 같이 온 담당자는 처음부터 화면을 유심히 보면서 이해하려고 노력하는 것 같았다. 시연을 마친 뒤 IT 팀장이 마무리 설명을 했다.

"이게 다음 달에 오픈되면 전에 할 수 없었던 구매부터 매장 입고까지 식자재의 흐름이 파악되고, 그것을 바탕으로 본격적으로 전략적 접근을 하실 수 있을 것 같습니다."

그러고는 아주 만족스러운 표정으로 반응을 기다렸다. 하지만 표정이 밝은 건 회의실에서 IT 팀장뿐이었다. 구매물류팀은 시작할 때부터 굳은 얼굴로 앉아 있었다.

구매물류팀장 마이클이 입을 열었다.

"그런데 이걸 왜 저희가 이제서야 본 거죠?"

IT 팀장은 조금 당황스러운 표정이었다.

"전략기획팀에는 거의 매주 보고된 사항이고 팀장님과도 처음에 몇 번 인터뷰해서 요구사항 정의서 공유하고 타사의 참고자료도 저희랑 계속 이야기하신 것 아닌가요?"

IT 팀장의 말에 마이클의 표정이 더욱 안 좋아졌다.

"그런데 실무자가 알아야 할 내용을 너무 늦게야 안 것 같아서…. 조회가 바로 되고 추적되는 건 좋아요. 하지만 사람이 각 단계마다 시스템에 접속해서 입력해야 하는데 채워야 할 칸이 너무 많고, 언제 일련번호를 일일이 입력하면서 일합니까?"

마이클은 목에 힘을 주면서 시스템을 오픈하면 현장에서 대혼란이 일어날 거라고 말했다.

"지금보다 세 배는 느려질 거예요. 물류는 현장에서 보면서 해야하는데 언제 컴퓨터 앞에 앉아서 이걸 합니까?"

IT 팀장도 쉽게 물러서지 않았다.

"팀장님, 이건 재작년 업계 1, 2위 업체가 모두 깐 솔루션이에요. 다들 이렇게 일하는데 왜 그런 말씀을 하시는지 모르겠네요. 입력할 게 많다는 건 그만큼 필요한 정보가 많다는 뜻입니다. 그동안 체계적인 관리가 부족했기 때문에 처음엔 입력할 게 많다고 느끼실수도 있겠지만, 먼저 필요성에 대해 한 번 생각해주시죠."

시스템의 입력 화면은 직접 입력하는 칸들과 빈 칸을 누르면 드롭다운 메뉴가 나오는 수많은 행과 열로 이루어져 있었다. 실무자의 업무 소요 시간과 그동안의 작업 방식을 모르는 나와 제인은 그

"다 입력해" ➡

저 듣기만 할 뿐이었다.

IT 팀장은 계속 말을 이었다.

"팀장님, 이건 다음 달에 오픈할 것이고 개발업체와 계약한 기한도 다 되어가는데 기본적인 것부터 이야기하시면 불가능합니다. 지금은 일단 이렇게 진행하다가 사용 후에 피드백을 취합해서 다시 버전을 올리는 방향으로 해보시죠."

아까보다는 누그러진 목소리로 이해를 바라고 있었다.

마이클은 답답하다는 표정이었다.

"일단 알겠습니다. 제가 뭐라고 해도 뭐 당장 어떻게 되는 게 아닌 것 같네요. 전략기획팀장님하고 이야기해보겠습니다."

한 시간 만에 회의를 마치면서 IT 팀장은 실무자 교육 시간을 잡아달라고 말했다.

"이거 팀장님이 보셨다고 하지 않았어요?"

돌아가는 길에 제인에게 물어보았다.

"네, 보시긴 하셨죠. 그런데 그때 구매물류팀장님도 함께 있었으면 좋았을 것 같네요."

"사실 입력하는 화면이 좀 많긴 했어요. 그것도 자동화할 수 있으면 좋을 텐데."

"그러게요. 저도 이게 어느 정도로 많은 건지 감이 안 와서…."

돌아와서 팀장에게 회의 때 있었던 일을 이야기했다. 팀장은 의외라는 듯한 표정이었다.

"마이클 팀장이 그렇게 이야기했다고? 그게 그렇게 많나?"

팀장은 꼰 다리를 풀고는 앞으로 몸을 기울이면서 이해가 안 된다는 표정을 지었다.

"마이클 팀장이 하기 싫어하는 건 아니고? 이거 하자고 한 사람 중 하나가 마이클 팀장이고 요구사항도 정의했잖아. 그런데 왜 이제 와서 딴소리야."

내가 부연 설명을 보탰다.

"취지와 결과물은 만족하는 것 같은데 입력 칸을 줄이는 문제에 대한 거라서…."

팀장은 말을 끊고 고개를 저으면서 자기 말을 이어갔다.

"아니야, 그땐 어쩔 수 없어서 하자고 해놓고 이제 와서 지금까지 한 게 다 드러나니까 피하고 싶은 것 아닌가?"

이야기하는 사이 마이클이 우리 팀장에게 전화를 했다. 통화하면서 고성이 오갔다.

"팀장님, 입력이 많은 건 알겠는데 추적관리하고 어디서 물류에 문제가 있는지 알아야 고치죠."

팀장은 시종일관 결과만 이야기하고 있다. 결과와 해야 하는 이유, 그리고 이제 와서 반대하는 불합리함에 대해서만 계속 열을 올렸다.

"아무튼 알겠고요… 일단 진행하고 실무자 피드백은 이후에 받으면 되죠. 고치면 되잖아요. 내가 할게요."

팀장은 박력 있게 말하고 좀 달래다가 전화를 끊었다.

"거, 되게 말 안 통하네. 꽉 막혔어."

팀장은 고개를 절레절레 흔들며 자리에 앉았다.

우리 사무실에는 다시 평화가 찾아왔지만 구매물류팀은 그렇지

"다 입력해" ➡

않았다. 며칠 뒤 진행된 실무자 교육에서는 한숨과 비판이 연이어 나왔다.

"이걸 다 입력해야 된다고요? 우리도 문제지만 물류센터에 있는 분들도 이걸 다 입력해요?"

"이거 바코드로는 안 돼요? 구매 정보는 구매할 때 전산에 있는 거 아니에요? 이걸 왜 다 일일이 다시 입력해야 해요?"

"지금 ERP도 입력하는 것 많아서 힘든데 이제 이것까지 추가로 해야 하는 거예요? 도대체 같은 정보를 왜 자꾸 중복해서 입력하는 거죠?"

이번 건뿐만이 아니라 회사 ERP 시스템에 대한 원성이 봇물처럼 터져나왔다. 그러나 소용없었다. IT 부서는 다음 달 오픈이란 일정과 이 솔루션 도입의 당위성, 이후 수정보완 조치에 대한 약속을 반복해서 말하고는 기초자료 입력 기한을 공지하고 시간 관계상 마친다며 급하게 정리했다. 참석한 실무자들도 계속 이 회의만 할 수는 없는 노릇이었다. 거친 비판은 이내 한숨으로 바뀌었고, 다들 회의실을 빠져나왔다.

"이거 너무해요. 일하기도 바쁜데 언제 이걸 다 입력해요?"

"지금 구매하는 절차도 입력할 게 많은데 왜 ERP는 안 바꿔 줘요?"

IT 부서가 떠난 뒤 남은 몇 사람은 나나 제인에게 하소연하기도 했으나 나도 그들도 더이상 할 말이 없었다.

시스템은 오픈되었고 실무자들은 며칠 동안 기초 자료 입력에 매달렸다. 최근에 구매한 것부터 몇 달 전에 구매한 것까지 모든 내역에 하나씩 복사와 붙여넣기로 또는 드롭다운 메뉴 선택으로 단순 업무를 무한반복한 뒤 다들 허리 통증과 손목 통증을 하소연했다.

시스템 오픈 날, 대표는 우리 팀장과 구매물류팀장과 함께 회의실에서 화면을 띄우고 아주 만족해했다.

"그렇죠, 저렇게 한눈에 나와야죠. 그동안 식자재 사고나 물류 문제로 고민이었는데 이제 좀 발전하겠네요. 팀장님들께서 수고해주신 덕분입니다."

물론 입력 화면 같은 건 대표에게 보여주지 않았다.

시스템 오픈 후 운영을 맡은 직원 한두 명만 남고 IT 팀의 인원은 다른 프로젝트에 배치되었다. 그리고 이후 이것에 대해 회의석상에서 말하는 일이 거의 없었다. 단지 잘 관리되고 있을 거라는 암묵적인 믿음만 있을 뿐이었다.

'그런데 이거 언제 다시 업그레이드돼요? 지난번에 요구사항 다시 받아서 버전업해주신다고 했는데….'

'이거 누가 보긴 보나요? 대표님이 보시는 거예요? ㅜㅜ'

메신저로 종종 구매물류 실무자들이 내게 물어보는 것이 이 시스템이 돌아가고 있다는 증거였다. 물론 회사 자금 상황이 어려워진 후에는 이 시스템에 대한 업그레이드 필요성 같은 얘기는 두 번다시 나오지 않았다.

"다 입력해" ➡

새로운 전산 시스템 혁신 vs. 새로운 추가 업무

ERPEnterprise Resource Planning는 이제 새 삼스러운 단어가 아니다. SAP, 오라클 등

> ERP 전사적 자원관리

글로벌 기업부터 새로 떠오르는 여러 국내 기업들까지 플레이어들이 많아진 만큼 시장은 성장했다. 하지만 ERP가 기업에 도입된 초창기에는 우여곡절도 많았다. 직원들의 공감을 얻기 전에 도입한다든지, 표준 직무와 업무 내용이 정리되지 않은 채 진행되어 안 하는 것만 못한 상황이 펼쳐지기도 했다.

1990년대와 2000년대는 기업 구성원 모두가 잘 모르는 시스템과 싸우느라 힘든 시기였다. ERP에 대해 잘 모르는 사람들이 이것을 기업에 심고 비싼 투자를 해서 크게 실패한 사례도 많았다. 이런 우여곡절 끝에 ERP는 기업에 성공적으로 정착했고 많은 회사들이 엑셀 파일과 종이 서류들에서 벗어나 속도감 있게 비즈니스 프로세스를 구축하게 되었다. 오늘날에는 바뀐 비즈니스 환경에 맞게 새로운 ERP로 대체하려는 움직임이 이슈가 되었다. CIOKOREA.COM에 따르면 기업들은 대부분 10여 년 전에 ERP를 도입했고, 이 중 4개 기업 중 1개 이상의 기업은 업그레이드 혹은 새 ERP 시스템으로 갈아탈 준비를 하고 있다고 한다. ERP 도입에 대한 시행

착오를 통해 얻은 학습효과로 좀 더 주도적으로 ERP 2기를 추진하고 있는 중이다.

그런데 중요한 것은 기업 내 IT 부서를 제외한 조직에서 이런 시스템에 대한 이해를 갖고 있는 사람이 많지 않다는 것이다. 이것은 전략을 실행하는 데 실무자들이 느끼는 어려움을 사용자 관점에서 해결하는 데 장애가 되고 있다. 많은 기업의 ERP는 잘 쓰지도 않고 왜 만들었는지 알 수 없는 '시스템'이란 것들로 이루어져 있다. 이 시스템들이 하나로 연결되지 않아 그것들이 모인 포털이 만들어지기까지 한다. 사용자가 피곤하면 필요한 시스템에 접근하는 경로가 생각나지 않아 복잡한 ERP 안에서 헤매기까지 한다. 솔직히 기업의 고위급이 한 번이라도 이것을 써본 적 있을까? 짧은 시간에 일하라고 하지만 필요한 메뉴를 찾아서 접속하는 데만 엄청난 시간이 걸리는 게 현실이다. 그러고는 정말 필요한 정보를 얻기 위해서는 ERP에서 다운로드 한 자료를 변형해 엑셀 파일로 다시 작업하고 있다. 그 시간에 다른 일을 하면 성과에 더 도움이 될 것이라고 말하는 직원들이 많다. 구체적인 목적을 알기 어려운 복잡한 시스템은 기업의 일 처리 속도를 줄이지 못하고 비용만 늘리게 된다. 쓰는 사람이 원하지 않는 시스템을 기업에 도입할 필요는 없다.

새로 설치한 기업의 전산 시스템이 입력해야 할 것이 과도하게 많아 양질의 정보를 공유하는 데 방해가 되는 경우가 있다. 한 기업이 SCM^{supply chain management} 시스템을 새로 깔 때의 일이다. 현지 원료부터 작업지시서를 만드는 모든 과정을 한 번에 보기 위해 새로운 시스템으로

SCM 공급망 관리

"다 입력해" ➡

바꾼 것이었다. 취지는 좋았다. 리더들은 취지만 이해한 상태에서 실행할 것을 강력하게 주장했다. 하지만 실무자들은 디테일한 모든 업무를 컴퓨터 앞에 앉아 수작업으로 시스템에 입력해야 했다. 과도한 입력 시간 덕분에 결국 시스템을 평가해보기도 전에 지치고 활용도 안 되는 일이 벌어졌다.

　SCM을 만든 담당자들이 모두 사라진 뒤 이 일을 맡은 후임자들은 어떻게 했을까? 시스템을 관리하는 후임자는 타성에 젖어 구축한 시스템을 그대로 오류 없이 운영하는 데 집중했다. 인수인계를 잘 받지 못한 탓도 있겠지만, 사용자의 의견을 들어보지 않았고, 비용과 복잡한 조직 구조의 핑계만 대며 바꾸려 하지도 않았다. 회사의 모든 실무자들은 시스템의 불편사항에 대해 입을 닫은 채 책상에 앉아 그대로 사용하고 있었다. 신입사원 모두 아무 말 없이 주어진 대로 엄청난 입력 시간을 소모하고 있었다. 그리고 이것은 하나의 성스러운 도구가 되어 불편함에 대해 이야기할라치면 일하기 싫어한다는 오해를 받게 되었다. 시스템이 돌아가는 방법을 잘 모르는 리더에게는 모두 조용한데 혼자 불만이 많은 직원이라고 취급받기 쉬운 것이다.

　ERP 시스템 사용 방법 자체가 사용자에게 매우 불친절한 경우도 있다. 친절한 매뉴얼 등 사용 방법에 대한 교육이 제대로 없어 정확한 정보의 유통에 지장을 초래하는 일도 일어난다.

　위에서 설명한 SCM 프로그램을 설치한 회사에서는 영업부 신입사원이 선배들에게 자주 혼났다. 신입사원이 영업에 대한 결정을 잘 못하거나 시킨 일을 마감 전에 마치지 못한 게 아니었다. ERP에 입력 실수를 해 결재를 제때 받지 못해 시간을 다투는 일이 늦어지는 바람에 혼나는 것이었다. 물론 세심하게 가르쳐주는 선배도 없었다. 따지고 보면 이런 것 입력하는 데 시간과 공을 많이 들이는 것이 영업부 신입사원의 핵심적인 업무 역량은 아니다. 하지만 사용 방법이 복잡한 이 시스템을 오랜 시간 다루어야 하는 신입사원들에게는 영업에 필요한 배우고 싶은 업무 1순위가 '좋은 거래처를 확보하는 것'이나 '기존 A급 유통망을 더 잘되게 하는 것'이 아닌 'ERP 잘 다루는 방법'이 되어버렸다. 그러나 회사는 시스템을 바꿀 계획이 없다. 어디서부터 잘못된 것일까? 회사 내 IT 부서가 ERP를 도입할 때 사용자 중심으로 편리한지 확실히 피드백을 받았더라면 이런 일은 벌어지지 않았을 것이다. 이후 시스템에 대한 설명을 문서로 남기고 정기적으로 교육했다면 신입사원들이 시스템 앞에서 방치되는 일도 물론 없었을 것이다.

이렇게 사용자와 괴리되어 정보 유통을 방해하는 ERP를 그대로 사용하는 이유는 무엇일까? 보지도 않을 오답노트를 만들던 고등학생 때부터 매년 새로운 다이어리로 더 정교하고 고급진 자신의 일상생활을 만들겠다는 직장인의 노력, 그리고 쓰지 않을 다이어리 어플을 다운받고 삶이 변화될 것처럼 안도하는 모습, 이런 익숙한 '부적'과 같은 도구에 대한 보험 개념의 안심은 '도구가 내용을 향상시킬 수 있다'는 맹신에서 비롯된 것이다. 하지만 도구 자체에 집착하지 말고 내용을 잘 살릴 도구를 구하는 게 정상이다. 도구를 우선으로 두고 내용을 채워 넣으면 안 된다.

피터 드러커는 먼저 프로세스가 정리된 뒤 시스템으로 어떻게

"다 입력해" ➡

실행할지 생각하는 순서를 중요하게 생각했다. 이것은 ERP를 도입하기 전에 업무 프로세스부터 정리하는 과정이 필수적임을 뜻한다. 만들어도 쓰지 않는 시스템에 엄청난 돈을 들이고 담당자가 바뀌면 어디 있는지도 모르는 시스템이 많기 때문이다. 그래서 역설적으로 필요한 시스템이라도 모두가 불편을 느낄 때까지 도입하지 않는 회사도 있다. 물론 이런 경우는 막아야 하지만 말이다.

"우수 사례를 만듭시다"

살기 위해 사례를 만들긴 만들어야 한다

`#베스트프랙티스` `#벤치마킹` `#역량`

"특정 산업에 속한 기업들이 같은 목표를 놓고 서로 비슷한 전략으로 경쟁하면 결국 공멸하고 말 것이다. 이것이 바로 경쟁적 수렴 현상이다."

마이클 포터, 경영학자

· 한때 우수 사례를 만들고 벤치마킹하는 게 각광을 받았다.

· 서로 우수 사례를 만들기 위해 조직 내부에 긴장감이 돌기도 한다.

· 하지만 많은 우수 사례가 기업의 역량 구축과 연결되지 않았다.

새로운 경영계획 시즌이 시작되어 몇 주가 지났는데도 매출이 크게 올라가지 않았다. 첫 달은 목표 매출을 달성했으나 다음 달부터는 차이가 나기 시작했다.

"너무 많은 세부 사업들을 관리하려다보니 핵심적인 것을 놓치기 쉬운 것 같습니다. 전략기획팀에서 노력하시는 것은 알겠는데 이렇게 해서는 한 주에 한 번 중요 현안에 대해 이야기하는 것으로 그치고 실질적으로 회사 차원의 지원은 어려운 것 같은데, 뭔가 방법이 없을까요?"

실적이 개선될 기미가 보이지 않자 대표는 자주 전략기획팀과 미팅하며 대안을 마련하려고 했다. 일주일에 한 번 만나던 회의가 일주일에 두세 번으로 잦아졌다. 대표는 오늘도 전략기획팀을 불러 자금이 많이 투입된 사업들에 관해 의견을 나누다가 답답함을 토로했다.

"대표님, 무슨 말씀인지 알겠습니다. 사실 이렇게 주요 현안을 체크하는 것도 의미가 없진 않지만 실질적인 도움을 주어야 하는데 저도 그게 고민입니다."

팀장도 심각한 표정으로 답했다.

"팀장님, 이렇게 해보시는 건 어때요? 우리 조직이 작지 않은데 늘 사업 아이디어를 외부에서만 찾으려 하는 것 같습니다. 내부에도 우수 사례가 있는데 그걸 정리해서 조직 전반에 적용하면 좋을 것 같아요."

대표는 작은 가능성이라도 보이면 그것을 비슷한 경우에 적용해 단기간에 양적 성장을 꾀할 생각이었다.

"최근 몇 년간 내부 조직의 우수 사례를 정리해보겠습니다."

회의를 마치고 지난 3년간 각 브랜드에서 매출이 성장한 시기에 했던 여러 가지 활동들을 정리해나갔다. 한우 브랜드 매출이 한창 성장했을 때는 우수한 재료 수급과 기존에 없던 인테리어 콘셉트로 인기를 끌었고, 해산물 뷔페가 잠깐 반짝 했을 때는 시장 트렌드와 잘 맞아떨어졌으며 드라마 협찬 등을 많이 한 것으로 정리되었다. 회사 내부 게시판이나 각종 보고서, 메일 내역을 토대로 이런 성공 요인들을 정리해서 팀장에게 제출했다.

"흥미롭네요, 이런 게 있었다니. 실제로 정리해서 보니 정말 우수 사례들이 있었네요. 아주 잘 정리했어요, 피터 씨, 제인 씨."

팀장은 만족스러운 표정으로 보고서를 들고 대표에게 갔다. 나도 뒤따랐다.

"대표님, 지난번에 말씀하신 내부 우수 사례를 찾아서 정리해보았습니다. 매출 등 근거를 가지고 찾은 활동들이니 어떻게 해야 할지 답이 보일 것 같습니다. 제가 설명드리겠습니다."

대표는 밝은 표정으로 보고서 내용을 처음부터 쭉 훑었다. 대표는 만족스러운 표정으로 대답했다.

"작은 것이라도 성공의 원인이 된 것은 놓치지 말고 잘 관리하는 게 중요하다고 하더군요. 그게 우리의 역량일 수 있으니."

"네, 대표님. 저희 팀에서 다시 정리해서 다른 브랜드에 잘 적용하도록 하고, 진척 사항을 대표님께 보고드리겠습니다."

"네, 뭔가 의미 있는 결과가 나오면 알려주세요."

대표의 밝은 표정처럼 팀장도 기세 좋게 돌아와 곧바로 팀장 회의를 소집했다. 모인 각 브랜드 팀장들은 우선 보고서의 우수 사례들을 순서대로 읽었다. 팀장들은 이걸 왜 읽어야 하는지 잘 모르겠다는 표정들이었지만, 실패 사례가 아닌 우수 사례다보니 비교적 밝은 표정들이었다.

"제가 이걸 처음부터 읽어드린 것은 우수 사례를 내부적으로 확산시켜 더 잘해보기 위해서입니다."

사례의 주인공이었던 한우 프랜차이즈 팀장이 밝은 표정으로 화

　　　　　　　　　　　　　"우수 사례를 만듭시다" ➡

답했다.

"그런 거라면 정말 좋을 것 같습니다. 저희가 성장한 내용에 대해 다른 브랜드는 잘 모를 텐데, 이렇게 팀장님께서 전해주시고 또 적용하신다고 하니까 좋습니다."

해산물 뷔페 팀장도 긍정적인 답변이었다.

"한우 브랜드 성장 사례에서 인사이트를 얻을 수 있을 것 같습니다. 내용이 구체적이어서 좋네요."

하지만 나머지 팀장들은 관망하는 모습이었다.

"한우 브랜드와 관련해서 좋은 평가가 많네요. 회사의 브랜드 중 가장 큰 폭의 성장기를 거친 경우인데, 이런 성공 케이스를 가장 변화가 필요한 브랜드에 적용해보면 좋을 것 같습니다."

적용이라는 말이 나오자 다들 조심스러워하는 분위기였다.

"피자 브랜드에 이걸 적용하면 어떨까 해서요. 인테리어 디자인도 오래되었고 식자재도 변화가 필요하지 않나요?"

지금까지 긍정적인 분위기였기 때문에 피자 브랜드 팀장의 말이 더 기대되는 분위기였다. 한우 브랜드 팀장이나 해산물 뷔페 팀장도 피자 브랜드 팀장만 바라보았다.

"저… 팀장님, 나눠주신 사례는 좋은데 시기와 환경이 다른 상태에서 100퍼센트 똑같이 적용하기는 어려울 수도 있을 것 같습니다."

피자 브랜드 팀장은 조심스러운 표정으로 말을 이어나갔다.

"저희가 인테리어 디자인을 바꿀 시기가 된 것은 맞지만 피자 시장에서 오랜 기간 저가 포지셔닝을 유지해왔는데 한우 브랜드 사례처럼 고급 식자재를 써서 단기간에 프리미엄 브랜드로 변신하면 고객들이 받아들이기 쉽지 않을 것 같아서요."

피자 브랜드 팀장의 말에 전략기획팀장이 난감한 표정을 지었다.

"아, 물론 100퍼센트 똑같이 하자는 건 아닙니다. 하지만 이번에 대표님하고도 이야기를 나누었는데, 일단 작은 성공 사례를 만들어 볼 생각입니다. 우선 한 영업장에만 인테리어도 바꾸고 메뉴도 한 번 변화를 시도해보자는 거죠. 사실 그동안 비용 문제로 변화를 주지 못한 브랜드이기도 하니까요."

전략기획팀장은 한발 뒤로 물러서는 말투였지만 내용으로는 더 압박하는 모습이었다.

"아, 안 한다는 건 아니고 매장 하나만 테스트 삼아 하는 건 괜찮을 것 같은데…."

"강남 매장에 고객이 많은 것 같은데 거기서 반응을 테스트해보는 게 어떨까요? 고객이 많은 곳에서 테스트해야 성과를 빨리 알 수 있으니까요."

"거기는 잘못될 경우 리스크가 좀 있습니다."

"리스크 없이 어떻게 사업을 합니까? 핵심적인 지역에서 먼저 테스트해보고 잘되면 나머지 매장에도 적용하는 것으로 하시죠."

이후 여러 말이 오갔으나 결국 회사의 방침에 따라 피자 브랜드의 강남 매장을 대상으로 인테리어를 바꾸고 식자재를 고급화한 프리미엄 메뉴를 출시하는 것으로 최종 결정했다.

"아무래도 피자 브랜드 팀장님은 프리미엄 메뉴를 좋아하지 않

"우수 사례를 만듭시다" ➡

는 것 같죠?"

퇴근 길에 제인에게 물어보았다.

"브랜드 이미지와 너무 안 맞으니까요. 한우는 기본적으로 중간 이상의 포지션인 가격을 원래부터 가지고 있었지만 피자는 아주 싼 이미지가 있는 상태에서 비슷한 전략을 적용하는 건 좀 무리가 아닐까요?"

"그동안 변화가 없었으니 변화를 추구하는 것 같긴 한데…. 어쨌든 이것도 하나의 몸부림이니 잘되었으면 좋겠어요."

몇 주간의 공사를 마치고 피자 브랜드 강남 매장의 인테리어를 새롭게 어두운 톤으로 바꾸었다. 기존보다 30퍼센트 이상 비싼 프리미엄 메뉴도 별도로 만들고 오픈 날짜에 맞춰 SNS와 언론에도 정보를 흘렸다. 매장이 새롭게 오픈한 첫날에는 대표와 각 팀장들이 모두 매장을 방문했다.

"확 바뀌었네요. 몇 년 동안 피자 브랜드나 우리 각 조직에 변화가 거의 없었는데, 이번 계기를 토대로 우수 사례를 가지고 변화하는 조직을 만들었으면 합니다."

대표의 바람처럼 강남 매장은 며칠간 전보다 높은 매출 성장을 보이며 우수 사례를 성공적으로 적용한 것처럼 보였다. 본사에서도 연일 피자 브랜드의 강남 매장이 화제였다.

"매출이 일주일간 30퍼센트 이상 성장했어요. 작년보다 많이 성장한 거죠. 직원들 이야기에 따르면 매장을 방문한 고객들의 반응도 좋다던데요."

제인이 들은 이야기를 나와 팀장에게 전해주었다. 팀장도 밝은 표정이었다.

"우수 사례 적용이 효과 있을 줄 알았어. 대표님께서 드라이브를 거는 일이니 안 될 수가 없지."

그러고는 이번 건의 성공을 계기로 다른 사례들도 더 발굴하자고 독려하는 것도 잊지 않았다. 팀장은 평소보다 들뜬 표정으로 오전 시간을 보냈다. 오랜만에 사무실에 밝은 분위기가 이어졌다.

하지만 높았던 매출은 재오픈 3주차가 지나면서 원래 수준으로 돌아오기 시작했다. 하지만 1, 2주차에 보여주었던 많은 관심이 3주차까지는 이어지지 않아 이걸 아는 사람은 회사 안에서 그리 많지 않았다.

"제인 씨, 이것 이상하지 않아요? 매출이 다시 제자리 수준으로 돌아왔네요. 주말 지나면 다시 반등할 줄 알았는데 지난 2주간 매출이 어디 갔나 모르겠어요. 혹시 뭐 들은 이야기 없어요?"

"제 동기 말로는 지난 보름 정도 그곳의 매출이 좋았던 건 좀 과장된 면이 있다고 하더라고요. 메뉴가 바뀌었다는 그 자체보다는 SNS에 프로모션 쿠폰 엄청 날려 기존 메뉴 할인권으로 매출 올린 게 실제로는 더 많고 프리미엄 메뉴로는 그 정도 매출이 없었다고요. 매출이 전산으로 찍힐 때 프로모션 쿠폰 사용한 거는 한눈에 보이지 않으니까 겉으로는 정상적으로 매출이 발생한 것처럼 보이지만 실제로는 메뉴를 바꾼 효과가 별로 없는 것 같아요."

회사 전산망에는 한눈에 보이지 않는 것을 이용한 것인가. 이미 회사 내부에서는 성공한 사례로 알려지고 지난 며칠간 칭찬이 계속되었는데 그런 검증조차 이루어지지 않았다니. 그리고 이후 며칠

"우수 사례를 만듭시다" ➡

은 작년보다 매출이 줄어든 날도 있었다. 하지만 이 브랜드의 강남 매장 매출에 대한 관심은 더 이상 이어지지 않았다.

"무슨 안 좋은 일 있어?"

퇴근 길에 회사 앞에서 제퍼슨 팀장을 만났다. 집에 가는 길이 같은 방향이었다.

"선배님, 피자 브랜드 이야기 아세요?"

"요새 강남 매장에서 하고 있는 그거? 모두 쇼잖아, 살아남기 위한 쇼."

제퍼슨 팀장은 웃으면서 말했다.

"쇼요?"

"그래. 그게 말이 된다고 생각해? 위에서 밀어붙이니까 어쩔 수 없이 하고 있는 거지. 생각해봐. 내부 성공 사례라고 여기저기 다 적용할 수 있으면 아무나 사업하지. 상황이 다르다는 점을 왜 인정하지 않아? 괜히 애먼 사람들만 매출 만드느라 고생하잖아."

그리고 대표와 전략기획팀에 대한 비판이 이어졌다.

"뭔가 하려는 건 알겠어. 그런데 담당자의 의견도 존중해줘야지. 위에서 무조건 하라고 하면 되겠어? 이미 옛날이야기인데. 차라리 지금 잘하고 있는 외부 사례를 보던가. 우리 팀한테도 과거 내부 성공 사례를 알려달라고 해서 그것 찾느라 시간만 버렸어. 이런 건 좀 아닌 것 같아."

자세히 보니 제퍼슨 팀장은 웃고 있지만 쓸쓸한 표정이었다.

"아무튼 피터 씨가 중간에서 고생이 많네. 나는 여기로 가볼게. 또 봐요."

우린 지하철 개찰구 앞에서 헤어졌다. 집에 가는 내내 전략기획 팀장에게서 문자가 왔다.

'피터 씨, 요즘 피자 브랜드 강남 매장 매출이 전과 같지 않던데 확인해봐요. 성공 사례로 알려야 하는데 이번 달만 좀 어떻게 해보던가. 나도 이야기할 테니까.'

'아니야, 내가 직접 전화할 테니 지금까지 피자 브랜드에 적용한 내용을 보고서로 좀 정리해봐요. 대표님께 보고해야 하니까.'

몸이 지하철에 있건, 집에 있건, 마음은 내내 편치 않았다.

월말에 정리해보니 피자 브랜드 강남 매장은 작년보다 12퍼센트 매출 성장 기록을 남겼다. 물론 보고서도 매출 성장의 이유를 집중적으로 포장하는 것으로 작성되었다.

"이번에 뭔가 하나 만들었네요. 이제 이 내용을 전 매장에 적용해보는 걸 생각해봅시다. 물론 한 번에 전체를 다 하기는 어려울 테니 구별해서 알려줘요."

대표는 전체 팀장 회의에서 피자 브랜드 팀장과 전략기획팀을 격려하면서 다음 단계에 대해 지시했다. 다른 팀장들의 얼굴에 긴장하는 표정이 역력했다.

회의를 마치고 나오는 길에 피자 브랜드 팀장을 복도에서 만났다.

"피터 씨, 보고서 정리하느라 수고 많았어요. 우리 팀에서 해야 하는 건데."

"아니에요, 제가 해야 하는 일이라서 한 건데요. 아무튼 이번 일을 계기로 전체 브랜드가 잘되었으면 좋겠습니다."

"우수 사례를 만듭시다" ➡

"대단한 것도 아닌데요, 뭐. 그냥 한 거죠. 어드바이스를 잘해주셔서."

피자 브랜드 팀장은 좀 피곤한 표정이었다.

"그런데… 이것을 단번에 전체 적용하는 건 좀 어려울 것 같아요. 알지 모르겠지만 좀 따져봐야 할 게 있어서요. 인테리어는 잘된 것 같은데 메뉴는 솔직히 모르겠어요. 하라고 해서 하긴 했는데… 혹시 매출 분석까지 하셨는지 모르겠는데 대부분의 매출은 기존 메뉴에서 나온 거예요."

"아, 실은 저도 그 내용을 알고 있었습니다."

"알고 있었군요. 팀장님도 알고 있나요?"

"네, 지난번에 들으셨는데 별말씀 없으셨습니다."

"아, 그랬군요. 이게 외부에 알려지지 않은 부작용도 많아요. 프로모션한다고 이익을 포기한 부분이 있었거든요."

"아무래도 매출이 중요한 상황이다보니…."

"아마 전체 이익에 묻혀 단기적으로는 티가 안 날 수도 있는데…. 아무튼 저희 입장도 좀 난감하네요."

하지만 피자 브랜드 팀장은 더 걱정하지 않아도 되었다. 그다음 달에 다른 이슈로 대표와 전략기획팀장이 머리를 싸매, 피자 브랜드의 성공 사례 확산에 대해서는 관심이 없었다. 점점 시간이 지날수록 물어보는 사람도 없었고 곧 그렇게 조용해져 갔다.

"내부 우수 사례 모으는 건 정기적으로 해야 할 것 같아요. 지난번처럼 몇 년 치를 한 번에 보면 너무 느리니 매달 우수 사례를 내부적으로 발굴해서 상을 줍시다."

이 말을 끝으로 전략기획팀장은 성공 케이스에 대해서는 이후 더 언급하지 않았다. 그러나 매달 말일경이면 모든 조직에서 제출하는 보고서가 하나 더 늘고 그 후에는 성공 사례 적용에 대해 압박을 받는 조직이 나왔다. 신선한 외부 사례 벤치마킹보다는 내부 사례 발굴과 적용에 모두 정신 없는 시간을 보내게 되었다.

"우수 사례를 만듭시다" ➡

성공의 씨앗 vs. 연출된 연극

　많은 경영학 서적에서는 '성공 사례'를 만들고 그것을 확산하는 것에 초점을 맞추고 있다. 컨설팅 회사에서는 아예 '우수 사례Best Practice'를 모아두고 비슷한 문제가 의뢰 들어왔을 때 이미 축적한 우수 사례를 먼저 검토해보고 일을 시작한다. 기업에서도 컨설팅 열풍 이후 이런 철학이 내부에 깊숙이 들어오기 시작했다. 작게 테스트해보고 성공적인 모델이 나오면 그것을 전체적으로 확산해서 적용해보는 것이다. 물론 잘 활용하면 테스트를 통해 리스크를 어느 정도 줄이면서도 혁신을 추구할 수 있다. 하지만 이것이 혁신이 아닌 쇼가 되는 것은 종이 한 장 차이다.

　가장 중요한 것은 테스트를 하는 사업과 이미 있는 우수 사례와의 적합도이다. 흡사 골수 이식을 할 때 적합성을 확인하는 것이 가장 중요하듯이 기업의 우수 사례 적용도 그렇다. 단순히 같은 업종이고 큰 성공을 거둔 케이스라고 해서 같은 성공 모델이 적용될 수 있는 것은 아니다. 벤치마킹하려는 회사와 시장 내 포지셔닝이나 자사가 갖고 있는 역량이 비슷하다면 해외 우수 사례를 국내에 적용하는 것으로 어느 정도 성공을 예측할 수 있다. 하지만 단순히 최근 고속 성장한 사례라며 무리하게 아무데나 적용하는 경우가 적지 않다. 더 문제가 되는 경우는 외부 사례가 아닌 내부의 우수 사례를 모아 그것을 전체적으로 적용하려 드는 것이다. 이미 기업에서 구축해놓은 포트폴리오를 고려하지 않고 전체적으로 획일화시키면서 이미 구축한 브랜딩을 잃게 된다.

알면서도 그렇게 하는 것일까? 실제 테스트에서는 성공을 거두었으나 이후 전체로 확산했을 때 실패하는 경우도 많다. 왜 그런 것일까? 확산 방법에 문제가 있는 것일까? 하지만 대부분 테스트 그 자체에 문제가 있고 확산은 그다음 문제인 경우가 많다.

가장 중요하게 확인해야 할 것은 테스트해서 얻은 성과가 순수하게 모델링된 변수를 통해 얻은 성과인지 확인하는 것이다. 경영진에서 세세하게 확인하지 않는다는 점을 악용해 실제 하고자 하는 방향대로 얻은 성과가 아닌 다른 방법으로 성과를 만들어놓고 포장할 수도 있기 때문이다. 이런 경우 성과를 테스트하기 위한 가설을 어떻게 확인할 것인지, 성과 확인 방법을 사전에 정의한 뒤 시작하는 것이 좋다. 그것은 전산상 어떤 메뉴에서 어떤 방식으로 정의할 것인지 성과지표를 표준적으로 정의하는 방법과 같다. 실무자가 아니더라도 모두가 볼 수 있도록 보편적인 비즈니스 인텔리전스를 활용하는 것이 좋다.

특히 가장 빈번하게 이루어지는 눈속임은 물량이나 프로모션으로 매출을 극대화시키고 테스트해 구색만 갖추는 경우다. 확인해야 할 숫자들은 테스트하고자 하는 성과지표뿐만이 아니라 성과 측정과 관련된 변수들도 포함해야 한다. 물론 이런 방법은 차선일 수밖에 없다. 제도적인 부분은 항상 후행적이다. 먼저 테스트 자체에 100퍼센트 몰입할 수 있도록 실무자와 관리자 모두 진정한 관심을

"우수 사례를 만듭시다" ➡

갖고 수시로 확인하는 것이 출발점이다.

이런 출발이 가능하려면 우수 사례 적용 시 실무진의 의견을 반영하는 것이 가장 중요하다. 물론 현장의 어려움을 잘 아는 실무자 입장에서는 어지간하면 안 된다고 하기 쉽다. 하지만 대다수가 반대하는 상태에서는 일을 추진해도 중간에 동력을 잃기 쉽다. 대부분이 반대하는 일을 리더십만으로 추진하려면 관리자가 실무자의 핵심적인 역할을 직접 해야 하는데, 그럴 경우엔 조직 전체적으로 균형을 잃을 수도 있다. 가장 좋은 것은 설득하지 않아도 자발적으로 원하는 것이다. 원하지 않는 테스트 말고도 더 나은 방법이 있을 수 있다.

테스트를 통해 얻은 모델을 확산할 때도 확산 범위와 시기에 대해 실무자들의 의견을 존중해야 한다. 사실 대부분 연역적으로 비즈니스 모델을 얻는 기업 정서상 테스트는 경영진의 드라이브로 할 수 있겠지만 적용은 세세한 변수를 모두 고려해야 하기에 강력한 리더십을 통해 하향식으로만 추진하기에는 리스크가 너무 크다. 하나의 조직이고 단일 사업이라도 실제 현장에서는 단일 구조로 이뤄지지 않는 것들이 많다. 예를 들어 영업망의 종류나 크기에 따른 수익 구조의 차이나 브랜딩의 차이 때문에 일괄적 확산이 도움이 되지 않는 경우가 있다. 전체적으로 다양한 고객층을 가진 브랜드는 특정 테스트가 기존 고객에게 어떤 영향을 미칠지 충분히 고려하면서 진행해도 늦지 않다. 중요한 것은 이런 것을 하기 전에 실무진과 충분히 논의한다면 실패하더라도 실패한 지점을 나중에 찾는 게 어렵지 않다는 것이다. 실패해도 다시 전략을 수정해서 진행하면 된다. 하지만 충분한 논의 없이 연역적으로 시작한 확산은 실패한 경우에도 공론화하기 어려울뿐더러 어디서 잘못되었는지 찾아내기 어려운 경우가 많다. 결국 조직 전체가 실패를 알아차린 다음에야 전략을 수정하려 든다.

기업 내부에 자유를 주면 각 부서와 개인들은 시장경제와 같이 움직인다. 나쁜 의미의 시장경제가 아니다. 마치 막히는 도로에서 차들이 한 차선에 모여 있다가 가는 방향에 맞춰 알아서 차선마다 분산되듯이 기업 내부에 일정한 권한과 시간의 자유를 주면 가장 효율적이고 보람 있는 일을 향해 나아갈 수 있다. 이미 동력은 실무자 자신에게 있는 것이다. 확인해야 할 성과지표를 실무자들과 논의해서 정하고 검증하는 툴은 최소한의 장치다. 이것마저 없으면 눈속임과 관성에 찌든 문화를 없애기 어려우므로 하긴 해야 한다. 하지만 제도적 장치가 동력까지 만들어 내지는 못한다.

"모두에게 공유해주세요"

이해관계에 맞게 알려준다

#실행 #협업 #내부소통

"혁신은 세상에서 가장 멋진 아이디어를 떠올렸다고 생각하는 사람이 다른 사람들의 의견을 듣고 싶어서 복도에서도 즉석 회의를 열 수 있을 때 나온다."

스티브 잡스

- 조직은 기능에 따라 여러 부서로 나뉘어 있지만 일을 위해서는 함께해야 하는 경우가 대부분이다.
- 하지만 어떤 일에 어디까지 참여해야 하는지 명확하지 않을 때가 많다.
- 가만히 두면 편한 사람들끼리 모여 있게 된다.

한 분기가 지났다. 매출 목표의 90퍼센트를 달성했다. 당장 일부 직영점에 대한 신규 투자가 지연되기 시작했다. 자금 계획에 빡빡하게 맞춘 경영 목표는 달성하지 못하면 즉시 대책을 요구하는 상황이었다.

대표는 전략기획팀과 함께 대안 찾기에 나섰다.

"주요 목표에 미달한 팀들이 늘어나기 시작했어요. 처음에 매출이 잘 나오던 조직들이 점점 목표와 차이를 보이기 시작하고. 지난 달에는 한우 브랜드도 처음으로 매출 목표를 달성하지 못했어요. 전체적으로 우리가 진행할 투자 계획에 대한 조정도 필요하고, 남은 기간 목표를 달성하기 위한 대책도 필요합니다."

대표는 굳은 표정으로 우리 팀에 다음 시나리오를 요구했다.

"네, 대표님. 이런 상황에서는 영업망을 통한 매출 달성이 단기적으로 빠르고 확실한 효과를 거둘 것 같습니다. 저희 팀에서 각 영업 지역별로 프로모션 방안과 적자 점포 처리에 대해 검토하고 보고드리겠습니다."

팀장은 회의 이후 각 영업점별 매출 변화와 본사 입장에서 본 이익에 대해 파악하도록 했다. 나와 제인은 오후 내내 전체 영업망에 대한 실적을 시계열로 정리하고 이익액을 추산해서 비슷한 경향을 보이는 지역을 묶어 분석했다.

"아무래도 영업 경쟁이 치열한 강남 쪽이나 종로 쪽의 매출이 많이 밀린 것 같네요. 이익은 지방 대도시에서 악화되는 것 같고요. 매출은 줄어드는데 점포 비용이 많이 올랐어요."

반나절 정리한 내용으로 대안을 보고서로 만들었다. 서울 직장 밀집 지역에 프로모션을 강화하는 방안과 지방 일부 점포에 대한 철수 및 가맹 형태 변경 등이 주요 내용이었다. 보고서를 읽어본 팀장은 심각한 표정이었다.

"이것 좀 빡빡한데…. 강남은 당장 여름 휴가 시즌이 되기 전에 대대적인 프로모션이 필요할 것 같고. 지방의 순손실 점포는 하루라도 빨리 처리하는 게 본사 입장에서는 좋을 것 같은데. 이걸 이

"모두에게 공유해주세요" ➡

정도 기간 안에 다 할 수 있을까?"

팀장은 관련 부서들을 모아 빠른 시간 안에 실행하고 싶어 했다.

"내가 직접 메일을 쓸게요. 내일 오전에 하는 걸로 하고…. 서울 남부와 북부 영업팀장과 충청지역 영업팀장이 참석하는 걸로 하면 될 것 같네요."

다음 날 아침 프로모션과 매장 철수 계획과 관련해서 세 명의 지역 영업팀장이 회의에 참석했다.

"자, 팀장님들, 중요한 일이 있어서 급히 불렀으니 양해 부탁드립니다."

메일에 개략적인 내용은 써 있었지만 팀장들은 정확하게 무슨 이유로 모였는지 잘 파악이 되지 않아 다소 어리둥절한 표정으로 자리에 앉아 있었다.

"기획팀장님, 저희가 구체적으로 내용 파악을 못해서 그러는데 어떤 일 때문이시죠?"

충청 지역 팀장이 먼저 말했다.

"두 가지 내용인데… 하나는 프로모션 관련 내용이고 하나는 순손실 점포 관련 계획이에요."

그러고는 서울 북부와 남부 지역 영업팀장에게 매출 상승을 위해 다음 주부터 대대적인 프로모션이 필요하다고 전달했다.

"팀장님 말씀은 잘 알겠습니다만… 이걸 저희 혼자 힘으로는 할 수 없고 브랜드 협조를 받아야 합니다. 정상 가격이 아닌 판매는 브랜드에서 민감하게 생각할 수 있는 문제라 조율이 필요할 것 같은데요. 그리고 프로모션을 어떻게 홍보할지도 이야기되어야 하고요.

아무리 점포에서 준비해도 대외적으로 알리는 것은 영업 독자적으로 한계가 있습니다."

영업팀장들은 소속 팀만으로는 할 수 없는 이유를 설명했다. 하지만 전략기획팀장은 그런 이야기까지는 귀를 기울이지 않는 모습이었다.

"알겠어요. 그건 걱정 말고 일단 각 영업점별로 준비해놓도록 합시다. 급한 문제니까요. 그리고 손실 매장 같은 경우는 충청권에서 이렇게 세 개 점포가 철수하는 게 좋을 것 같은데 다음 달까지 할 수 있을지는 확인이 필요해요."

"계약 관련 내용이라 리스크가 있을 수 있습니다. 법률적인 검토도 필요하고요."

"이것도 시간이 급합니다. 빨리 하면 효과가 더 크게 나타날 수 있는 것들이라…. 주 단위로 진척 사항을 제게 직접 알려주세요."

전략기획팀장은 초조한지 아까부터 계속 내용보다는 빨리 해야 한다는 메시지만 반복 중이었다.

"아무튼 팀장님들이 기한 내에 잘해 주셔야 전체적으로 회사 자금 사정이나 목표 달성에 문제가 없습니다. 바쁘시더라도 부탁드리겠습니다."

팀장들은 급하게 왔다 급하게 나가야 하는 상황에서 아무런 표정도 없었다. 전략기획팀장의 얼굴만 벌겋게 변했을 뿐이다.

"아까 회의 시간에 영업팀장들이 필요하다고 했던 내용들을 정리해서 메일로 보내줘요."

팀장에게 영업팀장들이 프로모션 관련해서 필요하다고 한 내용과 점포 철수 관련해서 확인해야 할 내용을 메일로 정리해 보내 줬다. 팀장은 각 브랜드 팀장들에게 연락했으나 전화를 받는 사람은 한우 브랜드 팀장과 해산물 뷔페 팀장 둘뿐이었다. 전화로 오전에 했던 회의 내용을 전달하면서 다음 주 프로모션에 대해 이야기했다.

"오후에 잠깐 나갔다 올게요. 일하고 시간 되면 퇴근해요."

팀장은 짐을 싼 뒤 오후에는 외근이라고만 말하고 나갔다.

"팀장님, 아직 안 만난 브랜드하고는 프로모션 관련해서 아직 얘기 안 한 것 아니에요? 그것도 시간이 없는데…."

"팀장님 요즘 바쁘신 것 같아요. 일일이 다 못 챙기는 것 같은데… 저희가 만나서 이야기하는 게 좋을 것 같아요."

제인의 말대로 피자 브랜드 팀장을 만나러 갔다. 미리 연락해 사무실에서 만날 수 있었다.

"다음 주는 너무 빠듯한데…. 우리는 지금도 하고 있는 프로모션이 있는데 추가로 바로 다음 주에 하기엔 무리가 있어요. 안 된다고 말하는 게 좋을 것 같아요. 그런데 왜 그런 이야기를 영업 조직하고 해요? 할인이나 가격 정책은 그래도 브랜드 권한인데. 영업적으로 하는 건 좋은데 브랜드 고유의 정책까지 손대는 건 좀 그렇네요."

피자 브랜드 팀장은 어렵다는 반응이었다. 다른 브랜드 팀장들은 전화를 받지 않았다. SNS 메시지를 보내도 회신이 없었다. 제인이나 내가 아닌 팀장이 직접 연락했다면 그렇게 무시하지는 않았을 텐데.

다음 주 월요일 정기 회의 전에는 다 조율해놓아야 실제로 다음 주에 프로모션을 시작할 수 있는데, 얘기도 다 전달하지 못한 것이다.

월요일이 되었고 사무실에는 고성이 오갔다.

"누가 이번 주 한 주 동안 할인한다고 했어? 매장에 큼지막하게 붙여놓고."

"아니, 할 거면 제대로 하든가. 매장에만 붙어 있어. 온라인에서는 확인할 수도 없고…."

"우리는 안 한다고 했는데 왜 일방적으로 포함된 거야."

미리 연락해서 상황 설명을 하지 않은 브랜드는 특히 실시간으로 찍히는 매출과 영업점에서 들어오는 이야기로 사태를 파악하는 수준이었다. 영업팀이 오프라인에서 집중적으로 준비한 프로모션을 온라인에서는 확인하기 어려웠다. 브랜드의 마케팅 담당자들이 모르고 있으니 영업 점포를 직접 방문하지 않으면 이번 주에 특별 할인을 하는지 알 방법이 없었다.

주간 정기회의 분위기가 살벌했다. 전략기획팀장은 사정을 먼저 설명했다.

"제가 지난주에 바빠서 모든 분과 이야기하지 못했는데 회사의 매출 상황이 긴박해서 일단 급하게 진행하게 되었습니다. 회사 사정을 감안해서 양해 부탁드립니다."

프로모션 효과를 충분히 알리지 못한 영업팀에서도 불만이 터져 나왔다.

"팀장님, 이거 SNS와 연동이 안 돼서 현장에서 혼선을 빚고 있습니다. 충분히 알려지지도 않았고요."

"모두에게 공유해주세요" ➡

영업팀의 말처럼 프로모션 첫날 매출은 다른 때와 큰 차이가 없었다. 주간 정기회의가 끝난 뒤 대표는 우리 팀을 따로 불렀다.

"팀장님, 수고하신 것도 추진력 있게 뭔가 해보려고 하신 것도 잘 알겠는데 이번 건은 협의가 충분히 안 된 상태에서 진행한 것 같아요. 좀 더 시간을 두고 진행했더라면 좋았을 텐데요."

대표는 안타까운 표정으로 먼저 말했다.

"대표님, 전체적으로 다 말하려고 생각한 적도 있습니다. 그런데 어차피 말해도 따라와주지 않을 것 같은 조직도 있어서 이번엔 시간도 없고 해서 그냥 밀어붙인 겁니다. 결과는 죄송합니다."

팀장도 나름 이유를 말했으나 대표의 표정이 더 어두워졌다.

"누가 반대하던가요?"

"사실, 지금까지 한우 브랜드를 제외하고는 브랜드 팀들이 전략 목표를 충실히 따르기보다는 주로 반대하는 입장이었습니다. 이번 건도 마찬가지라고 생각했습니다. 아무래도 영업력이 중요하니까 먼저 영업팀을 만난 건데, 그 과정에서 디테일하게 하나씩 보지 못한 건 제 실수입니다."

대표는 팀장과 둘이서만 더 추가적인 이야기를 했다. 제인과 나는 자리로 돌아와서 멍하니 앉아 있을 수밖에 없었다.

"팀장님 요즘 밖에 많이 나가시는 것 같은데 무슨 일 있으세요? 이런 처리도 제대로 안 하시고…."

"글쎄요, 요즘 외근이 좀 많긴 했어요."

대표와 이야기를 마친 팀장은 아무 말 없이 자리로 돌아와 가방을 챙긴 뒤 바로 퇴근했다.

일주일간 영업 현장과 브랜드는 혼란을 겪었지만 전략기획팀장은 일주일간 출근하지 않았다. 단지 소문이 돌 뿐이었다.

"피터 씨, 그 말 들으셨어요? 저도 방금 들었는데… 팀장님 다른 회사로 이직한다고 하더라고요."

제인이 자리로 돌아와서는 뜬금없는 말을 꺼냈다.

"이직이라고요?"

"네, 저도 처음엔 좀 쉬시나 했는데 알고 보니 그전에도 면접 보러 다니신 것 같더라고요. 아마 이번 프로모션 건을 계기로 마음을 정한 것 같아요."

팀장의 퇴사 소문은 사무실에 빠르게 퍼졌다. 저녁 무렵엔 만나는 사람마다 팀장 이야기만 했다.

"그래서 그런 거였지 싶어…. 최근에는 거의 한우 팀장만 감싸고 회의에도 잘 참석하지 않고…. 지난번에 경영목표 관리 회의 때도 보고서 양만 늘리고 정작 회의에는 몇 번 들어오지도 않았잖아. 옛날 같지 않더라고…. 계속 하던 말만 반복하고 실적 뒤에 숨어버리기나 하고…."

퇴근길 엘리베이터에서 만난 제퍼슨 팀장도 역시 그 이야기였다.

"…다들 맘 떠나면 그렇게 하더라고…. 그런데 팀장이 어디로 가는지는 알아?"

제퍼슨 팀장은 살짝 미소를 보이면서 내게 물었다. 물론 내 정보력으로 그것까지 알기는 어려웠다.

"모르나 보네. 거기 간다고 그러던데. 요번에 ○○그룹에서 새

"모두에게 공유해주세요" ➡

로 외식사업하는 데 브랜드 론칭하는 책임자로…. 그런데 정말 몰랐어?"

"네, 저희랑 개인적으로 친하거나 그렇지 않거든요."

"하긴, 그 양반이 그렇지. 나도 건너건너 들었어. 아무튼 스펙상으로는 전략기획팀장이고 학벌도 나쁘지 않으니까 누울 자리 미리 보고 잘 찾아간단 말이야. 그런 능력 하나는 탁월해. 그런데 거기 새로 외식사업 론칭하는 건 우리한테 별로 위협이 되지 않을 것 같네. 알잖아?"

제퍼슨 팀장은 별로 부럽거나 아쉽지 않은 눈치였다. 원래 그런 사람이었고, 그럴 사람이라는 것처럼.

사표는 신속하게 수리되었고, 회사에는 그다음 주에 게시판을 통해 공지되었다. 팀장은 짐을 챙기러 사무실에 하루 나왔다. 마지막이라며 나와 제인과 함께 저녁을 먹었다.

"놀랐지? 소문대로 그렇게 됐어. 이번에 좀 생각해보니까 여기서 내 역할을 그만두는 게 맞는 것 같더라고. 또 좋은 제안이 들어오기도 했고."

팀장은 정말 아무렇지 않은 표정이었다. 평소보다 편한 표정으로 한 그릇을 비우고 나서 말을 이었다.

"피터 씨나 제인 씨는 오래 다녀요. 좋은 회사니까. 대표님도 좋고. 피터 씨는 온 지 얼마 안 되었으니까 더 다니고 제인 씨는 승진할 때까진 다녀야지."

팀장은 혼자 즐거운 모양이었다. 나와 제인은 웃는 표정을 지었지만 내일에 대한 걱정 때문에 밥숟가락을 쉽게 뜰 수가 없었다.

"그런데 팀장님, 이처럼 갑작스럽게 그만두실 줄은 몰랐습니다."

"새로 일할 곳 날짜를 맞춰야 해서 좀 급하게 그만두었어요."

팀장은 왜 나가게 되었는지, 회사에 대해서 어떤 생각을 갖고 있는지는 말하지 않았다. 아주 가벼운 인사로 저녁 시간을 가득 채웠다. 팀장이 짧은 저녁식사를 뒤로하고 사라졌다. 그리고 나와 제인은 팀장이 공석인 채 새로운 한 주를 기다려야 하는 상황을 맞았다. 그사이 서울 지역 프로모션은 끝났다. 물론 실적에는 아무런 영향도 주지 못했다. 원래 흘러가던 매출 추세 그대로 유지되었을 뿐이다.

"모두에게 공유해주세요" ➡

한 번에 마치는 전략
vs. 주기적으로 원점에서 다시 시작하는 전략

대부분의 전략은 실행되지 않는다. 시작도 못하고 사장되거나 시작은 했으나 답보 상태에 빠져 결국 아무도 챙기지 않아 사라진 경우도 많다. 참 아이러니한 일이다. 인재도 넘치고 기술도 받쳐주었다. 전략의 프레임은 컨설팅 회사에서 하던 방식들이 시중에 흔하게 발에 치일 만큼 알려져 있다. 하지만 전략의 실행이 늦고 안 되는 이유는 이런 외연적인 요소 때문이 아니다. '조직'이라는 생리를 가장 잘 설명해줄 수 있는 '공감'과 '동의'에 원인이 있다. 직원들 모두가 공감하고 동의하지 않으면 전략은 실행되지 않고 시장의 변화가 이미 이루어진 다음에 뒤늦게 따라가 효과가 반감된다.

혁신은 전략으로 구체화되어 조직에 퍼져나간다. 당연히 새로운 전략에 대한 반감이 조직 내에 있다. 사고방식부터 바꾸어야 혁신이 되므로 사고와 사고가 부딪치면서 낳는 파열음이 없을 수 없다. 물론 모든 사람을 시작부터 웃게 만들 수는 없다. 하지만 대부분의 사람들의 마음을 얻어야 한다. 그들을 무시하고 마냥 가르치려 들거나 "너희는 바꾸어야 해"라며 윽박지르기만 한다면 당연히 반감이 들 수밖에 없다. 그것보다는 "내가 먼저 알았는데 이걸 어떻게 생각하니?"라는 식으로 접근해야 대화가 된다. 물론 그렇게 노력하지 않더라도 혁신을 주도하는 부서의 힘이나 경영진의 인사권 행사로 시간이 지날수록 혁신 전략은 퍼져나갈 수밖에 없다. 이것을 과도한 목적으로 삼는 사람들을 포함해서 말이다.

하지만 초반에 혁신 전략이 전체에 효과적으로 전달되지 않으면 영영 이룰 수 없는 경우가 많다. 강압적으로 조직을 휘몰아치면 진심이 담긴 동기부여와 이것을 바탕으로 한 응용된 아이디어가 나올 리 없다. 중요한 것은 이론이 아니라 이것을 각 실무에 맞게 변용해서 사용하게 만드는 것인데, 이것은 잘 안 되고 이론가만 조직에 남게 되는 것이다. 이런 조직은 보통 안건에 대한 논의와 일상 회의에서 '대화'의 활용이 부족하다. 상명하복, 군대문화, 정치가 중심이 된다. 대화를 어떻게 해야 진짜 공감을 얻고 진짜 토론할 수 있는가, 비싸게 뽑은 직원을 어떻게 몸이 아닌 머리로 일할 수 있게 할 것인가에 대해 알 수가 없다.

혁신으로 인해 갈등이 예상되는 조직과 사람부터 빠르게 만나 의견을 듣는 게 중요하다. 정보가 미리 새어나가기 전에 갈등이 예상되는 요소를 정리해서 모두 만나봐야 한다. 그들에게 추진하고자 하는 방향, 얻고자 하는 목적 중심으로 말하고 현재 추진하고 있는 전략이 하나의 대안이라고 대화하면 된다. 그러면 해당 조직의 요구사항과 더 나은 실행방법에 대해 얘기할 수 있을 것이다.

보통 전략을 입안하는 기획 부서는 실무에서 한발 물러나 있어 디테일한 사항은 실무 조직에서 말해주는 것이 더 나을 때가 있다. 여러 갈등의 충돌이 예상되는 부서의 이야기를 들으며 서로의 요구가 균형을 이루는 지점에서 전략은 구체적인 형태를 드러내면 된다. 중요한 것은 이것을 작게 시작해보고 유사한 조직으로 빠르게 확산하는 것이다. 이것이 대화로 시작하고 부작용을 최소화하는 방법이다. 초반에 최대한 빨리 다 만날수록 일의 속도는 배가된다. 전략이 죽은 보고서로 남게 하지 않으려면 아래와 같이 시작해 보기를 제안한다.

STEP 1. 처음부터 모든 관련 부서를 다 부른다.

이것이 핵심이다. 전체 계획의 절반은 보고서의 활자로만 남고 실제 누구에게 어떻게 일을 분배할지 몰라 표류한다. 그것은 억지로 구색을 맞춘 계획이거나 아예 할 계획이 없는 상태로 아이디어에 머물러 있기 때문이다. 또 적당히 일부 부서에만 공유되거나 뒤늦게 공유되어 시작하기도 전에 인큐베이팅조차 안 되는 일이 벌어지고 시간에 쫓겨 아무 결과물을 낳지 못하기도 한다. 리더는 두려워하지 말고 처음부터 관련된 모든 당사자를 불러야 한다. 처음에 팀원까지 다 부르면 공감하고 함께 고민하는 데 더 많은 도움이 된다.

STEP 2. 시장 변화에 따른 혁신의 필요성을 이해시킨 뒤 KPI(핵심성과지표)만 준다.

모은 다음에 실수를 하는 리더도 많다. 흔한 관료제 문화가 원인이다. 지나치게 관여해 직원들의 생각을 앗아가거나 그냥 방치하기도 한다. 그러나 시장과 고객의 변화에 따른 변화의 필요성을 이해시킨 뒤 최초 전략을 실무자들이 소화할 수 있는 수준으로 정리해서 설명하고 달성할 목표만 알려주는 것이 좋다.

물론 취지에 대해 충분히 공감할 때까지 기업의 비전 안에서 대화가 이루어져야 한다.

STEP 3. 실무자가 고민하게 만든다.

중요한 것은 기획한 리더가 아니라, 실제 일을 실행하고 피드백을 할 실무자가 더 고민하게 만드는 것이다. 이렇게 하려면 세련된 코칭이 필요하다. 실무자와 친밀한 관계를 형성하고 실무자의 고민이 막힘 없이 수시로 전달될 수 있도록 해야 한다. 현장에서 가설이 분명하다면 안 되는 것 빼고는 다 되는 포지티브 조직으로 실무자에게 힘을 실어주어야 한다. 실무자는 모든 생각의 과정들을 기록해 나중에 회사에서 확인할 수 있게 해야 한다.

STEP 4. 일회용이 아닌 계속 사용할 수 있는 양식으로 툴을 준다.

전략 보고서가 이미 존재하는 상태에서, 실무자가 실행하면서 또 다른 보고서를 쓰는 것은 잘못된 기업문화다. 실무자에게 필요한 것은 보고서가 아닌, 실제 가설과 결과를 기록하고 본인의 생각을 정리하는 '강낭콩 관찰 기록장' 같은 것이다. 프레젠테이션 같은 건 필요 없다. 이미 전략 목표가 정해졌고, 처음에 토론을 거쳐 합의했는데 다시 누구에게 보고할 필요는 없다. '강낭콩 관찰 기록장'을 실무자가 만들고, 일을 하면서 겪는 크고 작은 참고사항이나 문제점을 기록하고 정리하는 조직이 훨씬 효율적이다.

"모두에게 공유해주세요" ➡

STEP 5. 일이 되게 만드는 역량과 시스템, 지식을 붙여준다.

무능한 리더는 안 되는 결과에 대해 부하직원만 탓하지만, 경영자는 할 수 있는 역량이 무엇인지, 부족한 자원은 무엇인지 알고 그것을 실무자들에게 붙여주어야 한다. 실무자는 전체적인 것을 다 모르고 자신이 맡은 업무만 아는 경우가 많다. 실무자가 파악하기 어렵지만 전체 결과에 영향을 끼치는 부족한 부분이 있다면 실무자와 상의한 후 다른 사람의 도움을 받게 하든가 시스템을 만들어주는 것이 좋다.

STEP 6. 피드백을 통해 잘못된 프로세스나 부적합한 팀원을 가려낸다.

일단 해보았다면 절반 이상 성공한 것이다. 실패도 소중한 경험인데 이것을 통해 어떻게 바뀌어야 할지 피드백을 하는 것이 중요하다. 앞서 실무자가 작성한 '강낭콩 관찰 기록장'이 성실하게 작성되어 있다면 무엇을 바꾸어야 할지 명확한 근거를 가지고 정리할 수 있을 것이다. 중간에 의지가 없는 사람, 팀워크를 일방적으로 깨는 사람도 정기적인 피드백을 통해 가려내야 한다. 다만 조직이 혁신적인 사람을 '불만분자'로 여기고 현장에서 나온 반대의견을 가로막고 있는 것은 아닌지 리더가 잘 살펴봐야 한다. 혁신적인 사람을 훼방꾼으로 몰아가는 경우가 적지 않다.

STEP 7. 최초 보고서의 모순을 검토한다.

실무에서 나온 피드백을 바탕으로 기획자는 다시 최초 전략을 점검한다. 시장 상황이 바뀌었는데 그것이 제대로 반영되지 않았거나 실체가 없는 가정 중심으로 작성된 보고서라면 리뷰 과정에서 모순이 드러나고 계획을 세울 때의 문제점을 발견하게 된다.

STEP 8. 목적과 방법을 수정해 STEP 1부터 다시 시작한다.

최초의 전략을 점검한 결과에 따라 다음 시기에 해야 할 내용을 정리한다. 시장의 변화를 다시 살펴보고, 이슈를 재정의하며, STEP 1으로 돌아가 관련 팀들을 다시 부른다. 실무진의 미시적 피드백과 기획진의 거시적 피드백에 대해 한자리에서 소통하고 다시 실행에 필요한 액션과 자원을 정리한다. 그런 다음 STEP 2에서 STEP 7까지의 내용을 KPI가 달성될 때까지 실행한다.

경영목표를 전략으로 입안하는 기획팀에서 두려움 때문에 이 작업들을 지연시키거나 방만하게 놔두거나 아예 잘못된 마인드로 실무에 군림하려 든다면 이런 부분은 고쳐지지 않는다. 이 일이 중요하다면 경영자가 직접 진두지휘하며 이 과정을 헤쳐나가는 게 옳다. 하지만 경영자가 모든 디테일을 챙길 수는 없기에 결국 이 갈등 해결의 공은 다시 기획팀 등 관리 조직으로 돌아오게 된다. 결국 기획을 비롯한 인사, 재무 등 관리·지원 부서 스스로 접근 방식을 바꾸어야 한다. 프로세스 이노베이션Process Innovation, PI이 제대로 이루어지도록 핵심적인 경영전략을 조직에 빨리 알리고 실무자에게 주도권을 주어야 한다. 혁신을 시작하는 작은 부서에서 초반에 행동하는 방향과 폭에 따라 조직에 필요 없는 갈등이 생기는 것을 막을 수도 있고, 결국 혁신을 성공으로 이끌 수도 있다.

5장

인사 평가에서 드러나는
사람에 대한 철학

평가를 위한 평가

"누가 잘 했는지 평가해야 합니다"

버스의 목적은 무임승차 잡는 것?

⇅

#상대평가   #스택랭킹   #동기부여

"문서로 된 실적 평가와 목표 관리는 경영이 엉망인 회사의 능력 없는 경영자가 사용하는 것이다. 진정한 경영자는 자주 눈을 마주침으로써 경영을 한다."

로버트 타운센드Robert Townsend, 전 에이비스AVIS CEO

• 계획으로 출발한 기업 활동은 평가로 한 사이클을 마감한다.
• 그런데 평가는 왜 하는 것일까?
• 평가의 목적을 생각해보면 올바른 평가 방법도 나온다.

팀장이 공석이어서 당분간 대표가 직접 전략기획 일을 챙기게 되었다. 그리고 주요 제도나 시스템에 관한 일은 인사팀장이 하는 것으로 회사 내의 업무 분장은 정리되었다. 무슨 일이라도 생길 줄 알았는데 별로 큰 일은 없었다. 나와 제인은 일단 하던 대로 계속 일을 했다. 달라진 건 거의 매일 대표를 만나는 것 정도였다.

> 스택랭킹 Stack Ranking,
> 직원들의 성과를 수치로 만들
> 어 서열화하는 인사평가 제도

"피터 씨, 팀장도 없는데 계속 맡은 일을 잘해줘서 고마워요. 분기가 지났으니까 성과 평가를 해야 할 것 같은데 인사팀장하고 이번 주에 한 번 얘기합시다."

"네, 대표님. 알겠습니다. 내일 오전에 회의를 잡겠습니다."

대표와 직접 일하니 오히려 잘된 부분도 있었다. 일이 빠르게 진행되었던 것이다. 대표가 기획 일을 세세히 살피니 관련 부서와 협업이 더 잘되었다. 모르는 업무는 전에도 쉽게 물어볼 수 없는 분위기였기 때문에 어차피 팀장 있을 때나 대표와 직접 일할 때나 큰 차이가 없었다.

"알겠어요. 회의 안건을 정리할게요. 뭐 특별한 말씀은 없으셨죠?"

인사팀장과 회의 시간을 정하고 메일을 돌렸다. 다음 날 아침 일찍 대표와 인사팀장, 나와 제인이 한자리에 모였다.

"분기가 지났으니 목표를 얼마나 달성했는지 평가할 때가 된 거 같은데요. 인사팀장님, 올해 정기 평가는 어떻게 하는 게 좋을까요?"

"크게 작년과 다르지는 않습니다. 우수한 성과를 거둔 직원을 상위 20퍼센트 선발하고 성과가 미진한 하위 10퍼센트 직원들은 특별히 코칭 프로그램을 진행할 예정입니다."

"음… 우리도 상대평가 대신 절대 평가나 다른 방법을 써보는 건 어떨까요? 요즘 다른 회사들도 바뀌는 추세인 것 같더라고요. 호칭도 없앴는데 평가 방법은 그대로인 것도 그렇고요."

"그 점을 생각해보지 않은 것은 아닙니다만 지금 제도를 바꾸면

　　　　　　　　"누가 잘 했는지 평가해야 합니다" ➡

부작용이 있을 것 같아 망설여집니다. 예를 들면, 팀 단위로 평가하면 우수한 직원을 동기부여하지 못하거나 찾아내기 어려운 경우도 발생하고 대충 일한 직원도 팀 성과에 묻어갈 수 있어서 절대평가는 자칫 무임 승차를 낳을 우려가 있습니다."

인사팀장은 단호했다.

"무임승차 문제가 없을 수는 없겠죠. 그런데 좀 고민되는 건 우리가 개인 평가를 강화한 몇 년간 회사 실적이 별로 좋지 못했다는 거예요. 우연일 수도 있겠지만 뭔가 돌아보는 시간이 필요하지 않을까 싶은데요."

"네, 검토할 필요는 있을 것 같습니다."

"인사팀에 요즘 사람이 없으니까 피터 씨와 같이 생각해주세요. 이번 주까지 알려주시고, 다음 주에는 평가를 완료합시다."

회의를 마치고 오후에 인사팀에 가서 며칠 간 평가 방안에 대해 정리하기로 했다. 인사팀은 최근에 젊은 직원들이 여러 명 그만두고 연차가 좀 있는 직원들이 주로 남아 있었다.

"팀장님, 지난 몇 년간 평가 제도와 실적, 개인 단위 퍼포먼스가 어떻게 달라졌는지 보고 업계 리서치 내용이 있는지 보면 되겠죠?"

"네, 일단 그렇게 해보세요. 대표님 말씀대로 이번엔 절대평가나 팀 평가 중심으로 바꾸는 것도 생각하면서 해야 될 것 같아요."

"네, 확인해보면서 정리하겠습니다."

나는 대외비에 속하는 개인 평가 자료 몇 년 치를 열람했다. 회사는 3년 전부터 평가 제도를 본격적으로 개편해 상위 20퍼센트와 하위 10퍼센트 평가를 받은 직원에 대해 각각 다른 프로그램을 진행하고 있었다. 상위 직원은 승진이나 발령에서 가점을 주고 하위 직원은 코칭 프로그램에 따라 인사팀에서 정기 면담을 가졌다.

"그런데 팀장님, 재미있는 사실은 우수한 평가를 받은 직원이 계속 우수한 평가를 받고 낮은 평가를 받은 직원은 계속 그런 평가를 받는 것 같아요. 예외가 없는데요."

"아무래도 잘하는 직원은 계속 잘하기 때문 아닐까요?"

우수한 평가를 받은 직원은 대부분 한우 브랜드에서 나왔다. 그리고 낮은 평가자는 지방 영업 조직이나 구매물류팀에서 상대적으로 많이 나왔다.

"팀별 매출이나 이익 달성률에 따라 상위 직원의 비중이 20퍼센트에서 40퍼센트까지 달라지고, 하위 직원은 10퍼센트에서 30퍼센트까지 비중이 조금씩 달라요. 아무래도 팀 매출이 좋다는 건 그 팀에 우수한 직원이 많다는 뜻 아닐까요?"

처음 배치를 받고 나면 그다음부터는 조직 성과가 개인 평가에 큰 영향을 끼치는 구조였다. 처음부터 좋은 팀에 걸리지 않으면 평가가 나빠질 확률이 높아진다는 것이다.

"팀장님, 평가 점수가 낮은 직원은 패턴이 있는 것 같아요. 부서를 옮겨도 계속 평가가 안 좋고 그래서 몇 번 부서를 옮긴 뒤에는 퇴사하는 경우가 대부분이네요."

"아무래도 적응하지 못해서 그런 것 같은데요."

정말 이런 사람은 일을 아주 못하는 것일까. 잘하는 것 하나 없는 사람이 있는 것일까. 그래서 영업을 하든 기획을 하든 구매를 하든 계속 좋지 못한 평가를 받는 것일까.

"그런데 이런 부서는 개인별로 KPI가 명확하지 않은 것 같은데, 어떻게 평가가 상대적으로 나오는지 아세요?"

"아마 이런 데는 KPI에 따라 평가가 이루어지기보다는 팀장이 평가를 한 거 같아요."

KPI를 세팅할 때 개인별로 목표가 없는 것은 아니었지만 실제 평가가 이루어질 때는 사용하지 않는 것 같았다. 하나씩 볼수록 계속 질문할 거리만 나왔는데, 물어볼수록 인사팀장의 표정이 좋지 않다.

"팀장님, 그동안 자료를 보고 평가안을 만들어보았습니다. 같이 검토해주실 수 있으세요?"

평가안은 기존 평가 제도에 대한 평가부터 시작되었다.

"팀장님, 기존 평가 제도는 패러다임이 '판별'이었습니다. 우수한 사람과 열등한 사람을 골라내는 게 목적이었던 것 같습니다. 전체적으로 조직에 따라 평가받는 수준이 달라지긴 했지만 어디까지나 뚜렷한 목표는 개인의 우수성 검증에 있었던 것 같습니다."

"네, 그게 평가의 본질이니까요."

"그리고 평가 후에는 그 평가가 굳어지는 경우가 많았습니다. 예를 들면, 좋은 평가를 받는 직원은 계속 좋은 평가가 이어지고 좋지 않은 평가를 받는 직원은 계속 안 좋은 평가를 받는 것입니다."

"아마 그렇겠죠?"

"그렇게 되면 어디서 평가를 시작했느냐가 중요한데… 처음 발령받은 조직의 실적이 좋지 못하면 상대적으로 나쁜 평가를 받을 수밖에 없다는 것입니다. 첫 배치가 그 사람의 평가에 무엇보다 중요한 영향을 미칩니다. 팀 실적에 따라 우수직원 평가 비율이 달라지니까 실적이 좋은 팀에 배치되면 좋은 평가를 받기가 쉽죠."

"그래서요?"

"또 다른 문제로, 처음 배치받을 때 목표를 정하지만 평가에는 목표 달성을 잘 반영하지 않는 경우도 있고, 목표 달성에 대한 기준이 모호한 경우가 있습니다. 결국 팀장이 자의적으로 평가할 여지가 많은 거죠. 성취 수준이 높은지, 낮은지 기준이 뚜렷하지 않으니까요. 따라서 공정하지 못한 결과가 나오는 경우도 있을 수 있는데 이것까지 검증하기는 어렵습니다."

"그것에 대해서는 거의 검토가 없었죠. 성과제로 하자는 얘기만 있었지 성과 평가의 난이도나 적절성을 본격적으로 검토해본 건 저도 이번이 처음이니까요."

"그래서 드리는 말씀인데… 이 평가로는 결국 처음에 배치를 잘 받고 팀장과 사이가 좋은 사람 몇 명만 끝까지 회사에서 좋은 평가를 받으며 남고 나머지는 역량과 관계없이 좋지 않은 평가를 받을 확률이 높아져 결국 나쁜 평가만 받은 악순환이 계속 이어지는 구조인 것 같습니다."

내용이 인사팀장이 듣기에 거북한 표현들로 가득 차 있지만 대표가 제기한 문제와 방향성이 맞았기 때문에 팀장도 별말이 없었다.

"며칠간 이걸 검토한 피터 씨의 의견은 어때요? 어떻게 하는 게 좋을 것 같아요?"

"결국 어떤 패러다임을 가져가느냐의 문제일 것 같습니다. 분별하느냐 동기부여하느냐인데, 그 방법을 제가 며칠 만에 찾아내기는 어려운 것 같습니다."

"방법은 인사팀 네트워크로 다른 사례들을 알아보면 되는데… 그 패러다임이란 건 뭐예요?"

"평가를 하는 기대 효과 같은 것이죠. 모두 이걸 받아보고 납득해야 하는데, 지금 제도는 설명도 좀 부족하고 아까 말씀드린 것과 같은 불만도 있는 것 같습니다."

너무 중요한 이야기를 한바탕 내뱉고 나니 마음이 편하지 않았다. 인사팀장은 보고서 마무리는 인사팀에서 맡겠다고 했고, 주로 과거 평가안을 분석한 내용을 참고하겠다고 했다.

목요일에 대표, 인사팀장과 함께 다시 평가안을 논의하는 자리가 마련되었다. 인사팀장은 많은 페이지로 구성된 파워포인트를 띄워놓고 평가 방법에 대한 그동안의 문제점과 대안을 설명하기 시작했다. 일단 내가 정리한 내용 중심으로 시작되었다.

"…절대평가로 바꾸는 것이 핵심 내용입니다. 조직마다 부여했던 상위, 하위 평가 비중을 아예 없애고 팀장의 재량에 맡기는 것입니다."

"팀장님… 파격적인 의견이긴 한데, 그러면 서로 좋은 평가를 주려고 하지 않을까요?"

"개개인에 대한 평가는 결국 목표의 정확한 세팅이 이루어지면 사실 어렵지 않은 일입니다. 다만 목표의 성격과 난이도 문제가 있습니다. 정리하다보니 정확한 KPI가 없거나 잘못된 KPI로 목표가 정의된 직원이 적지 않았습니다. 그리고 난이도는 합의를 통해 이뤄져야 하는데 기계적으로 맞출 수도 없고 회사 차원에서 조정할 문제라고 생각됩니다."

대표는 방향성에 대해 고개를 끄덕였다.

"일단 구체적인 안이 나와봐야겠지만 방향은 좋은 것 같아요. 잘 되는 조직이든 안 되는 조직이든 항상 일정 비중으로 우열이 나뉘고, 인위적인 기준들이 평가 대상자들을 납득하지 못하게 만들었으니까요. 어쩌면 상대평가의 가장 큰 피해자는 상위도 하위도 아닌 그 기준 사이에 분포하는 사람일 수 있죠. 지금까지 정확한 KPI가 아닌 기준으로 평가받은 직원들도 피해자겠죠."

이후 많은 이야기가 오갔지만 이번 분기 평가부터는 바뀐 내용에 따라 하는 것으로 정리되었다. 며칠 후 회사 게시판에 새로운 평가안이 공지되었다.

"회사가 바뀌려나? 이런 것도 하네."

제퍼슨 팀장과 커피를 마시면서 긍정적인 얘기를 들었다.

"평가, 중요하지. 영업팀도 늘 평가제도에 말이 많았으니까. 잘 되는 지역은 지역 자체의 인구가 늘어나는 게 원인인 경우가 많은데 좋은 평가를 받았고 반대로 여건이 안 좋은 지역은 늘 평가 결과가 낮았지. 그건 담당자 탓도 있겠지만 기본적인 환경 문제라 서로 잘 안 가려고 했거든. 어려운 곳은 더 실적이 안 좋아지고 동기부여도 안 될 수밖에 없으니. 이번에 그런 건 잘 바뀐 것 같아."

그러나 좋은 말만 하지는 않았다.

"그런데 이거, KPI를 뭘로 정할 거야? 직무별로 역할이 다 정리되어 있는 거야? 내가 이 회사 와서 그런 거 정리된 걸 본 적이 없거든. 이번 기회에 그런 것도 정리되면 좋겠네."

그런 것까지는 아직 시작도 못 한 상태였다.

"그래도 이런 것부터 달라지면 회사를 떠나는 좋은 직원을 잡을 수도 있고, 회사에서 자리만 차지하는 사람들을 더 이상 안 봐도 되겠지."

그렇지만 그렇게 말하면서도 그 말을 믿는 표정이 아니다. 그저 희망사항이라는 느낌이었다.

"그런데 피터 씨는 팀장님 나가서 어떻게 해? 회사 들어온 지도 얼마 안 되었는데 인수인계는 다 된 거야?"

"아… 그게 뭐 대충 받아서… 주로 지금 진행하는 것들 중심으로 내용보다는 필요할 때 이런 파일을 보라는 식으로 전달받은 게 전부지만…."

제퍼슨 팀장은 고개를 저었다.

"그거야 문서일 뿐이지. 그 일을 하면서 느낀 점 같은 것도 들었어야 하는데…. 아니면 같은 일을 또 반복하게 되거든…. 이번 인사평가안도 그동안 피드백을 기록한 게 없어서 계속 비슷한 논의를 반복하는 것 아닐까? 난 그렇게 생각해."

그리고 한마디 더 붙였다.

"그런데 나도 아직까지 그렇게 뭔가 인수인계를 받아본 적이 없어, 허허허."

회사 옥상에 해가 진다. 퇴근 시간이다.

상대평가의 장점
vs. 상대적으로 일하는 직원들

우리나라 많은 기업의 인사 제도는 낡은 패러다임에 머물러 있다. 늘 하던 대로 줄 세우고 비중 따라 등급을 나누는 등 경직된 상태에 머무르거나 다른 기업들이 하는 걸 보고 따라해 평가와 보상 제도를 바꾸기도 한다. 평가의 허점과 보상의 기계적 차등을 이용하는 사람은 다른 사람의 성과를 자기 것으로 만들고 가짜 성과를 버젓이 제출해 보상을 받아가기도 한다.

그 출발점이 되는 게 평가 제도다. 상대평가는 한때 GE나 IBM 등 글로벌 기업들이 전성기를 누리는 데 큰 역할을 했다. 실제 10명이 모인 조직에서 1, 2명은 어떤 이유로든 다른 사람에 비해 덜 훌륭해 보일 수 있다. 이런 직원들을 구조조정해서 인건비를 줄이는 것으로 잭 웰치 등 많은 경영자가 스타가 되었다. 한국의 많은 기업도 상대평가에서 상위 등급을 받은 직원에게 빠른 승진을 제공하고 하위 상대평가를 받은 직원을 사실상 퇴출하는 등, 이 제도는 윤리와 효과에 대한 큰 고민 없이 기업 간에 서로 모방하며 확산되었고 이제는 불문율 같은 제도가 되었다. 말로만 들으면 하위 10퍼센트의 직원들을 정기적으로 잘라내는 게 효율적일 것 같다. 그런데 이때 각자 처한 현실과 전후 맥락을 고려하지 않는다. 온전히 몰입할 수 없는 환경을 만들고 불안감을 조성하면 직원들은 잠재력을 100퍼센트 드러내지 않는다.

회의 시간에 서로 눈치 보면서 아는 것처럼 말하지만 정말 핵심을 아는 사람은 몇 명 없다. 평가 목적이 '누가 더 열등한 사람인가'가 되었기 때문이다. 우리끼리 경쟁하고 상대적으로 평가받기에 몰라도 아는 척한다. 모르는 느낌이 들면 내쳐지기 때문이다. 회의를 그렇게 많이 해도 서로 말이 없고 뻔한 소리만 나열하는 것은 정말 모르는데 아는 체해야 하기 때문이다. '솔직하게 모른다', '모르니까 알려달라', '몰라서 배운다'는 것은 금기어에 가깝다.

대부분의 기업들은 피라미드 구조의 직급별 직원 수 분포를 보인다. 한 사업부의 책임자 1명을 필두로 그 아래 팀장 몇 명, 그보다 많은 실무자가 기업 내에서 하나의 기능을 유지한다. 이런 환경에서는 많은 사람이 한 자리만 바라보고 일한다. 한 자리를 차지하기 위해 사내정치와 갈등이 필요 이상으로 일어난다. 일을 잘하기

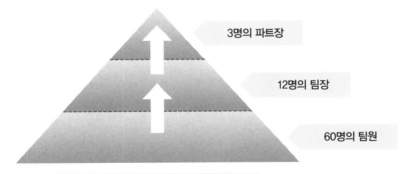

3명의 파트장

12명의 팀장

60명의 팀원

사업이 커지지 않는다면 한정된 자리에서
어떤 기준으로 누구를 승진시켜야 하는가?

도 바쁜 상황에서 누가 누구를 밀어내고 올라가느냐가 업무보다 더 큰 스트레스로 작용한다.

최근에는 입사 연도와 상관없이 팀장이 되는 일이 많아졌다. 몇 년 전 자기 아래에서 허드렛일을 하던 부하직원이 눈깜짝할 사이에 자신의 상사가 되어 있는 것이다. 성과제 적용 이후 성과가 높은 사람이 승진을 먼저 하게 된 것이다. 하지만 성과의 개념과 추적이 불확실한 상황에서 성과를 바탕으로 한 승진, 특히 파격 인사는 도박에 가까운 파장을 일으킨다. 새로운 상사보다 연차가 많거나 같은 직원들은 별수 없이 눈칫밥을 먹을 수밖에 없고, 조직은 급격한 변화로 '팀워크를 어떻게 유지하느냐'의 기로에 놓이게 된다.

대부분의 기업들이 상대평가로 직원을 평가한다. 일정 비중을 정해놓고 등급 구간에 따라 급여 인상률과 승진 비중이 달라진다. 모두 높은 성취를 거두었다고 해도 그중에서 반드시 일정 비중은 낮은 평가를 받을 수밖에 없고, 대부분 못했다고 해도 고만고만한

새로운 파트 추가

기존 조직

사업의 성장은
승진과 배치 걱정을 덜어준다

정체된 조직

기존 조직

사업이 정체 및 축소되면
승진과 배치의 여력이 줄어든다

"누가 잘 했는지 평가해야 합니다" ➡

직원에게 우수한 등급을 주는 일이 발생한다.

상대평가는 직원들의 기준을 절대적에서 상대적으로 바뀌게 만든다. 만약 상대평가의 비중을 A: 20퍼센트, B: 60퍼센트, C: 20퍼센트로 정했다고 하자. 이 기준으로 평가하면 직원들의 목표는 상위 20퍼센트가 되거나 하위 20퍼센트에 들지 않는 것이 된다. 물론 탁월한 주인의식이 있다면 이런 비중과 상관없이 열심히 일할 것이다. 하지만 급여를 받고 살아가는 직장인 모두에게 주인의식이 자발적으로 생기지는 않는다. 대부분의 경우 등급에 따른 보상과 승진의 차등은 '평균의 비극'을 초래한다. 절대적인 우수함이 아닌 상대적인 우위만 점하는 수준으로 일한다. "쟤보다만 잘하면 된다"는 식이다. 직원 간 협업이 잘 안 될 수도 있다. 협력보다는 경쟁이 강화된다. 보상과 처벌이 강할수록 심하다. 다른 기업과 경쟁하는 것이 아니라 내부의 다른 부서나 동료들과 경쟁하게 된다.

서열 구조는 이 문제를 악화시킨다. 평가자가 상대평가를 기준서열문화로 접근하면 우수한 직원에게는 동기부여보다 동기상실을 야기한다. 겉으로는 성과에 의해 평가받고 승진하는 구조로 움직이는 것 같아 보이지만 실제로는 중요한 순간에 연공서열이 나타나기도 한다. 오랜 기간 승진을 못한 직원이 성과가 좋지 못해도 입사일자 기준으로 보면 승진 대상자 중 가장 연차가 높으니까 상사가 승진시켜주려고 일부러 좋은 점수를 주는 경우도 있다. 이번 연도에 자신이 속한 부서에서 몇 등으로 평가받을지 대강 짐작할 수 있는 경우가 많다. 성과가 비슷한 상황이라면 좀 못해도 연차가 높은 직원을 승진 대상에 올리기 위해 점수를 더 주는 상황이 벌어진다. 이런 경우 명목만 성과주의지 연공서열과 뒤섞여 이도 저도 아닌 기형적인 제도가 되고 평가자가 어디에 무게를 두느냐에 따라 일관성 없는 평가가 이루어진다. 이런 문화가 직원들 사이에 뿌리 깊게 자리 잡고 있어 경영진의 의지가 있어도 잘 바뀌지 않는다.

승진할 필요가 없는 사람이 승진해야만 하는 일도 벌어진다. 어떤 사업이 잘될 때, 그 사업에 배분되는 A 등급이 필요 이상으로 많을 수 있다. 사업이 잘되니까 보상 범위가 늘어난다. 하지만 기준으로 정한 숫자를 맞추기 위해 현실과 상관없는 왜곡이 일어난다. 사업의 성공이 많은 사람의 공헌이 필요 없고 단 몇 명이 만든 시스템이나 혁신의 결과물이라면 꼭 많은 비중이 승진할 명분은 없다. 더군다나 대부분의 인원이 성과를 내지 못하고 역량이 정체되어 있는 상황에서 몇 명만 탁월한 성과를 낸 것이라면 문제가 커진다. 이렇게 만든 억지 승진은 지금 잘되는 사업을 향후 '종형'의 직급 구조로 만든다. 사업은 이후 높은 인건비와 검증되지 않은 많은 관리자를 양산할 위험에 처한다.

정말 필요 없는 직원이 남거나 괜한 사람이 해고되기도 한다. 사업의 성격상 당장 성과가 나오지 않거나 사업 구조가 어려워 탁월한 개인도 당분간 고전할 수밖에 없는 상황이라면 소속 직원들은 낮은 평가를 받을 수밖에 없다. 장기적으로 퇴출될 이유가 없는 직원도 낮은 평가에 갇힐 수밖에 없다. 얼마나 기다려야 성과가 날지 누구도 예측할 수 없기에 열매가 나기 전에 나무 뿌리를 잘라버리는 일이 단기 성과에 연동한 상대평가에서 나타날 수 있다.

이것과 반대로 사업이 몇 년간 좌초된 상태에서 조직에 방어논

"누가 잘 했는지 평가해야 합니다" ⇒

리만 팽배해져 있다면 많은 인원을 조정해야 한다. 하지만 이 경우도 보수적인 상대평가 잣대로는 혁신에 힘을 실어줄 수 없다. 정해진 상대평가 비중을 조정하기 어렵기 때문이다. 대개 상대평가 비중에 대해 인사 조직의 확신이 없기 때문에 괜히 등급 비중을 조절해 욕먹을 일을 만들지 않는다.

비중에 따른 평가 방법은 피라미드 조직 구조에서 인구 조절 장치 역할을 한다. 영화 〈설국열차〉에서 열차 생태계가 버틸 수 있는 환경을 만들기 위해 일정 숫자를 기준으로 사람이 많아지면 사건을 일으켜 인구를 인위로 줄여버리는 것과 비슷한 일이다. 상대평가는 피라미드 구조를 유지시키기 위해 이른바 '나쁜 피'를 빼고 '신선한 피'를 수혈하는 역할을 자의든 타의든 수행한다. 하위 10~20퍼센트 내외의 직원을 조직 밖으로 내보내고 신입사원들로 그 자리를 채움으로써 기업은 열차의 인구를 최적으로 유지한다. 일정 부분이 나가면서 승진과 배치에 대한 고민이 줄어든다.

그런데 엄격한 상대평가를 했던 글로벌 기업 중심으로 커다란 변화가 일어나고 있다. 평가를 왜 하는지, 평가를 통해 조직 에너지의 방향을 어디로 향하게 할지 질문을 하면서부터 나타난 결과다. 한 가지 분명한 것은 평가 목적은 징벌이 아니라 탁월한 성과를 위해 만들어야 한다는 것이다. 누가 만들었는지도 모르는 제도를 지키기 위해 직원들의 공감대가 있는 새로운 제도를 시도조차 하지 않는 타성에서 벗어나기 시작한 것이다.

마이크로소프트는 한때 '스택랭킹Stack Ranking'으로 알려진 직원 평가 보상 시스템을 폐지했다. 직원을 대상으로 1~5점으로 점수를

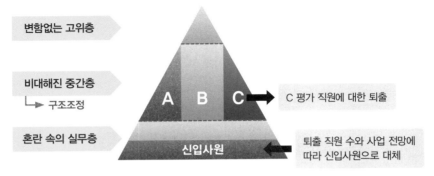

변함없는 고위층

비대해진 중간층
└▶ 구조조정

혼란 속의 실무층

A B C ➡ C 평가 직원에 대한 퇴출

신입사원 ⬅ 퇴출 직원 수와 사업 전망에 따라 신입사원으로 대체

피라미드의 크기는 일정 수준으로 유지

매기면서 상대평가해 필연적으로 저성과자가 나올 수밖에 없는 구조를 없애버린 것이다. GE도 제프리 이멜트 CEO 체제로 넘어가면서 잭 웰치 시대의 강력했던 상대평가와 해고 시스템을 폐지했다. 리더가 직원과의 면담을 통해 무엇을 할지 피드백하는 방식으로 바꾸었다. 직원을 평가하는 것이 핵심이 아니라 직원을 동기부여하는 것이 핵심임을 비싼 비용을 지불하고 나서야 알게 된 것이다.

물론 기업이 갖고 있는 문화에 맞추는 것이 중요하다. 우리 회사가 공동체적 문화를 중요시하는지 경쟁적 문화에 더 비중을 두고 있는지 보고 더 체질에 잘 맞는 것을 선택하는 것이다. 보상 차별화가 먼저냐 직원의 역량 증진이 먼저냐에 따라 선택지가 달라질 수밖에 없다. 성과제가 아닌 호봉제로 해도 경영의 성과를 정의하고 조직을 유지하는 데 무리가 없다면 그게 정답일 수 있다.

중요한 것은 상대평가만이 절대적 기준이 아니라는 인식이 확산되고 있다는 점이다. 평가 방법에 대해 기업 내에서 변화의 담론이

"누가 잘 했는지 평가해야 합니다" ➡

오가기 시작했다는 것이다. 모두가 평가받고 있지만 평가라는 단어를 금기어처럼 다루었던 기업 내에서 머리를 맞대고 고민하기 시작했다는 것은 긍정적인 현상이다. 평가와 보상에 대한 신상필벌의 균형, 성과의 정의와 인재상 등을 다시 공론의 장으로 옮길 때가 되었다.

"전문가는 별도로 평가합시다"

전문성을 내세운 인사 차별

`#진골성골` `#전문직` `#평가차별`

"직원들은 자신이 대우받는 것과 똑같은 방식으로 고객을 대합니다."

톰 코넬런Tom Connellan, 경영학자

- 회사에는 서비스직, 생산직, 판매직 등 본사의 사무직이나 관리직이 아닌 직무들이 있다.
- 가치창출 일선에 있는 이런 직무에 대해 기업은 어떻게 대우하는가?
- 전문성이란 이름으로 차별하고 있지는 않은가?

팀장이 퇴사한 뒤로 대표와 지내는 시간이 부쩍 많아졌다. 전략기획팀장 일을 대표가 하다보니 인사와 전략이 하나의 토대 위에서 이야기될 때가 많아졌다. 특히 평가와 관련된 일은 인사만의 문제라기보다 목표와 실적 관리 등이 얽힌 기획팀 쪽 내용도 있었다. 그래서 인사 평가와 관련된 일로 매일 대표와 만났다.

"인사팀장님, 상대평가에 대한 것은 그렇게 바꾸면 되는데 직영점에 있는 직원들은 어떻게 관리되는지 모르겠네요. 사람 수로만 보면 본사에 있는 관리직 못지않은 직원들이 점포에 있는데, 최근에는 제가 자세히 보고받은 적이 없어서요."

오늘도 인사팀장과 셋이서 평가 관련 이야기를 했다.

"현재 매장에 있는 현장직은 점장과 부점장 몇 명을 제외하고는 대부분 비정규직으로 운영되고 있습니다. 점장과 부점장은 현장 직원 중에서 태도가 바르고 역량이 좋아 보이는 직원들로, 현장직이라고 별도로 관리하고 있습니다. 연봉이나 승진 체계, 평가 방법도 본사 관리직과 전혀 다르고요."

"내가 듣기로는 최근 우수한 직영점 점장님들이 경쟁업체로 많이 빠져나갔다는데 그건 어떻게 된 일인가요? 지난주에도 몇 개 점포에 가봤는데 점장이 바뀌었더라고요."

"아… 그 부분을 말씀드리지 못했습니다. 그 직원들은 회사에 대한 비전보다는 연봉 때문에 옮긴 것으로 보입니다."

"혹시 관리직에 비해 현장직 직원들에 대한 처우가 많이 박한가요?"

인사팀장은 몇 년 전 직영점을 처음 만들 때 직원을 채용했던 현장직 직원 급여 테이블 파일을 열어서 화면에 띄웠다.

"이게 그때 대표님께 말씀드린 내용입니다. 그때 정한 것과 지금 내용이 다르지 않습니다."

인사 팀장이 보여준 내용을 보니 관리직에 비해 절반도 안 되는 수준이었다.

"이건 향후 현장직 직원 성장 방향으로 잡은 것입니다."

현장직 직원은 매장에서 파트를 맡으면서 일하다가 부점장, 점장을 각각 3~5년 정도 하고 우수한 직원은 지역 단위 영업 매니저가 되는 게 최초 설계였다.

"흥미롭네요…. 오랜만에 봐서 생소한 내용도 있고요. 그런데 점장님들 중에서 지역 단위 영업 매니저가 된 사례가 있나요?"

"아직은 없습니다. 지금 가장 오래 일한 점장이 3년 차에 접어들었습니다."

"지난번 강남에서 일하던 점장님은 거의 원년 멤버였는데…."

"그 직원도 최근에 그만두었습니다."

대표는 처음 듣는 내용이라는 표정이었다.

"왜 그걸 말해준 사람이 없죠? 처음 듣는데요."

인사팀장은 당연하다는 듯 말을 받았다.

"현장직 직원의 퇴사에 대해서는 따로 말씀드린 적이 없어서 이번에도 그랬던 것입니다."

"아니, 그래도 그렇게 중요한 점포의 점장님이 그만두었으면 이야기해주셨어야요."

냉랭한 분위기가 이어졌다.

"현장직 직원들은 어떻게 평가되고 있습니까?"

대표의 질문에 인사팀장은 말을 얼버무렸다.

"각 점포별로 목표를 세워 평가하는 걸로 아는데, 영업 조직에 확인해서 정확히 파악해보겠습니다…."

대표는 아니라는 듯 고개를 저었다.

"아니에요, 내가 직접 나가서 보죠."

회의를 끝내고 대표와 나는 강남의 한우 브랜드 매장으로 갔다.

대표는 힘이 없는 표정이었다. 매장 입구에 도착하자 대표의 얼굴을 알아보는 직원이 한 명도 없었다.

"여기 점장님 계신가요?"

대표는 마치 회사 관계자가 아닌 것처럼 공손하게 직원에게 점장이 어디 있는지 물었다.

"아, 점장님 잠깐 나가셨는데… 어떻게 오셨어요?"

대표는 조금 망설이다가 말했다.

"실은 본사에서 나왔는데 점장님을 뵈어야 할 일이 있어서요."

"그럼 잠깐만 사무실에서 기다리세요."

직원의 안내에 따라 매장을 지나 좁고 조명이 흐릿한 사무실에 도착했다. 대표와 나는 앉아서 아무도 없는 사무실에서 점장을 기다렸다. 벽에는 온갖 실적 목표가 붙어 있고 직원들의 근무 시간이나 휴무 예정 리스트가 잔뜩 붙어 있었다.

대표와 내가 사무실 벽면을 두리번거리는 사이 점장이 문을 열고 들어왔다.

"본사에서 오셨다고 들었는데요."

점장은 우리 얼굴을 몰랐다. 대표가 말을 받았다.

"네, 본사에서 인사 업무 관련해서 물어볼 게 있어서 나왔습니다. 그동안 현장직 직원분들 처우에 대해 이야기한 지가 오래되기도 했고요."

점장은 처음에는 좀 망설이더니 조금씩 자기 이야기를 하기 시작했다.

"이 일을 하면 비전이 있을까 하는 점이 가장 걱정이에요. 처우도 다른 데 비해 약하고요. 매장 직원들 눈치 보느라 겉으로 말은 못하지만 혼자 고민하고 스트레스를 많이 받아요. 이런 것 말하면 되는 거죠?"

"네, 조금 더 자세히 말씀해주시면 저희가 의견을 수렴하는 데 도움이 될 것 같습니다."

"이런 걸 해본 적이 없어서요. 그런데 말하면 좋아지긴 하는 거죠?"

"네, 일단 말씀해주시면 본사에 가서 제안서를 올릴 겁니다."

대표는 태연하게 점장의 말을 받아냈다.

"그럼 조금만 더 이야기하면… 몇 년째 급여가 오르지 않았어요. 이건 5년 전 급여 테이블인데, 물가 오른 것에 비해 현장직은 급여가 같아요. 이게 말이 안 되죠. 5년 전엔 나쁘지 않은 수준이었는데 지금은 경쟁사 중에서 저희가 제일 낮아요. 그러니까 다 다른 데로 가는 거죠. 어차피 본사 직원이 되는 것도 아닌데 현장직은 급여가 가장 중요하다는 이야기를 점장들끼리 많이 하거든요."

대표는 내내 처음 듣는 표정으로 메모하기에 바빴다.

"그리고 더 하실 말씀은 없으신가요?"

"그리고 이런 게 좀 아쉬워요. 저희는 늘 고객들이 말하는 불만을 전달하는데 본사에서는 저희가 그러는 걸 싫어하는 것 같더라고요. 어느 순간이 되니 더 이상 이야기하지 않는 게 저희한테 더 좋더라고요. 괜히 찍히면 안 되니까. 그래서 어지간한 불만 사항은 사실 이야기하지 않게 되죠. 또 본사에서 필요 없는 캠페인이나 현실성 없는 프로모션을 많이 하는데…. 그런 이야기를 해도 괜찮은 건가요?"

점장은 현장에서 나오는 이야기를 외면하는 본사에 대해 몇십 분 동안 이야기를 이어갔다.

"…결국 돈을 더 올려주든지, 아니면 확실하게 경력을 이어나갈 수 있는 탄탄한 자리가 마련되어 있지 않으면 몇 년 바라보고 이 일을 계속하기는 어려울 것 같아요."

점장은 끝으로 처우에 대한 이야기를 한 번 더 반복했다. 대표는 가만히 듣다가 점장에게 너무 걱정 말라고 말했다.

우리는 회사로 돌아와 마주앉았다.

"피터 씨, 어떻게 봤어요?"

"저는 이 문제가 그동안 알려지지 않은 게 신기합니다. 가장 많은 직원이 현장에 있는데 왜 이들에 대해서 그동안 신경 쓰지 않고 우수한 인력을 다 빼앗겼는지 참 안타까웠습니다."

대표도 공감했다.

"이번 기회에 관리직과 현장직의 경계를 없애는 방향으로 해봐야겠어요. 관리직 중에서도 현장 경험이 필요한 부서와 필요하지 않은 부서가 있을 텐데 이걸 구분하지 않아 현장직이 회사에서 소외당한 것 같아요. 이런 부분을 공론화시켜야 할 것 같네요."

대표는 인사팀장을 불러 오늘 매장에 가서 들은 이야기를 말했다. 인사팀장도 듣기에 바빴다.

"그래서 팀장님께서 특정 직무에 대해서는 현장직과 관리직의 벽을 열어주는 방안을 고민해보면 좋을 것 같은데… 어떻게 생각하세요?"

인사팀장은 표정이 밝지 않았다.

"솔직히 저는 반대입니다. 현장직은 현장직대로 고유하게 잘할 수 있는 일이 있고, 관리직은 관리직대로 전문화해야 하는 업무 영역이 있습니다. 이 둘을 무조건 합친다고 해서 문제가 해결될 것 같지는 않습니다."

인사팀장은 차라리 현장 직원의 대우를 확 올려주는 게 더 낫다고 이어서 말했다.

"그것도 그건데 오늘 점장이 정말 답답해하는 것은 내 이야기, 고객의 이야기가 반영되지 않는 일을 계속 해야하는가 하는 문제였어요. 이 문제는 어떻게 해결하나요? 본사 브랜드 마케팅팀에서 진행하는 것도 애초부터 원하지 않았거나 실제로 효과 없는 게 많았다던데…."

대표는 오늘 들은 이야기를 계속 반복해서 말했지만 인사팀장이나 대표나 모두 그 자리에서 답을 내기는 어려웠다.

"아무튼 조금 더 고민해보고 다시 만나서 이야기해요."

급여 테이블을 더 올리는 방향으로 인사팀에서 안을 정하기로 하고 전략기획팀은 그동안 현장직 직원의 평가 실적에 대해 검토하는 시간을 가졌다. 인사팀에서 건네준 점장과 부점장 평가자료는 아주 단순했다. 대부분 평가가 최하등급이었다. 매출이 아주 뛰어나게 오른 몇몇 점포만 평균 수준의 평가를 받았다. 나는 이 평가 근거가 궁금했다.

"인사팀장님, 궁금한 게 있습니다."

인사팀장은 피로한 표정으로 나를 쳐다봤다.

"전문가는 별도로 평가합시다" ➡

"무슨 일인가요?"

"주신 평가 실적을 봤는데… 현장의 점장과 부점장 대부분이 최하등급으로 되어 있는데, 혹시 아는 게 있으신가 싶어서요."

인사팀장의 미간이 찌푸려졌다.

"그야, 점장과 부점장에게 좋은 평가를 주면 승진시켜줘야 하니까 그런 거죠. 승진하면 현장의 인건비가 오르고…. 브랜드 팀장들이 계속 오르는 현장 인건비를 감당하기 어려우니까 그만둘 거 같으면 그때 한 번 평가를 좀 해주고 나머지는 밑으로 깔아버리는 거죠."

"여기는 상대평가 아닌가요?"

"상대평가가 맞는데… 높은 등급을 안 준다고 뭐라 하지는 않습니다."

인사팀장은 현실 파악이 안 되느냐는 표정으로 나를 바라봤다.

"피터 씨, 그냥 대충 봐요. 현장직 직원들 이야기 다 들어주면 회사 날라가요. 그 사람들이 본사 사정이나 직원들 생각 하는 줄 아세요? 그냥 돈만 많이 받고 다른 데 가면 끝인 사람들이에요. 대표님 생각처럼 충정을 갖고 현장 이야기하는 사람은 몇 명 없어요. 잘 생각해봐야 합니다."

인사팀장은 고개를 돌리고 하던 일을 계속했다. 나는 자리로 돌아왔다.

"제인 씨, 팀장님 계실 때 현장직 직원들 관리에 대해 들은 이야기 없어요?"

제인은 하던 일을 멈추고 고개를 갸우뚱했다.

"글쎄요, 그런 주제 자체를 들어본 적이 없는 것 같아요. 그런데 왜요?"

"아니, 인사팀장님을 만났는데 현장직에 대해서 너무 안 좋게 생각하시는 것 같아서… 무슨 일 있었나 궁금해서 물어봤어요."

"글쎄요, 아마 인사팀도 일 더 만들기 싫어서 그런 것 아닐까요? 관리직만 관리하는 것도 벅찬데, 노무 문제만으로도 머리 아픈 현장직 직원들 장래와 처우, 불만 사항까지 관리하려면 힘들어지니까요. 그냥 지금 하던 대로 하겠다는 뭐, 그런 것 같은데요?"

현장에 답이 있다고 심심치 않게 말하는 팀장들도 현장직 문제에는 별 관심이 없는 것 같았다. 아니면 그냥 '문제'라고만 생각하는 듯했다.

며칠 뒤 대표는 현장직 직원의 급여를 성과제로 바꾸고 성과를 정하는 것도 전년 대비 일정 수준의 매출 성장을 바탕으로 비교적 공정하게 정하는 안을 인사팀과 기획팀에 요구했다. 지역 영업 관리직과 우수한 점장의 직무가 연결되도록 직무설계를 하는 안도 지시했다. 하지만 본사에서 이런 내용을 좋아하는 사람은 많지 않았다. 영업 조직이 아닌 부서의 신입에 가까운 직원 몇 명이 동조하는 정도였다. 그보다는 본사 직원들 처우를 개선해야 한다는 목소리만 더 커질 뿐이었다.

전문가 트랙 vs. 육두품 트랙

'블라인드Blind'라는 애플리케이션은 익명으로 자기가 속한 회사 게시판, 직무 게시판, 산업군 게시판 등에서 자유롭게 말하는 SNS다. 평소 점잖은 공간에서 얼굴과 이름을 밝히고 하는 이야기보다는 회사의 실체를 잘 알 수 있는 공간으로 알려져 있다. 보상, 처우, 업무 강도에 대한 이야기부터 최근 회사 내부의 주요 이슈 등 공공연하게 돌아다니는 루머나 비리에 대한 이야기가 오간다. 하지만 민낯의 회사 이야기가 오가는 애플리케이션도 모두에게 평등하지는 않다. 회사 직원이라면 관리직과 현장직 상관없이 모두 블라인드에 가입할 수 있다. 하지만 게시판에서 오가는 이야기는 대부분 본사에서 일어나는 일이다. 심지어 관리직과 현장직 사이의 갈등이 게시판에서 불거지기도 한다.

사실 관리직과 현장직의 보상과 진로 등에 대한 차이가 적지 않은 회사들이 많다. 관리직이 불만이라고 이야기하는 내용도 현장직이 보기엔 특혜라고 여겨지는 부분이 많다. 관리직들이 익명게시판에서 볼멘소리로 휴가나 수당 등에 대한 이야기를 할 때 관리직보다 훨씬 열악한 대우를 받는 현장직 등은 아예 주제에 공감을 할수가 없다. 같은 회사지만, 때로는 바로 옆에서 일하지만 처우의 차이는 상당하다.

기업문화가 군대문화 같을수록 현장직과 관리직은 다른 회사를 다닌다고 할 정도의 수준 차이를 느낀다. 회사에서 살아남기 위해 중요한 회사 내부 정보의 양도 판이하게 다르다. 회사가 어떤 것을 준비하고 무엇을 중요하게 생각하는지에 대해 현장에서는 아는 바가 별로 없다. 관리 부서에서 그들에게까지 정보를 전달하지 않기 때문이다. 현장직은 하루하루 반복된 일을 할 뿐 관리직과 현장직이 같은 회사 직원이라고 느끼기엔 머리부터 발끝까지 온도 차가 너무 큰 기업들이 많다.

가끔 관리직 직원이 현장에 나와 현장직 직원과 이야기하면서 현장에서 고객들의 반응에 대한 정보를 얻어가기도 하지만 본사에서 일어나는 중요한 정보는 현장직에게 잘 전달되지 않는다. 마치 현장직은 관리직을 위해 존재하는 것 같은 분위기다. 요즘에는 잘 못을 해도 관리직보다는 현장직에게 바로 책임을 묻는 경우도 많다. 관리직은 실패가 반복되고 시간이 한참 지난 뒤에야 책임을 진다. 현장직은 관리직에 비해 성과 평가도 낮은 경우가 많다. 사실 누가 평가하는지도 제대로 모르고 통보를 받는 경우도 많다.

글로벌 B2C 기업에는 입지전적으로 살아온 경영자들에 대한 이야기가 많다. 기업 운송 트럭기사 출신의 CEO, 매장 점원 출신의 글로벌 패스트푸드 CEO 등 누가 봐도 현장 밑바닥에서 관리직 수장까지 올라온 경영자에 대한 이야기가 적지 않다. 실무에 대한 깊이 있는 이해를 바탕으로 프로세스 관리까지 잘 아는 경영진으로 성장해온 것이다. 하지만 우리나라로 오면 이런 미담을 찾기가 쉽지 않다. 창업한 회사나 급성장한 회사에선 이런 사례가 드물게 있

"전문가는 별도로 평가합시다" ➡

지만 대기업이나 중견기업에서는 밑바닥에서 관리직으로 아예 올라갈 수 없는 기업이 많다. 최근 수십 년간 현장 노동자, 점원, 텔러, 운송기사, 작업공이 경영자가 되었다는 이야기는 정말 손에 꼽을 정도다.

물론 이런 일이 많아야 한다고 억지 부리는 것은 아니다. 맡은 일이 다르면 꼭 경영진이 될 필요 없이 한 분야의 전문가로 성장하며 커리어를 쌓을 수도 있다. 웹툰 〈미생〉에서 장그래가 "제품이 실패하거나 부진을 겪는다는 건 그만큼 예측 결정에 실패했거나 기획 판단이 실패했다는 것"이라고 말했듯, 본사의 관리직이 해야 할 고유한 역할이 있다. 그게 현장직이 많은 시간을 들여 새로 관리를 배우는 것보다 나을 수 있다. 그렇지만 원천적으로 그렇게 되는 길을 막아놓는 것은 다른 이야기다. "기회를 주는가 주지 않는가", "기회가 형식적으로만 존재하는가"하는 문제는 일하는 직원의 성취동기를 저해함은 물론 조직 내부의 원활한 정보 공유와 전략의 실행에 장애가 될 수 있기 때문이다.

4년제 대학을 졸업하면 대졸 관리직으로 회사 생활을 시작하는 경우가 많다. 보편적으로 사무직은 생산직이나 물류, 매장 판매직 등 현장 조직과 직무 라인이 분리되어 있는 경우가 많다. 경영이라 쓰고 관리라고 부르는 것은 분명 최근 몇 세기 동안 가장 근사한 발명일지도 모른다. 하지만 이것이 현장과 지나치게 분리되어 있는 구조라면 경영은 이론에 불과할 것이다. 관리직은 이론을 만들고 현장에서는 무슨 일이 일어나는지 알지 못하는 경우가 허다하기 때문이다.

대졸 관리직은 현장의 문제와 고객의 필요를 알기 위해 현장에 나간다. 그런데 실무를 잘 모르다보니 현장에서 일하는 생산, 물류, 판매직군의 이야기를 듣고 그들의 시간을 뺐으면서 이들을 '관리'하기 위해 불필요한 일을 시킨다. 과다한 보고, 현장에서 일하는 시간을 줄여버리는 각종 행사와 교육 등 그들이 현장에 나오면 오히려 실무에 걸림돌이 된다. 현장을 직접 아는 게 아니라 간접적으로 알려고 하기 때문이다. 이렇게 이야기만 듣고 본사에서 회의를 하는 사람들은 모두 관리직이니 형식적으로 현장을 파악해도 다들 믿고 넘어간다. 정말 현장을 아는 사람, 고객을 아는 사람은 실제 그 조직에 없기 때문이다. 관리직 한 사람이 현장에서 들었다는 이야기로 의사결정을 내리더라도 옆 사람이 끝까지 반대하면서 몰아붙이지도 못한다. 그 사람도 어차피 잘 모르고 자신이 들은 다른 이야기에 대한 확신이 없기 때문이다. 그래서 현장이 잘 운영되기 위해 시작한 전략들이 중간에 멈추는 경우가 많다.

망하는 회사는 보통 한 사람이 잘못 들은 편협한 내용 한 가지에 꽂혀 실패로 이어지는 경우가 많다. 자신이 기존에 갖고 있던 생각을 실행하는 데 현장직의 이야기를 근거로 이용할 뿐이다. 자신의 패러다임을 현장을 통해 바꾸려 하기보다는 자신의 생각을 뒷받침하는 사례들을 일부러 찾는다. 현장의 의견을 듣는다면서 조직의 위계질서가 강하면 오히려 경영이 독단적으로 흘러갈 가능성이 높다.

관리직들은 은근히 선민의식도 갖고 있다. 같은 피고용인이면서 관리직은 현장직에게 요구하고 억압하고 점검한다. 관리가 나

"전문가는 별도로 평가합시다" ➡

쁘다는 게 아니다. 기업의 주요 전략이 현장에서 실행되는지 확인하고 피드백할 필요가 있다. 하지만 자신의 편견으로 현장직의 의견을 무시하거나 현장을 쉽게 판단해버리는 것은 문제가 있다. 10년 차 현장직과 2년 차 관리직 중 누가 더 고객의 수요와 업무 프로세스의 문제를 잘 알겠는가? 실제로 오래된 현장 실무진이 많은 기업에서 기업문화를 바꾼다고 우수 학력의 신입들을 높은 연봉으로 채용하는 경우가 있다. 이들은 보장된 회사 내 미래를 바탕으로 아는 것이 별로 없는 상태에서 현장을 다니며 칼질을 하기 시작한다. 자신의 생각과 맞지 않거나 투자를 해야 하거나 자신의 윗사람이 듣기 싫어할 이야기가 현장에서 나오면 묵살하고 현장직을 미워한다.

현장의 목소리, 고객의 필요에 대한 현장직의 소리를 잃지 않기 위해서는 어떤 말이든 들어주고 유통하고 저장하여 의사결정에 활용하는 시스템을 만들 필요가 있다. 현장 친화적인 관리직이 관성대로 일하지 않는 현장직의 이야기를 경청할 때 현장의 인사이트는 좋은 전략으로 바뀌게 된다. 현장직을 하대하고 무시한다면 조직문화가 악화될 뿐 아니라 사업의 기회마저 잃게 될 것이다.

장벽을 없애야 한다. 조직 구조의 가장 밑바닥에 있는 직원도 최고경영진까지 도전할 수 있도록 연결시켜야 한다. 특히 제품 기술과 마케팅 분야에서는 이런 방법이 전사적 역량을 축적하는 데 도움이 된다. 현장의 최신 지식이 기업 내부에서는 가장 빠르고 높은 수준의 업계 정보이기 때문이다.

이런 장벽은 출신과 학력, 경력을 중시하는 관행 앞에서 사라지지 않는다. 회사는 차별을 하지 않겠다고 말하지만 채용 방식이나 경력을 누적해서 기록하며 사람마다 별도의 표시를 한다. 이런 관행이 사라지지 않는 한 회사는 현장에서 인사이트 있는 인재를 경영진으로 활용할 수 없을 것이다. 가끔 기업에서 완전히 실력으로만 사람을 뽑고 배치한다고 말하지만 실제 전산상의 인재 기록을 실력으로만 하지 않으면 보이지 않는 곳에서 다른 기준으로 판단할 수 있다. 사람을 현장직, 전문직으로 원천적으로 구분하면서 급여와 보상에서 관리직과 차별하고, 현실성 없는 경력 개발 프로그램을 제시하는 것은 현장의 기회를 날리고 현장직을 단순한 부품으로 여긴다는 증거다. 경영진은 현장의 경험과 기술, 노하우를 강조하지만 경영진 자신들의 급여와 복리후생이 점점 늘어나는 동안 현장직에 대한 처우와 경력의 연속성에 대해 고민하는 경우는 거의 없다.

일부 관리직들은 기득권을 잃을까봐 두려워한다. 현장직이 자신의 자리까지 올 수 있다면 현장직에 비해 역량이 부족한 직군들이 드러날 것이며, 자신들이 그 자리에 오기까지 들인 시간과 교육비가 쓸모없는 것으로 판명 나는 게 싫기 때문이다. 지금 관리직이 하는 업무 중 상당 부분은 현장직 출신들이 할 수 있는 일이다. 영업과 마케팅, 일부 기술 분야는 더욱 그렇다. 그래서 관리직은 은근한 카르텔kartell을 만든다. 학벌을 정하고 경력의 등급을 매기는 것으로 장벽을 만든다. 자격증이 없다뿐이지 자격증보다 더 큰 장벽인 것이다.

경영진의 과단성 있는 결단과 인사 조직의 실행력 없이는 이런 카르텔을 없애기 어렵다. 카르텔을 없애는 일은 관리직이 관료화되지 않기 위해서 꼭 필요하다. 경영이 현장과 멀어지지 않기 위해 관리직이 현장직의 역할을 침해하지 않기 위해서도 필요하다. '현장 중심', '고객 중심'이라는 구호는 이에 걸맞은 의사결정이 뒤따를 때 실현된다.

"인사 내용은 비밀입니다"

연말만 되면 뒤숭숭한 회사

`#인사이동` `#어차피팀장은○○○` `#인사는타이밍`

"나쁜 소문은 날아가고 좋은 소문은 기어간다."

속담

- 평가 전후에는 조직 내 인사 재배치가 이루어지는 경우가 많다.
- 좋은 의도로 하는 인사이동도 나쁜 결과를 낳는 이유는 무엇일까?
- 좋은 인사이동은 기업에 활력을 주지만 방법이 나쁘면 오해와 무기력을 불러온다.

팀장 없이 지낸 지 한 달이 다 되어간다. 지나가던 선배들이 툭툭 치면서 물어보는 일이 잦아졌다.

"후임으로 누가 온대?"

"몰라? 소문도 없어?"

"조만간 겸사겸사해서 대대적인 인사 발령이 있을 거라는데 들은 것 좀 없어?"

다들 전략기획팀장 자리를 필두로 인사이동이 언제 있는지 정보

　　　　　　　　　　　"인사 내용은 비밀입니다" ⇒

를 캐내기 위해 혈안인 것 같았다. 그것과 상관없이 나와 제인은 오히려 지금이 더 좋다. 대표와 함께 일하면서 의도를 보다 뚜렷하게 알게 되었고 실행 계획을 진행하는 데도 더 힘이 실렸다. 그러나 야근은 별로 늘어나지 않았고 예전과 비슷한 듯하다.

"피터 씨, 그 이야기 들으셨어요? 다음 주에 인사 발령이 난다던데요."

제인이 어디서 들었는지 조직 개편에 대한 이야기를 한다.

"인사팀에 있는 제 동기가 그러던데, 이번에 확 바꾼다고 하더라고요. 아마도 평가 제도를 바꾸고 제대로 평가하니까 누가 정말 잘했는지 못했는지 제대로 파악되어서 그렇다고들 하더군요. 벌써 어디 팀장이 누구로 바뀔 거라는 이야기까지 나와요."

"그래요? 그런 소문은 저도 들었는데 자세한 내용은 못 들었어요. 뭐 알려진 거라도 있어요?"

"그게… 다른 데 가서 말씀하시면 안 되는데…. 이번에 한우 브랜드 팀장이 좌천되고 그 자리에 구매물류팀장님이 온다는 소문이 있어요. 인사팀 동기가 인사팀장님이 대표님과 전화 통화하는 걸 옆에서 들었는데 그런 뉘앙스로 이야기했대요."

"아… 충격적이네요. 솔직히 구매물류팀장님이 그런 자리에 갈 줄은 몰랐는데…."

"모르겠어요, 어차피 소문이니까. 다른 데 가서 말씀하시면 안 돼요."

제인은 그렇게 당부했지만 이미 그날 오후에는 화장실 가는 길이나 자판기 옆에서 사람들이 몇 명씩 모여서 이 이야기로 쑤군쑤

군대고 있었다. 화장실에서 직원들이 얘기하는 걸 들어보니, 이미 비밀도 아닌 것 같았다.

"그거 들었어? 한우 브랜드 팀장 자리에 구매물류팀장이라니…. 대단하지 않아? 아직 젊은데 최고 매출 브랜드 팀장이라니…."

"네, 들었어요. 새로운 시스템이 아직 실험 중이긴 하지만 지금까지 구매물류를 잘 운영해왔고, 특히 영업망이 급속도로 확장될 때 그에 따라 물류망도 차질 없이 넓혔고. 대표님 입장에서 회사를 더 키우려면 시스템 역량을 갖춘 사람이 다음 비전을 그릴 수 있는 자리로 가는 게 낫다고 생각한 것 아닐까요?"

다들 소문을 좇아 이야기하기에 여념이 없었다. 오후 내내 회사 메신저에 한우팀장은 로그인하지 않았고 구매물류팀장도 내내 자리를 비운 상태였다.

오후에 신규사업 검토 건으로 대표와 제인과 함께 회의실에 모였다. 대표는 그 자리에서도 인사이동이나 조직과 관련해서는 한마디도 하지 않았다.

"…이렇게 하면 투자 회수 기간을 못 채우니까 그건 어려울 것 같은데… 피터 씨는 어떻게 생각해요?"

"네, 대표님. 아무래도 성장하는 시장이긴 하지만 지금 회사 사정상 이 부분에 대한 경력직 채용이 먼저 이뤄진 다음에 생각해봐야 할 것 같습니다. 지금 역량으로는 기대 수익률이 낮고 이렇게 되면…."

"알겠어요. 지난번에 피자 브랜드에서 신메뉴 개발을 위해 사람 뽑아달라고 한 것 같은데… 그 이후에 소식을 못 들었네요. 인사팀장 있으면 회의실로 와달라고 하세요."

인사팀장이 자리에 있다가 회의실로 들어왔다.

"팀장님, 지난번에 메뉴 개발 관련해서 피자 브랜드에서 충원 이야기한 것 어떻게 되었나요?"

인사팀장은 어렵다는 표정으로 대답했다.

"그게 몇 번 타깃 스카우트를 하려고 했는데 안 온다고 해서 이후에는 실질적인 충원이 안 되고 있습니다."

"왜 안 온다는 거죠? 이유를 알고 있어요?"

"연봉도 맞지 않고 업계에서 요즘 소문이 안 좋게 나면서… 성장이 둔화되었다는 등 여러 이야기가 퍼져… 아무래도 꺼리는 것 같습니다."

대표는 처음 듣는 표정이었다.

"그래요? 연봉이 얼마나 차이 났나요?"

"천만 원 정도 차이 났습니다…."

"그런데 왜 말 안 했어요? 그 정도는 이야기해서 풀 수 있는데…."

"저희 급여 테이블과 맞지 않아서… 아무래도…."

인사팀장이 더듬거리는 사이 대표의 얼굴에는 답답해하는 기색이 역력했다.

"인재라면서요…. 그런데 왜 우리 틀에 자꾸 가둬요. 나한테 말이라도 했으면 좋았을 텐데…."

대표는 감정을 드러내지 않으려고 일부러 말을 가려서 하는 듯했다. 인사팀장은 분위기를 만회해보려는 듯 다른 이야기를 꺼냈다.

"참, 그런데 지난번에 말씀하신 그 건, 전화로 말씀드렸던 조정은 언제 진행하는 게 좋을까요?"

갑작스러운 이야기에 대표의 눈이 커졌다.

"팀장님께서 해당 인원들을 직접 만나보셨나요? 제가 다 만나보고 의사를 들은 다음에 다시 이야기하자고 했던 것 같은데… 밀어붙이지 말고 각자 생각하는 걸 정리해서 조정해보자고 했는데… 그 새 다 만나셨어요?"

인사팀장은 또 머뭇거린다.

"그게… 대표님, 몇 명 만나보긴 했는데 그렇게 원하는 걸 다 들어주면 안 하려는 자리와 하고 싶은 자리가 서로들 겹칠 텐데요. 그렇게 이야기하는 자리를 만들면 자신들의 요구가 받아들여질 줄 알고 더욱 무리한 요구를 하지 않을까요?"

"팀장님, 지금 무슨 말씀을 하시는 거예요? 일단 의견을 듣는 게 중요하죠. 자기가 할 일을 자기도 모른 채 받아들이라고 강요할 수는 없죠. 물론 팀장님 말씀처럼 다 원하지 않는 일은 설득할 시간이 필요한 거고. 그 시간이 길어지면 안 되니까 빨리 만나보고 알려달라는 건데… 설득은 내가 합니다. 하지만 처음부터 내가 모두 만날 수는 없잖아요."

오늘따라 대표와 인사팀장이 맞지 않았다. 인사팀장은 머리를 계속 숙이다가 회의실을 빠져나갔다. 나와 제인은 어쩌다가 조직 개편에 대한 이야기를 방법론 차원에서 듣게 되어버렸다.

"제인 씨와 피터 씨는 인사이동이나 이런 이야기를 밖에서 되도

　　　　　"인사 내용은 비밀입니다" ➡

록 하지 말아주세요. 소문 나면 다들 마음이 뜨고, 그러면 업무에 몰입이 안 될 테니까요. 일 외적인 것으로 직원들이 스트레스 받지 않게 하고 싶은데⋯."

대표는 이렇게 말하고는 사업성 검토를 원안대로 처리했다.

회의는 퇴근 시간이 다 되어서야 끝났다. 회의실을 나와 자리까지 오는 동안 사무실의 자리가 많이 비어 있는 걸 발견했다. 복도에서 제퍼슨 팀장을 만났다.

"피터 씨, 아직 안 갔어?"

"네, 선배님. 이제서야 회의를 마쳤어요."

"얼른 가. 다들 빨리 갔잖아."

"그런데 오늘따라 사람이 없네요. 다들 어디 갔어요?"

"아니⋯ 조직 개편 이야기 나온 뒤로 다들 빨리 퇴근한 거지. 누가 더 야근하면서 일하겠어. 이런 시기에."

대표의 바람과 달리 다들 이미 마음이 떴지만 소문처럼 그다음 주에 인사 발령이 나지는 않았다. 아마 인사팀장과 대표 사이에 시간이 더 필요했으리라 혼자 짐작했다.

해산물 브랜드 팀장이 파티션 너머에서 우리 자리를 쓱 넘겨다보더니 구렁이 담 넘듯 슬그머니 나에게 다가왔다.

"피터 씨, 자리에 있었네."

"네, 팀장님. 무슨 일이라도⋯."

"아니, 일은 뭐. 궁금한 게 있어서요."

팀장은 주위를 둘러보더니 더 가까이 와서 물었다.

"피터 씨는 들은 것 있지? 소문 사실이야?"

뭔가 바라는 눈빛으로 내가 다 알고 있을 거라는 듯이 물었다.

"어떤 말씀인지… 소문이라뇨?"

"아, 왜 이래? 알면서… 시간만 가고 있잖아. 인사이동. 한우팀장님 어디로 가는 거야?"

알면서 왜 알려주지 않으려 하냐는 표정으로, 원하는 대답을 들을 때까지 계속 물어볼 기세였다.

"아, 조직 개편 하는 거요? 저도 소문으로만 들었는데… 그건 잘 모르겠어요."

팀장은 몇 번 더 졸랐지만 나도 모르는 일이어서 말해줄 게 없었다. 팀장은 돌아갔다. 옆자리에 모른 척하고 있던 제인이 고개를 저으면서 다가왔다.

"이러다간 다들 마음이 뜨겠어요. 할 거면 빨리 하든가. 요새 사람들 만나면 다들 소문 아느냐고 자꾸 물어봐요. 저도 모르는데… 인사팀이라면 모를까. 피곤해 죽겠어요."

제인은 고개를 절레절레 흔들면서 사라졌다. 그 말은 사실이었다. 요즘 전략기획팀이나 인사팀은 지인들한테 소문이 사실인지 확인받는 일이 너무 잦았다. 어떤 이유로든 조직 개편은 할 것 같은데 늦어지니 다들 지쳐 있는 것 같고, 심지어 소문이 사실인 듯 행동하고 미리 인사하는 사람들까지 있었다.

그러나 며칠 뒤 대부분이 생각하지 못했던 일이 일어났다. 경력직 채용으로 인사팀장이 바뀐 것이다. 20층 끝에서 못 보던 사람이 인사를 하면서 다니는데 듣기로는 새로 올 인사팀장이라고 했다. 물론 이것도 소문으로 알았다. 전임 인사팀장은 며칠 전부터 회사

"인사 내용은 비밀입니다" ➡

메신저가 오프라인 상태였다.

"안녕하세요. ○○ 화학에서 인사팀장을 하다 온 앨빈이라고 합니다. 다음 주부터 출근인데, 미리 인사드리고 싶어서 왔습니다."

새로운 팀장은 키가 크고 눈가에 주름이 많은 사람이었다. 너무 갑작스레 인사 조치가 나는 바람에 대부분의 사람들은 생각하지 못했다는 반응이었다. 대표는 언제부터 준비한 것일까? 소문에는 대표와 아는 사이라는 말이 많았다.

그리고 그다음 주에 인사 조치가 게시판에 났다. 한우 브랜드 팀장은 구매물류팀장으로 갔고, 구매물류팀장 마이클이 새로운 한우 브랜드 팀장이 되었다. 전략기획팀장은 따로 발령이 없었다.

대표가 전략기획팀을 부른 자리에서 한 마디했다.

"팀장 없다고 너무 실망하지 마세요. 사실 전에 팀장님 있을 때 여러 가지 생각을 했어요. 회사 상황을 돌아보니까 전체적으로 시스템을 바꾸면서 관리 부서를 바꾸지 않으면 회사가 더 어려워질 것 같더라고요. 특히 인사평가 제도나 전략기획의 기능을 회복하지 못하면 전체에 영향을 주는 것 같아 바꾸기로 마음먹었어요. 인사는 아는 지인 소개로 동기부여 중심으로 정확한 평가 체계를 만든 경험이 있는 분으로 모셨는데… 아직 전략기획은 사람을 찾지 못했어요. 전임 팀장님이 잘하셨는데 그만두셔서… 사실 한때는 예전 팀장님을 더 크게 쓸 생각도 했거든요. 그런데 점점… 내가 이런 이야기를 왜 하는지 모르겠네요. 아무튼 당분간 내가 직접 보면서 문제를 풀어나가는 데 집중할 거니까 이해해주세요. 지금처럼만 하면 될 것 같아요. 피터 씨나 제인 씨도 할 말 있으면 해주세요."

대표는 걱정하지 말라고 한 말이었지만 나와 제인은 그 말을 들은 이후 생각이 많아져 일이 손에 잡히지 않았다.

"대표님은 어떤 사람이에요? 호칭 파괴도 대표님 아이디어라고 하셨죠?"

나의 물음에 제인이 대답했다.

"네. 대표님은 따뜻하다가도 무서운 분인 것 같아요. 인사팀장님한테 평가 관련해서 검토하라고 하셨을 때 이미 인사팀장님을 바꿀 생각이었던 거잖아요. 인사팀장님 편드는 건 아닌데, 대표님 정말 무서운 것 같아요."

"저는 솔직히 대표님이 이해돼요. 전임 팀장님이나 전임 인사팀장님이나 모두 바뀌지 않으려고 했으니까요. 이번에 인사 발령 앞두고 몇 주간 뒤숭숭했잖아요. 영업팀도 통폐합되는 것 아니냐고 불안해했고. 그런 것 보면 대표님의 과단성이 도움이 될 것 같기도 해요. 그런데 방법이 맞는 건지는 잘 모르겠네요."

"바뀐 인사평가 제도에 대한 현장의 반응이 좋은 것 같더라고요. 영업팀에 있는 동기는 실적이 좋은 데 비해 인정을 못 받는 선배가 있는데 이번에 정확히 개인 실적을 체크하니까 기존에 팀장이 맘대로 순서 정해서 평가할 때보다 더 공정하게 나왔다며 좋아하더라고요."

"그게 대표님 생각인데…. 대표님이 이제 자기 생각대로 할 인사팀장을 만났나 모르겠어요. 새로운 분은 어떤 분인지 궁금하기도 하고. 인상은 좋으시던데…."

소문으로 들은 이야기로 다시 소문을 만들기 너무 좋은 회사였

"인사 내용은 비밀입니다" ➡

다. 앞으로도 어떻게 될지는 정확히 알 수 없지만 회사는 변화를 위해 한 걸음 나가는 것 같았다. 물론 결과는 직원들이 나중에 평가하겠지만.

충분한 조정을 통한 인사
vs. 소문나면 일 안 되는 인사

조직 개편 시즌 전후로 대다수 회사는 뒤숭숭한 분위기다. 자판기 앞이나 벤치에서 여러 명이 모여 수군수군 이야기하는 장면이 자주 포착된다. 남이 들을까봐 주변을 쳐다보면서 하는 이야기는 대개 인사에 관한 내용이다. 특히 인재 배치를 급하게 하거나 소문이 퍼질 대로 퍼졌는데도 겉으로 조용한 회사에서는 직원들이 일이 손에 잡히지 않아 모여서 불안한 미래를 나누기 바쁘다. 일이 손에 안 잡히는 것을 직원 탓만 할 것은 아니다. 이런 분위기가 주기적으로 찾아온다면 이렇게 만드는 회사에 문제가 있는 것이다.

DON'T – 자주 하기

스타트업처럼 성장 속도가 빠른 기업은 조직 개편이 잦을 수밖에 없다. 아이가 어른으로 자라면서 몸의 기관들이 급격히 자라나듯 사업 규모가 커질수록 뒷받침할 수 있는 조직 내부 기능이 분화되면서 강화되기 때문이다. 중요한 것은 일관된 회사 철학 위에서 조직 개편을 하는 것이다. 특히 조직 구성원들에게 적절한 커뮤니케이션 빈도와 일관된 입장을 유지하는 것은 매우 중요하다. 조직 개편 전후 사업이 일관되게 물 흐르듯 흐르려면 전임과 후임 주요

"인사 내용은 비밀입니다" ➡

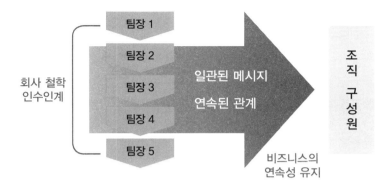

관리자들을 이어줄 수 있는 조직의 철학이 있어야 하고 혼란 없이 내부의 메시지와 방법들이 인수인계되는 탄탄한 시스템이 필요하다. 하지만 그냥 순환보직을 돌리거나 적절한 인수인계가 되지 않을 경우에는 관리자와 부서원들의 관계를 처음부터 다시 시작해야 하는 일이 생긴다. 사람이 자주 바뀌더라도 일은 연속성을 가지고 진행되어야 하며 구성원들 간 서로 막힘 없는 커뮤니케이션이 이루어져야 한다. 자칫하면 나중에 책임지는 사람도 없고 난감한 상황이 되어버리기 쉽다.

DON'T – 알려주고 늦게 하기

누가 봐도 조직 개편 시기가 도래했거나 그런 소문이 돌면 실무자들은 일이 손에 잡히지 않는다. 그러기에 조직 개편은 '누가 어디 간다더라'라는 소문이 알려진 후 빠른 시간 안에 실행되어야 다들 성취동기를 잃지 않는다. 하지만 직원들에게 관심이 없는 인사팀이나 경영진은 인사 개편 소식도 공식적으로 알려주지 않고 소문이

늦어지는 인사 개편

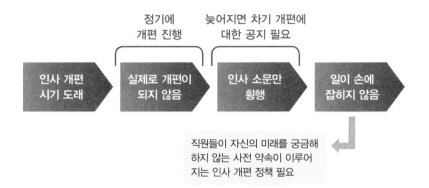

나도 몇 달 뒤에 개편을 실행해 몇 달간의 레임덕(리더의 임기말 지도력 공백 현상)을 초래한다. 이런 습성은 조직문화에 남아 개편 후에도 조직의 속도를 늦추고 일에 몰입하지 못하게 만든다.

DON'T – 일방적으로 하기

사실 '조직'이라는 것 자체는 허상이다. 실체는 조직이라는 것을 이루고 있는 '직원'들뿐이다. 이런 직원 한 명 한 명의 상태에 대해 미리 고민하고 합의하는 방법으로 일을 진행하면 좋겠지만, 많은 기업이 적합한 인재가 없다는 핑계나 카리스마적인 리더십이 필요하다는 잘못된 생각에 조직 개편도 폐쇄적으로 진행한다. 직원들이 자신이 얼마 뒤 어디서 무슨 일을 할지 모르는 기업에선 직원들이 늘 불안해할 뿐 어디서도 편하게 일에 집중하기 어렵다. 직원 개개인에 대해 미리 향후 직무와 직급 방향을 합의하지 못해도 며칠 전

"인사 내용은 비밀입니다" ➡

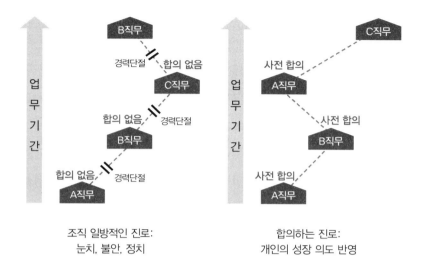

조직 일방적인 진로:
눈치, 불안, 정치

합의하는 진로:
개인의 성장 의도 반영

에 갑자기 언제 무슨 일을 해야 한다는 식으로 통보하는 회사에는 어느 누구도 오래 몸담고 싶어 하지 않을 것이다.

DON'T – 베테랑 한 명만 남기기

많이 하는 실수 중 하나가 혁신이 필요한 상황에서 완전한 조직 개편을 하지 않고 조직의 일부만 바꾸는 것이다. 연차가 쌓인 직원의 연륜이나 경험에 비즈니스의 연속성을 맡기려는 회사의 의지 때문이다. 나중에는 굳이 남긴 그 연륜 있는 사람이 혁신의 저항 세력이 되어버린다. 철학을 바꾸려면 교체하지 않고 굳이 남길 사람에게는 특정 기능만 제한적으로 담당하도록 해야 한다. 남긴 그 연륜 있는 사람의 발언권 때문에 다시 예전 조직으로 돌아가는 일이 벌어진다면 잘된 인재 배치라고 보기 어렵다.

'경영'에 대해 피터 드러커는 『프로페셔널의 조건』에서 '인적 자원의 생산성을 높이는 일련의 활동'이라고 정의하고 있다. 인적 자원 관리에서 조직 개편이 차지하는 큰 의미를 볼 때 조직 개편은 경영에서 대단히 중요한 수단이다.

기업에만 중요한 것이 아니다. 한 개인의 커리어가 달려 있고, 최소 1년 이상의 적응 과정에서 퇴사할 수도 있는 큰 변화다. 개인이 잘하는 것과 조직에서 필요로 하는 것을 잘 맞춰 인적 자원을 배치하면 경영에서 그것만큼 큰 효과를 내는 것도 드물다. 그래서 조직 개편은 늘 연구 대상이었고, 어떻게 하는 것이 바른 방법인지 기업 내에서도 관련 당사자들끼리 많이 논의하는 내용이다.

하지만 반대로 조직 개편만큼 잘 안 되는 것도 없다. 회사 게시판이나 직원들이 모이는 자리 어디서든 최근의 조직 개편에 대한 잡음이 끊이지 않는다. 개편을 단행한 당사자조차 사실 어떻게 하면 좋을지 흔들리는 경우도 많다. 그래서 조직 개편을 하면 할수록 기업은 더 방향을 잃어버리는 경우도 많다.

조직 개편은 '직원들을 존중하는 마음'이 있고 없고의 문제로 귀결된다. '그 사람의 능력을 발휘할 수 있는 자리에 배치한다'는 마음이 핵심인 것이다. 어떤 방법과 기준을 쓰든 항상 그 마음을 잊지 않으면 모두가 일에 집중할 수 있도록 최선의 길을 찾아낼 수 있을 것이다. 직원 채용 시 실수만 하지 않았다면 대부분의 조직은 직원들이 집중할 수 있는 여건만 만들어도 평균 이상의 성과를 낼 수 있다.

에필로그

제퍼슨 팀장이 회사를 그만둔다는 이야기는 소문이 아니라 제퍼슨 팀장에게서 직접 들을 수 있었다.

"어차피 다 그만둘 회산데 뭐 그리 새삼스레 숙연해!"

그만의 웃음으로 별 일이냐는 듯 말하고는 함께 저녁을 먹으러 갔다. 팀장들의 이직 러시와 조직 개편 바람에 제퍼슨 팀장도 속앓이를 적지 않게 해온 모양이다. 마침 경쟁사에서 제안이 와서 생각보다 쉽게 짧지 않았던 회사 생활을 정리하리라 마음을 굳힐 수 있었단다.

"생각해보면 아쉽지. 인정받고 박수 받고 가는 건 아니니까."

거나하게 취한 얼굴로 그는 하고 싶은 말을 했다.

"그런데 피터 씨, 우리 대표님 영어 이름 알아?"

새삼스런 질문이었다.

"네, 알죠. 마이클이죠. 항상 명찰을 하고 다니시잖아요."

"그래, 마이클이지. 대표님이 좋아하는 경영학자 이름이기도 하고."

한참동안 회사를 다닌 소회를 털어놓고 나서 새삼스레 이름 타령이라니. 무슨 말을 하려던 걸까?

　제퍼슨 팀장은 계속 아쉬운 표정으로 말을 이어 나갔다.

　"한때는 대표님하고 좋은 시절도 있었어. 대표님이 회사에 오시고 한우 브랜드를 살려 놓고 막 수도권에서 영업망을 확장할 때였지. 그 때는 회사가 작아서 대표님과 직원들이 접할 기회가 많았어. 힘들면 서로 도와주고 개인적인 이야기도 쉽게 했었거든. 주말에 매장 오픈이 있어서 나가면 가끔 오셔서 도와주기도 했단 말이지…."

　"그랬을 때도 있었군요. 지금하고는 전혀 다른 분위기였나 봐요."

　"그치. 지금은 직원들 간에 모르는 사람도 많고 굳이 알려고도 하지 않으니까. 사무실도 조용하잖아. 그런데 그게 어떻게 그렇게 된 건 줄 알아?"

　"글쎄요. 사업이 잘 안 되기 시작하면서부턴가요?"

　그는 고개를 저었다.

　"아니지. 순서가 잘못되었지. 먼저 안 좋은 액션이 있었고 그 후로 사업이 안 되기 시작했지."

　한 손에 쥐고 있던 숟가락을 놓더니 팔짱을 끼고는 말을 이어나간다.

　"대표님은 조직을 관리하려고 했지. 그럴 수밖에. 조직이 커지면서 뭐가 어떻게 돌아가는지 파악이 안 되었던 거야. 예전처럼 사람들을 다 만날 수는 없었으니까. 그러니까 막 한우 브랜드가 수도권에서 잘되고 해산물 뷔페가 서서히 손익 분기점 수준에 올라오면서부터 정신 없어진 거지. 뭐든지 추진하면 성공하는 편이었고 신입 직원들도 많았고 하여간 정신은 없었는데 열정은 가득 찬 때였거든."

"그래서요?"

"경영지원본부를 만들었어. 경영계획이란 걸 그 때 전사적으로 처음 공들여서 만들어 본 것 같아. 그리고 얼마 전 퇴사한 전략팀장 그 친구를 다른 회사에서 데리고 왔지. 신규 브랜드 런칭 계획과 영업망 확장이 일사천리였어. 그 땐 많이도 승진했었는데."

회사가 어려워진 이후로 승진이 드물어진 지금과는 많이 다른 분위기였던 듯하다.

"그런데, 팀장님. 그렇게 경영체계를 잡으면 회사가 더 잘되어야 하는 거 아닌가요? 전보다 구멍난 데도 적었을 테고 조직적으로 뭔가 되어야 하는데. 지금은 아니잖아요."

"그래, 그거야. 전략팀장이 새로운 시도를 많이 했어. 나름 노력을 했어. 경영 이론들을 많이 적용하려고 했어. KPI 만드는 거부터 전사적자원관리라면서 계속 뭔가 관리하고 시뮬레이션 돌리고 시나리오 경영한다고 재무적으로 통제도 하고 인사팀하고 인재 관리제도 만들고 이것저것 했지. 매달 새로운 뭔가를 했어."

"그러면 잘되어야 하는 거 아니예요?"

"매달 뭔가를 새로 하니까 문제지. 직원들이 지쳐버린 거야. 이번에 새로운 게 생기면 처음에는 하다가 또 새로운 게 만들어지면 그거 따라가고… 그렇게 반복이 되면 새로운 게 생겨도 내성이 생기지. 이것도 얼마 하고는 또 말겠지. 이렇게 생각하는 게 당연한 거야. 어디 직원들하고 이야기는 하고 그런 거 만들었나? 아니지. 그냥 어느 순간 위에서 떨어지기 시작했어. 예전에 작을 때랑은 다른 분위기였지. 인사 제도도 한 몫 했어. 사업이 잘된다고 사람을 막 그냥 뽑은 거야. 사업이 커져도 일은 그대로 예전 방식으로 하는데 사람이 너무 많아 승진이 잘 안 되는 거지. 그러다가 사업이 안되니까 서로 피로해지는 거고."

대표는 늘 진정성 있는 태도였다. 하지만 전략팀장과 있을 때는 늘 전략팀장에게 많은 걸 맡겼다. 사실 그것도 궁금했다.

"그런데 대표님은 예전 전략팀장이나 인사팀장 같은 분들을 왜 그렇게 믿었어요?"

제퍼슨 팀장은 그 부분에서 손사례를 쳤다.

"그 양반들 이야기는 여기까지만 해. 머리 아파. 믿기는 왜 믿었겠어? 조직은 커지는데 어디서 좋은 사례들을 가져 오니까 영업밖에 몰랐던 대표 입장에서는 신뢰가 갔겠지. 뭐 다 폼 나는 것들을 만들어 오니까 좋아하지 않았겠어? 계속 그런 이야기만 하면 다음에 또 보자고."

제퍼슨 팀장은 회사를 떠나는 마당에도 회사에 애정이 조금은 남아 있는 것 같았다. 그는 그 다음 주에 조용히 회사를 나갔다.

사람은 자리를 비워도 의자는 그 자리에 있다. 일이 사람보다 오래 간다. 한우 브랜드의 새 팀장이 된 마이클과 한우 브랜드 전략에 대해 대표 보고를 준비해야 했다. 며칠간 매일 함께 자료를 보고 이야기를 하면서 전과는 다르게 좀 친해진 기분이다.

"피터 씨가 팀장해도 될 거 같아요. 방향 잡는 데 도움을 많이 줘서 고마워요. 밸런스가 잘 맞는 거 같아요."

"팀장은요 무슨. 아직 배울 것 투성인데…. 저야말로 실무에 대해서 팀장님 통해 많이 배웠습니다. 업무 프로세스에 대해 모르는 부분이 있었는데 팀장님 통해서 물류부터 영업까지 확실히 알 수 있었습니다. 대표님 스케줄 잡아서 이렇게 보고드리면 될 것 같네요."

"네, 좋아요. 그런데… 피터 씨는 경영학 전공했어요?"

"네, 경영학 했죠."

"저는 이과여서 그런 거 한 사람들 보면 부러운 게 많아요. 이번에도 피터 씨 덕분에 정리가 잘 된 거 같아요."

"뭘요. 팀장님이 다 하셨는데요."

"그런데 우리 회사 어떤 거 같아요?"

"어떤 거 같다뇨?"

"피터씨는 지난 번에 인사 문제 있을 때에도 합리적으로 생각하는 사람인 거 같아서 한 번 물어보고 싶었어요. 회사가 안 좋잖아요. 기획자로서 어떻게 보냐 뭐 이런 거요."

"아… 저는 전에 좋은 시도를 많이 했었는데 그게 좀 현실과 안 맞는 부분도 있었고 그걸 피드백 하는 시간이 오래 걸린 것도 같고… 관리를 하려던 게 조직을 오히려 얼음처럼 만든 게 아닌가 하는 생각도 좀 하고 있었습니다."

너무 시원하게 말해버렸다. 한우 브랜드 팀장은 한동안 고개를 끄덕인다.

"그쵸. 저도 프로세스 관련된 일을 주로 맡으면서 그 생각을 좀 했어요. 현실로 내려와서 보면 프로세스가 막혀 있고 안 되는 일인데 그런 걸 이야기해도 반영이 잘 안 되었죠. 이야기할 공간 자체가 없었죠. 이 회사를 아주 작을 때부터 다녔는데 점점 그렇게 변한 것 같아요. 어느 순간부터는 대화가 너무 없고 언로가 막히니까… 이제는 우리를 싫어하나… 그런 생각이 들더라고요."

"그래도 이제 인사 제도도 손질하고 점점 좋아지지 않을까요?"

"네, 지금부터라도 방법을 바꾸는 게 다행이에요. 새로운 시도도 좋지만 지금 악취가 나는 걸 정면 돌파하는 모습에서 대표님이 달라지셨다고 생각해요. 회사 실적이 나빠진 지 오래 되다 보니까 다른 방법을 생각하신 거겠죠 뭐. 아무튼 피터 씨 알게 된 게 이번 준비 기간 제일 큰 보람이에요. 든든하네요."

팀장은 어깨를 한 번 치고는 웃으면서 자리에서 일어섰다. 나는 대표 일정 확인하고 미팅을 잡았다. 의외로 그 날 오후에 바로 시간이 잡혔다.

"제인 씨도 들어오라고 해요."

나는 두 명의 마이클, 그리고 제인과 함께 자리에 앉았다.

"두 분 이름이 같으시네요."

자주 봐서 이제 좀 친해졌다고 느낀 걸까? 나는 무심코 농담을 해버렸다.

"아. 그렇지. 이 친구는 외국 살다 와서 이름이 외국 이름 그대로 마이클이고 나는 마이클을 좋아해서 마이클이지. 마이클 포터 알아요? 경영학자? 그 사람 책들을 좋아했거든."

"네, 압니다. 대학교 때 들어봤습니다."

"그런데 경영이론이란 게 변하더라고. 업데이트 속도가 빨라져서 따라가질 않으면 어느 순간 뒤처지는 거예요. 신입 직원들 들어올 때마다 생각이 조금씩 다르잖아요. 마치 그런 것 같아요."

사람이 변하듯이 이론이 변한다? 그러고 보니 대표가 마이클 포터를 알게 된 건 수십 년 전이겠구나.

"마이클 팀장님은 잘할 거라고 생각해요. 조직을 작고 빠르고 진정성 있게 만들어 주세요. 예전에 내가 한우 브랜드 처음 시작했을 때보다 더 다이내믹하게 만들어 주세요."

대표는 싱긋 웃고는 무엇을 실패해 보았는지 먼저 물어보았다. 무엇을 시도해 보았는지, 그것에 대해 직원들에게 어떤 피드백을 들었는지, 그래서 어떻게 바꿀 건지 같은 것들 말이다. 곧 앨빈 팀장도 들어 왔고 서로가 의견을 주고받으며 회의가 계속되었다.

"그런데 이상하지 않아요? 왜 우리가 이런 회의를 오랜만에 하는 것 같은 느낌이 들죠?"

굳이 뭐가 달라졌는지, 이런 회의라는 말이 무슨 뜻인지 말 안해도 다들 알 것 같았다. 이제 다시 시작이었다.

1장

"원점에서 이야기해봅시다" – 올해 것을 복사하면 내년 것이 되는 마술

책

『**경영의 미래**The future of management』, 게리 해멀Gary Hamel, 세종서적, 2009

게리 해멀은 피터 드러커 이후 가장 주목받는 경영학자 중 한 명으로 꼽힌다. 기존 경영학의 낡은 이론을 현장에 기반하여 새롭게 고찰해나가는 노력으로 인정받은 경영학자다. 그 결과물 중 하나가 '핵심역량' 등 1990년대 이후 경영학의 주요 주제가 된 내용들이다.

이 책에서 게리 해멀은 기존 경영 이론의 틀 자체를 새롭게 쓰고자 한다. 즉, 리엔지니어링이나 재무적 기법, 브랜딩 등 개별적인 각론 수준의 변화가 아닌 '경영적 사고' 자체의 전복을 이야기한다. 기존 기업들은 어떤 이론 하나를 가지고 와서 조직 여기저기에 적용해보고 안 되면 마는 식으로 환자 상태의 기업에 돌아가면서 극약을 먹여 여기저기 부작용을 낳게 했다. 그런 대증처방이 아닌 흔히 말하는 '소프트 파워'인 조직의 권한과 책임, 의사결정 방법 등을 개선해 기업이 새로운 경영 수준으로 도약할 수 있다고 본다. 책에서 사례로 든 구글, 고어, 홀푸드는 모두 직원들에게 자율적인 권한과 책임을 주고 수평적 조직을 넘어선 네트워크 형태의 조직 구조와 문화를 만들어냈다. 기존의 중앙 집권적 구조에서 혁신을 강요하는 방식이 아닌, 조직문화를 어떻게 바꿀 것인가의 관점에서 어떻게 보면 혼란스럽기까지 한 조직구조를 대안으로 내세운 것이다.

이 책은 많은 기업이 혁신을 강조하고 반복해서 도전하지만 왜 혁신이 되

지 않고 같은 실수를 반복하는지에 대한 대답이다. 대부분의 기업에서 추종하는 현재의 전략은 아무리 최근 것이라고 해도 30년 전의 경영 이론이기 때문이다. 경영 이론은 사후에 정리되고 정리되기 전에는 다들 정답을 모르는 상태인데, 기업은 여전히 알려진 사례만 믿기에 낡은 경영 이론을 들고 와 진정한 조직의 필요를 무시하고 있는 것이다. 게리 해멀의 책도 분명 한국의 많은 기업에서 읽혔을 것이다. 하지만 기업문화에 해당하는 이런 영역에서 과감한 변화에 착수할 수 있는 큰 공룡은 몇 되지 않을 것이다.

⟨10퍼센트 해고 룰… 첫 도입 GE는 이미 없앴다⟩, 중앙일보, 2016. 5. 13   （기사）

오랜 기간 GE의 영광을 이끌었던 잭 웰치의 인재경영 방식을 바꾼 내용이다. 과거에 성과 하위 10퍼센트 직원을 해고하고 부실 사업군을 과감히 정리하며 새로운 성장동력을 도입했던 패러다임에서 탈피해 최고경영자 제프리 이멜트는 10퍼센트 해고 룰을 없애고 직원의 동기부여에 대한 새로운 방법론을 제시했다. 중요한 것은 10퍼센트를 해고하고 안 하고의 표면상 방법론이 아니라 시대가 변해감에 따라 기존에 성공적인 방법이라고 고수했던 것에 대해서도 다시 검토하는 유연한 관점이다. 잭 웰치의 성공 배후에는 1980년대 이전의 경영 이론들이 있다. 스스로도 피터 드러커의 영향을 많이 받았다고 말할 정도로 그는 초기 경영학자들의 영향을 많이 받았다. 하지만 제프리 이멜트는 다시 제로베이스에서 새로운 인재경영 방법을 생각해보았다. 원래 의도를 알면 한 가지 방법만 고수할 필요가 없기 때문이다.

⟨GE의 혁신 노트 "더 좋은 결과를 더욱 빠르게"⟩, 동아일보, 2014. 10. 13   （기사）

GE가 거대한 공룡이 되지 않으려고 발버둥친 결과물을 보여준다. 2010년대에 들어오면서 GE는 앞서 게리 해멀이 『경영의 미래』에서 역설한 것처럼 조직문화 자체의 변화 필요성을 내부적으로 절감했다. 관료제의 계층을 줄이고 빠른 보고와 의사결정 방법을 마련했으며, 그들은 이러한 비전을 GE Beliefs 등으로 새롭게 명문화했다.

"이것은 어떨까요?" – 상사의 제안은 왜 지시가 되어버릴까?

「성과를 향한 도전effective executive」, 피터 드러커, 간디서원, 2010(원서 초판 1967)

1920년대 테일러 식 경영 이론에 그쳐 있던 경영학 흐름을 '현대 경영'이라는 새로운 차원으로 발전시킨 피터 드러커의 대표작 중 하나다. 이 책은 개인이 성과를 내기 위한 방법에 대해 이야기한다. 성과라는 것은 천부적인 것이 아닌 습관을 통해 향상시킬 수 있는 대상이라는 것이다. 그것을 가능하게 하기 위해 필요한 덕목이, 시간을 덩어리로 사용한다, 공헌을 정의한다, 강점에 집중한다, 우선순위를 정해서 한다, 의사결정 능력을 기른다 등이다.

시간을 덩어리로 사용한다는 것은 회의나 불필요한 업무에 시간을 빼앗기지 말고 정말 필요한 일에는 몇 시간이든 며칠이든 완전히 몰입해서 할 수 있는 환경을 갖추는 것을 의미한다. 경영자뿐 아니라 모든 직원이 자신의 과업에 시간을 자유롭게 몰입할 수 있는 환경을 구현하는 것이 중요하다는 것이다. 공헌을 정의한다는 것은 성과가 무엇인지 정의하고 결과물 중심으로 일에 대해 접근해야 함을 의미한다. 이것은 일의 결과물을 무엇으로 정의할지 결과물의 효용에 대해 미리 생각하고 시작하는 것을 뜻한다. 과정이 아닌 결과를 강조하는 것이지만 돌이켜보면 과업의 정의와, 직무와 조직의 정의 등 기업문화의 근간이 되는 내용에 대한 디테일을 의미하는 것이라고도 볼 수 있다.

강점에 집중하는 것은 개개인이 잘할 수 있는 것을 할 수 있게 해서 각자 타고난 차별화된 가치를 활용하는 것을 의미한다. 모두에게 같은 일을 강요하는 게 아닌, 시켜보고 안 되면 잘할 수 있는 일을 할 기회를 주는, 인적 자원의 활용에 근간이 되는 이론을 제시했다. 우선순위를 정하는 것은 제한된 시간에 많은 일을 다 할 수는 없으므로 중요한 일 몇 가지는 반드시 끝맺도록 한다는 것이다. 의사결정을 잘한다는 것은 다양성을 추구하기 위한 의도적 의견 불일치 및 충분한 검토를 거쳐 결정한다는 것이다. 본문에서 의사결정의 다양성이 실종된 기업의 이야기를 한 이유는, 다양성이 부재할 경우, 조직 내에 새로운 상상력을 가져올 수 없고 조직이 의사결정자의 포로가 되는 것을 막는 장치가 사라지기 때문이다.

이 책이 나온 지 50년이 지났지만 유교 문화와 군대 문화에 찌든 한국 기업에서는 다양성을 포용하는 것이 아직도 어렵다. 개인이 더 나은 커리어를 계발하는 데 꼭 필요한 책일 뿐 아니라 효율적 경영을 위한 경영자의 필독서이므로 옆에 두고 정기적으로 읽기를 권한다.

기사

〈美 박사학위 65퍼센트 "2등 시민 되더라도 남겠다"… 인재 U턴 없어〉, 매일경제,
2016. 9. 20

인재 유출은 국가의 미래를 잃어버린다는 점에서 장기적인 생산성 약화를 의미한다. 국외에서 공부한 석사 이상 인재가 한국이 아닌 현지에서 직장을 구하고 정착하려는 것은 그만큼 한국의 미래가 밝지 않다는 것을 뜻한다. 미국과 일본 등 주요 선진국의 경기가 현재 호황 상태이고 국내 경기가 나쁜 것도 중요한 이유지만 해외 유학생들이 한국 기업에 들어가는 것을 꺼리는 것이 기업문화 때문이라는 조사 결과가 나왔다. 강한 상하관계의 조직구조가 어느 산업 할 것 없이 만연해 공부한 내용을 기업에서 활용하기에 제약이 크고 창의성을 잃는 환경에서 일하고 싶지 않은 것이다. 한국 기업은 파격적인 대우보다는 파격적인 기업문화에 더 공을 들여야 할 것이다.

"싹 바뀌어야 합니다" – 완전히 바뀌었다, 이름만

책

『최고의 전략은 무엇인가Repeatability』, 크리스 주크Chris Zook, 청림출판, 2013

1990년대 이후 '핵심역량'이라는 경영 패러다임을 이끈 인물 중 하나인 베인앤컴퍼니 컨설턴트 크리스 주크의 책이다. 그는 이 책 이전에 『핵심에 집중하라』, 『핵심을 확장하라』, 『멈추지 않는 기업』 등 기업의 핵심역량을 발굴하고 그것에 온전히 역량을 집중해 한 가지 잘된 핵심을 토대로 인접 산업으로 옮겨 가서 성공 원리를 확산하는 기업 성공 방법을 역설한 바 있다.

이 책에서는 '반복 가능한 성공 공식'을 찾는 것이 최고의 전략이라고 말한

다. 기존의 하향식 집중, 확장, 재정의라는 연역적 전략 이론에서, 중요한 원리를 제시할 뿐 방법은 귀납적으로 맡기는 '도구'로서의 전략으로 접근이 달라진 것이다. 변화에 빨리 대응해 테스트하고 학습, 변화, 적응하는 역량이 더 중요해진 것이다. 이것이 가능하려면 조직 내 복잡성이 줄어드는 것이 필수적이라고 말한다. 또한 조직체계 자체가 빠른 실행과 피드백이 가능한 형태로 바뀌어야 한다고 말한다. 이 책은 기존 이론인 핵심과 차별화를 계속 주장하면서도 조직의 일관성과 단순함, 변화와 학습에 빠른 조직 등 2000년대 이후 부각되고 있는 경영 이론을 함께 받아들이려 하고 있다.

이 책은 '흔들리지 않는 가치와 신념'이 기업 혁신을 만들어가는 뿌리라고 말하면서, 이것이 없는 기업이 현장 직원의 피드백에 어떤 소프트웨어를 제공할 수 있는지 의문을 제기한다. 혁신을 강요하면서 무엇이 우리가 갈 방향성이고 우리의 정체성인지 공유하지 않는 상황을 우려하는 것이다. 이것은 『기업이 원하는 변화의 리더』의 존 코터가 주장한 '변화를 성공으로 이끄는 8단계 과정'과 닮아 있다. 하지만 세부실행 단계의 빠른 시장 대응과 이것을 뒷받침하는 단순한 일하는 방식에 있어 한층 더 실증적인 적용 방법을 알려준다.

책

『JAL 회생 전략』, 인도우 마미, 중앙북스, 2014

파산 상태의 일본항공JAL을 32개월 만에 재상장시킨 이나모리 가즈오의 기업 혁신 방법론이다. 일본 3대 경영의 신 중 하나라 불리는 교세라 그룹의 이나모리 가즈오가 회생 작업을 하면서 기존 거대 기업의 고질적 병폐를 낱낱이 드러내고 하나씩 다듬는 과정이 실려 있다. 경영 정보에 대한 무관심, 경영 목표의 단절, 탈고객주의가 그것인데, 이 책에서는 6가지 문제로 정의했다. '조직에 가치관이 제대로 공유되지 않았다', '현장의 경영 참여 의식이 낮다', '경영과 현장 사이의 거리감이 컸다', '고객 중심의 경영이 부족했다', '현장 리더십이 부재했다', '수평 리더십이 부재했다'가 바로 그것이다. 이런 문제들은 당시 일본항공의 문제만이 아닌 지금 한국 기업들 상당수가 안고 있는 문제이기도 하다.

이나모리 가즈오는 경영 실적을 확인하는 기간을 단축하고 경영 목표를 중앙 부서가 아닌 현장 실무자들이 직접 결정하고 알게 했으며 수익성에 따라 기존 항공 노선을 폐지하고 실익이 되는 노선을 늘리는 등 경영 방법에 변화를 가져왔다. 이것 외에도 리더들을 중심으로 경영관을 함께 나누는 자리를 만들었고, 그것을 명문화하고 더 하부 조직까지 전달되도록 하여 전사적으로 같은 경영 비전을 갖고 실행하는 고객 중심의 기업으로 일본항공을 변화시켰다. 이 사례는 기업의 실적 악화에 경영 방법 변화를 통해 반등을 이뤄낸 몇 안 되는 쾌거다. 게리 해멀과 짐 콜린스의 경영 이론에 이나모리 식의 일본적 경영 가치관이 접목된 이 책은 조직을 리바운딩하는 실제적인 방법을 알려준다.

〈"여름엔 좀" "규정상 곤란" 삼성전자 '반바지 공방' 올해도 재연〉, 조선일보, 2016. 6. 21 기사

철학과 철학의 충돌 혹은 철학의 부재에 대한 기사다. 직원의 복장이 기업에 어떤 영향을 미칠까에 대한 판단 기준이 기존 조직 문화를 지키는 것이냐, 아니면 실무자들의 편의와 자율성에 맡기는 것이냐에 대해 질문을 던진다. 드레스 코드는 조직의 비언어적 메시지를 담고 있다. 삼성이 최근 몇 년간 별도의 실험실 조직을 만들고 이를 자회사로 분사spin-off하고 과거와 다른 창의성을 불어넣기 위해 인재를 채용하고 발탁하는 방법을 바꾸었지만, 정작 이런 결정 하나에 대해서는 고민하는 것이 아이러니하기까지 하다. 조직의 비전은 일관성을 가지고 모든 행동과 메시지에 적용되어야 하는데 이런 사인이 조직에 '깨진 유리창' 같은 효과를 주진 않을지 고민하고 있는지도 모르겠다.

SNS

생비스 페이스북

독특한 회사다. 과포화 상태인 아웃도어 업계에서 비록 규모는 크지 않지만 매년 100퍼센트 넘는 성장세를 보이는 칸투칸의 브랜드 중 하나인 '생비스' 말이다. 홈페이지에 들어가보면 옷 스타일 하나하나에 들인 원가와 판매관리비, 기업이 하나의 제품을 팔면 가져가는 마진부터 지금까지 몇 개 팔렸고 누적 마진이 얼마인지 모두 공개되어 있다. 그동안 터부시되던 원가 정보를 고객과 나누고 있는 것이다. 고객들은 마치 축구를 보며 축구 전술을 실시간으

로 댓글로 함께 분석하듯이 이 회사의 이런 방식에 열광한다. 기존 아웃도어 브랜드 가격이 거품이라는 대중의 인식을 수용해 기업에서 선제적으로 대응한 것이다.

생비스는 이런 괴짜 같은 방식에서 그치는 것이 아니라, 저가 브랜드에 어울리지 않게 고급 브랜드와 디자인 컬래버레이션도 진행하는 등 차별화를 위한 노력도 함께 하고 있다. 이 회사의 혁신적인 방법이 주목되는 것은 방식 자체가 '공유'를 기반으로 이뤄지고 있기 때문이다. 회사와 고객의 정보 공유, 직원과 직원의 업무에 대한 논의를 페이스북으로 고객과 공유하는 등 혁신의 동력과 방법론을 기존에 고객이 알기 어려웠던 부분까지 함께 공유하고 직원 간 담을 낮추는 방법으로 접근하고 있다. 최근 패션계에서는 이 브랜드를 따라 하듯 많은 브랜드가 회사 내부 이야기를 인스타그램 등에서 공유하기 시작했다. 물론 고객들도 자신의 삶이 SNS와 완전히 같지 않음을 알듯 SNS로 회사 이야기를 올리는 기업의 모습도 필터링된 기업문화라는 걸 알고 있다.

"뭘 안 할지 생각해봅시다" – 꼭 해야할 일은 무엇일까?

책

『좋은 기업을 넘어 위대한 기업으로Good to Graet』, 짐 콜린스Jim Collins, 김영사, 2001

짐 콜린스는 기업의 사례를 치밀하게 연구해 귀납적인 이론에 도달하는 것으로 유명한 경영 이론가다. 이 책은 저자가 1994년 『성공하는 기업들의 8가지 습관』을 써서 위대한 기업의 핵심을 찾아낸 이후 후속작으로 그럼 그저 그런 기업이 어떻게 위대한 기업이 될 수 있었는지 사례를 중심으로 설명한 책이다. 오랜 기간 일반적인 기업보다 높은 수익률을 유지했던 기업으로 한때 반짝하는 기업이 아닌 지속적으로 탁월한 성과를 보인 기업을 대상으로 조사한 결과다. 조사에 따르면 기존에 사람들이 알고 있던 편견과 달리 위대한 기업은 거창한 비전 선포나 스타 CEO 영입이나 인수 합병, 기술의 극적 진보, 특별한 전략, 스톡옵션에 의한 동기부여 방식을 갖고 있지 않았다. 단지 상호 대화를 통한 이해, 내부에서 적합한 경영진 양성, 너무 높은 크고 담대한 목표가 아닌 자연스럽게 할 수 있는 돈이 되는 목표, 핵심 비전은 유지하되 상황에 맞는 변화 방법, 카리스마가 넘치기보다는 오히려 이타적이고 조심스러운 CEO 등이 이런 기업들에서 공통적으로 발견되었다.

짐 콜린스는 이 책에서 실제적이고 자연스러운 경영 방식으로 성공할 수 있다는 매우 상식적이고 인간적인 결과를 도출해냈다. 이는 스타 CEO나 카리스마적인 경영 방식, 위대한 경영 이론에 기초를 둔 전략 수립과는 다른 방식이었다. 이후 P&G의 글로벌 시장 부진이나 GE의 경영 방식 변화, 강한 위계질서를 기반으로 한 아시아 기업의 부진 등과 겹쳐 이 책의 가치는 상당 기간 높이 평가되었다.

『구글의 아침은 자유가 시작된다Work Rules!』, 라즐로 복Laszlo Bock, RHK, 2015 〔책〕

구글의 인사 책임자로 10년 이상 재직한 라즐로 복이 구글의 일하는 기준에 대해 쓴 책이다. 이 책이 주목받은 것은 아무래도 가장 일하기 좋은 직장으로 평가받는 구글에서 실제 어떻게 일하고 있는지 본격적으로 내부자가 다룬 책이기 때문이다. 구글 인사의 핵심은 사람을 바라보는 관점이 긍정적이며 직원에게 권한을 위임하면서 자율성을 주는 데 있다. 그것을 가능하게 하기 위해 여러 가지 방법을 제시하고 있다. 모든 것이 공유되는 인트라넷부터 질문이 자유로운 금요일 미팅, 4단계의 단순한 직급 구조 등 조직 구조를 심플하고 수평적으로 만들며 정보를 흐르게 하는 게 중요한 토대가 된다. 이런 기반 위에 채용과 평가, 하위 직원에 대한 교육과 상위 직원에 대한 파격적 보상, 관리자에 대한 상향식 설문조사, '넛지'를 활용한 방법 등을 진행해 나간다. 현장에 권한과 책임이 모두 있다는 점에서 개인은 역량을 충분히 발휘할 수 있는 환경에서 일하게 된다.

많은 스타트업이 구글의 방식처럼 나가고 있는 데 반해 중견 규모 이상의 기업에서는 이런 방법론을 일부 도입하고 있으나 본래 취지는 도입하지 않아 제대로 된 구글 방식이 실현되지 못하고 있다. 직원을 바라보는 관점 말이다.

불신이 전제된 관리자와 실무자의 관계는 일 자체에만 몰입할 수 없는 상황을 만든다. 이 책에서 말하고자 하는 바도 새로운 인사 제도 자체가 아니라 직원과 회사를 어떤 관점에서 바라봐야 하는지에 대한 시각이다. 관점을 바꾸면 더 좋은 방법을 얼마든지 만들어낼 수 있다.

『레고 어떻게 무너진 블록을 다시 쌓았나Brick by Brick』, 데이비드 로버트슨David C. Robertson, 해냄출판사, 2016

혁신의 본질은 무엇이어야 하는지에 대해 극적으로 설명한 책이다. 레고의 탄생과 성장, 위기와 혁신에 대해 시간 순서대로 풀어나간다. 제조업의 본질은 무엇이고 정체성은 무엇인지 물어보게 만든다. 레고는 원래 나무 블록을 만드는 기업이었으나 최고 제품을 만들자는 비전하에 상당한 액수의 플라스틱 사출기를 도입해 플라스틱 블록으로 엄청난 성공을 거두었다. 미니피그를 활용한 다양한 시리즈를 통해 레고는 아이들에게 놀이를 통한 성취와 사회성을 학습하는 계기를 마련해주었다. 하지만 레고는 비디오게임 등 대안 놀이의 성장으로 위기를 맞고 양적 생산 확대와 컨설턴트의 의견에 따라 레고랜드 등의 놀이시설 및 여러 콘텐츠와의 컬래버레이션으로 시리즈 확대 등의 길을 모색했다. 그러나 이런 방법은 오히려 더 큰 적자를 불러오게 된다.

레고의 새로운 혁신은 기본에 충실하는 것으로 다시 돌아갔다. 특히 레고 경영 방식의 기반이 된 덴마크 시골 지역의 공동체 정신을 통한 실무자 우선의 경영 방식으로 바꾸었다. 영업 직원과 디자이너의 의견을 중요하게 생각하면서 유통 전략과 상품에 대한 아이디어가 꽃을 피웠다. 컨설턴트의 전략적 사업 다각화가 아닌 내부 경영 방식에서 답을 찾은 것이다.

이 책이 업의 본질에 주목해야 한다는 관점에서 많은 주목을 받았지만 잊지 말아야 할 것은 업의 본질을 누가 살리느냐는 것이다. 혁신의 좋은 주제들이 누구를 통해 나와야 하는지, 실적을 만들어내는 조직은 정말 어디인지, 협동심과 이타심은 조직에서 어떤 역할을 하는지 깨닫기에 좋은 책이다.

2장

"누가 할 거죠?" – 안심되는 라인부터 찾는다

─── 책

『리더십 파이프라인leadership pipeline』, 램 차란Ram Charan, 스티븐 드로터

Stephen Drotter, 제임스 노엘James Noel, 미래의창, 2008

GE의 인재 양성 사례를 바탕으로 만들어진 책이다. 이 책의 핵심은 경영 관리자가 위 단계로 올라갈 동안 자신의 레벨에 맞는 일을 해야 하며, 이것이 가능하기 위해서는 각 관리자 레벨에 맞는 일을 학습할 수 있도록 미리 기회를 제공해야 한다는 것이다. 상위 관리자가 되고 나서 가장 많이 하는 실수가 아래 직원의 일에 개입해 자신이 해버리고 정말 자신이 해야 하는 일이 무엇인지 알지 못해 하지 않는 것이기 때문이다. 많은 기업에서 제대로 된 인재 교육에 대한 투자가 없어 이런 현상은 한국 기업에서 많이 나타난다. 자신이 과거에 잘하던 실무를 놓지 않아 실무자들의 성장을 가로막고, 일의 창의성을 막아버려 같은 방식을 고수하게 만든다.

인재 교육은 꼭 필요한 일이다. 하지만 이 의미가 오용되는 일이 잦다. 대표적인 게 미리 경영자 후보를 선발해 키우는 것이다. 교육이 적시에 되어야 하는데 처음부터 경영자가 될 사람과 아닌 사람을 구분하는 것은 전사적 인재 활용에 제한과 부작용을 가져오기 쉽다. 스펙이나 초기 적응이 중요한 평가 기준이 되기 때문에 사람마다 성과를 내는 방법이 다르고 강점이 다른 현실을 반영하지 못하게 된다. 오히려 실무를 잘 아는 인재가 기회를 부여받지 못해 회사를 떠나는 일이 발생할 수 있다. 저자의 다른 책인 『1퍼센트 인재에 집중하라』는 여기에 대해 자세히 다룬다. 도제 모델로 인재를 기르되 미리 경영자의 역량이 보이는 인재 후보군을 정하며 실전에 따라 추가하고 제외하는 일을 게을리하지 않는 것이다. 하지만 일단 이 후보군에 들어가면 성과가 나올 자리에 배치받고 더 좋은 지원이 약속되는 게 현실이다. 이것은 회사 내에 하나의 라인을 만드는 계기가 된다. 인사 조직이 기득권 문화에 감염되었는지

경영자가 공정하게 살펴야 하는 이유다.

"목표가 낮아요" – 근거 없이 의지로 세우는 과도한 매출 목표

『성공하는 기업들의 8가지 습관Built to last』, 짐 콜린스Jim Collins, 김영사, 2002

사례 조사를 통해 성공하는 기업들이 가지고 있는 독특한 문화를 정리한 책이다. 1990년대 이후 주목받은 경영 주제인 '핵심역량'에 대한 실증적 사례를 다룬 책 중에서 오랜 기간 사랑받았다. 기존 경영 전략 방법론은 마이클 포터처럼 외부 경쟁 상태에서 어떤 우위와 차별화 전략을 추구해야 하는지를 중심으로 한 '경쟁 전략'이 주류였다면, 1990년대 핵심역량은 장기적으로 종합적인 혁신이 지속적으로 가능하기 위한 조건을 중심으로 삼았다. 그중에서 이 책이 가치 있는 것은 당시 고정관념을 부순 사례를 기반으로 한 결과물이라는 점이다. 성공하는 기업은 크고 담대한 목표, 사교화된 기업문화, 내부에서 성장한 경영진, 많은 시도와 우연한 성공에 집중, 핵심 가치 정리 등의 특징을 지니고 있었다. 이 책 앞부분에 기존 고정관념을 하나씩 들면서 실제 성공 원리와 어떻게 다른지 비교한 것은 이 책의 백미다.

하지만 이 이론서 역시 오용되어 쓰이고 있다. 대표적인 것이 '크고 담대한 목표'다. 가능한 목표가 아닌 정말 크고 도전적인 목표를 제시함으로써 그 목표를 달성할 수 있는 방법을 모색하다가 비약적인 성장을 하게 된다는 내용이다. 그것을 반드시 달성하지 않아도 그 모색을 통해 기업이 발전할 수 있음을 말한 것이다. 하지만 한국의 기업문화에서는 이 목표가 반드시 달성해야만 하는 것으로 쓰이고 현실적인 자산이나 기술적 상황을 고려하지 말고 무리수를 두는 것이 이상적이라는 부작용을 만들었다. 저자 짐 콜린스는 이후 출간한 『좋은 기업을 넘어 위대한 기업으로』에서 이 크고 담대한 목표가 기업 내부에 시나브로 스며들어야 한다고 했지만 지금 우리 실태에서는 단기간에 성과를 내야 하고 달성하지 못하면 많은 보고서가 뒤따르는, 실무자들에게 큰 부담으로 작용하는 상황이다. 원래 의도를 제대로 실행할 시간이 부족했던 것일까?

"일에 절박함이 필요합니다" – 마감은 늘 ASAP

『갤럽보고서가 예고하는 일자리 전쟁The Coming Jobs War』, 짐 클리프턴Jim Clifton, 북스넛, 2015

세계적 리서치 기업인 '갤럽'의 CEO가 쓴 책이다. 갤럽의 직무만족도 조사 등에 기반을 두고 있다. 저자는 향후 도래할 위기는 좋은 일자리 부족이며, '좋은 일자리'의 정의로 직원들이 몰입해서 일할 수 있는 일자리를 꼽는다. 몰입할 수 있는 일자리는 무엇을 해야 하는지 목표가 명확히 합의되어 있고, 목표를 달성하기 위한 수단을 충분히 제공받으며, 목표를 달성하는 기간 동안 충분한 격려와 인정을 받는 환경을 갖춘 것을 기본으로 한다.

이 3가지 핵심 요소는 기타 다른 요소들보다 최우선으로 갖추어야 할 것으로 본다. 하지만 실제 현장에서는 이 3가지 핵심적인 요소가 잘 해결되지 않는다. 성과 합의는 일방적이고 그조차 실제로 이루어지는 곳이 많지 않다. 무엇을 해야 하는지 알지 못하고 방치된 직무도 허다하다. 목표는 높지만 목표를 달성하기 위해 제공받는 기초적인 수단은 적다. 기본적인 자금이나 기술, 사람이 늘 부족하다. 격려와 인정은 진실한 커뮤니케이션 위에 기반을 두고 있어야 하지만 이것 역시 드물다. 이런 상태에서 직원들이 몰입하길 바라는 것은 너무 가혹한 일이다. 정신력만을 강조하기엔 세상이 많이 바뀌었다. 책은 이 3가지 요소가 가능한 직장을 만들기 위한 방법을 말한다. 기본적으로 한 번 정한 것을 자주 바꾸지 않는 것만으로도 직원들의 몰입은 보통 수준을 유지할 수 있다.

"다음 미팅 때까지 고민해보세요" – 휘슬이 울리기 전까지 야근이다

『파킨슨의 법칙Parkinson's Law』, 노스코트 파킨슨C. Northcote Parkinson, 21세기북스, 2003

파킨슨의 법칙이 나온 것은 1955년이다. 파킨슨은 영국 해군에서 일했던 경험을 바탕으로 조직의 구성원 수가 일의 목적과 상관없이 비효율적으로 증가함을 주장한다. 조직에서 업무량이 늘어날 때 과업의 재분배 등으로 업무량을 조정하는 대신 신입을 뽑아 일을 나눠주면서 기존 구성원의 업무량이 늘어나지 않고 오히려 관리해야 할 대상이 줄어들어도 구성원이 증가하는 상태를 말한다. 증가한 구성원은 내부적으로 보고와 관리를 하면서 조직 내부의 일을 증가시키고 조직은 정말 해야 할 일을 하지 못하게 되는 상황을 풍자를 통해 말하고 있다. 파킨슨은 영국 해군의 함정과 장병의 수가 줄어들 때도 해군의 행정 인력은 같은 기간 증가했던 것을 관찰하며 이를 토대로 이론을 정리했다.

지금처럼 채용이 경직된 시대에 동일하게 적용하기는 어렵겠지만 보통 조직이 계속 비대해지고 내부 관리를 위한 업무량이 계속 증가하는 데 관해 생각해볼 수 있는 관점을 주는 책이다. 다소 거친 논리지만 내용이 주목하는 주제는 새겨들을 만하다.

『딜버트의 법칙The Dilbert Principle』, 스콧 애덤스Scott Adams, 홍익출판사, （책）

1996

작가인 스콧 애덤스가 자신의 직장생활 경험과 독자들의 사례로 만든 만화다. 딜버트의 법칙은 조직에서 가장 일하지 않는 사람, 과거 방식 그대로 일하는 것을 고수하는 사람이 의외로 잘 승진한다는 내용이다. 변화와 혁신을 내세우는 아래 직원은 조직에서 중용받지 못하고 오히려 성가신 존재 정도로 여겨진다는 것이다. 악화가 양화를 구축하는 부정적 선택의 사례에 해당한다. 그런데 변화를 두려워하는 조직에서 실제로 이런 일이 많이 일어난다. 가장 무능해 보이는 직원이 상사에게 잘 맞춰주는 것만으로 실력과 상관없이 먼저 승진해 높은 자리에서 조직에 타격을 입히기 때문이다. 심지어 이런 직원은 실무에 계속 두면 실무가 제대로 돌아가지 않을 수 있어 경영관리 부서에 보내지기도 한다. 경영의 중요성에 대해 잘 알지 못하기에 이런 직원을 경영관리 쪽에 보내 조직에 해를 입히게 만드는 것이다. 이런 직원은 기존의 조직 문화와 달리 변화를 주장하는 직원을 이단으로 생각하고 철저히 기득권을 유지하려고 한다. 만화의 원작이 1990년대에 그려진 것을 감안할 때 딜버트는 미국의 1990년대 기업문화를 다루었는데, 20년이 지난 지금도 국내 기업들에서 이런 현상을 볼 수 있다.

〈기업 단점 1위 '보수적 문화', 외국계 '야근'〉, 한국경제, 2015. 6. 22

기사

기업 평가 소셜미디어 '잡플래닛'이 40개 기업에 다니는 1,212명에게 설문한 결과 '보수적 기업문화'가 기업의 단점으로 가장 많이 선정되었다. 군대 문화, 경직성 등 보수적 기업문화는 엄격한 상하관계를 기초로 한다. 사실 상하관계가 엄격해 서로의 생각을 대등하게 나눌 수 없는 조직에서 수평적인 토론을 기대한다는 것은 앞뒤가 맞지 않는 이야기다. 특히 프로젝트 단위로 업무를 하는 기업에서 강압적인 토론은 결국 의사결정자의 의견에 따라갈 수밖에 없는 결과를 낳는다. 나보다 더 나은 부하직원을 만들기 어렵다.

3장

"근거가 뭐예요" – 해낼 수 있는 이유 설명하는 시간에 일 다 했겠다

〈전 직원 무료로 해외여행 보내주는 여행사〉, Chosun.com, [미생탈출 A to Z], 2016. 9. 7

기사

여행업체 '여행박사'의 파격적인 복리후생을 소개한 기사다. 전 직원 일본 워크숍부터 라식 수술비 지원 등 직원의 연령과 취향에 맞춘 수십 가지 복리후생 제도를 실시하며 이를 정기적으로 리뉴얼한다는 내용이다. 물론 기업의 재무 상황에 상관없이 이런 제도가 항상 존재할 수는 없겠지만, 이 회사가 직원 중심의 경영을 위해 실험한 내용은 다른 기업들과 다르다. 창업주도 직원 투표에서 80퍼센트 이상 지지를 받지 못해 대표 자리를 다른 직원에게 내주는 등 경영 실험을 통해 직원을 단순히 시키는 일을 하는 수동적인 존재가 아니

라 경영에 적극적으로 참여하는 것 이상의 주인 그 자체로 인정하고 있다. 직원 스스로 만드는 복리후생 제도는 그중 하나일 뿐이다.

〈[기업 탐방] 제니퍼소프트, "유럽 기업 뺨치는 복지에도 APM 시장 '최강'"〉, 한국경제매거진, 2012. 9. 14

'제니퍼소프트'는 직원 중심의 회사, 특히 복리후생과 워크 앤 라이프 밸런스 논쟁의 장을 연 회사라고 해도 과언이 아니다. 지상파 다큐멘터리 프로그램을 통해 이 회사의 복리후생이 알려지면서 기존에 견조한 실적 이상의 관심을 받으며 한때 취업하고 싶은 기업으로 주목받았다. 회사에 수영장이 있고 출산하면 천만 원을 지원해준다. 최대 4주 이상의 휴가와 출퇴근 시간이 자유로운 유연근무제를 채택하는 등 직원 중심의 기업문화를 보여준다. 소수 정예의 직원이 충분한 휴식과 만족을 통해 최고의 성과를 낼 수 있다고 믿고 있다.

'Red Tape', Wikipedia

서면주의, 서식주의, 문서만능주의 등으로도 불린다. 규정된 절차를 글자 그대로 따를 것을 강요하는 시스템하에서 지나치게 시간을 소요해 원활한 업무 수행 및 의사결정을 방해하는 공식화된 규칙을 강제하는 것을 의미한다. 16세기 스페인 행정부에서 중요한 행정 서류는 특별히 붉은 끈으로 묶어놓았던 관습에서 유래한 표현이다.

"이제부터 권한과 책임을 다 드릴 겁니다" – 차포 떼고 장기 둔다

『기업이 원하는 변화의 리더Leading change』, 존 코터John P. Kotter, 김영사, 1999 (초판 1995)

변화를 갈망하지만 계속 실패하는 기업을 대상으로 내놓은 해법이다. 존 코터는 하버드 경영대학원 석좌교수로 최연소 종신교수, 가장 우수한 논문의 저자에게 수여하는 매킨지상 수상에 빛나는 학자이자 경영자다. 이 책은 저자가 현장에서 기업들과 함께 경영 혁신을 해나가면서 얻은 실패의 원인과 혁신 방법을 담았다. 기업의 변화가 안 되는 이유로 직원들의 위기의식 결여, 핵심 인사가 빠진 나약한 팀, 바로 말할 수 없는 비전, 사장과 간부만이 심취한 비전, 닫힌 사고의 개혁 주체, 단기적인 성과를 외면한 큰 꿈, 조직 내 개혁 반대 세력에 대한 망각, 기업문화와 동떨어진 제도를 꼽고 있다. 존 코터는 기존 경영 이론 중 각광받은 '리엔지니어링'이 회사에 왜 계속적인 혁신을 가져다주지 않는지 언급하며 변화를 망치는 실수를 현장에서 벌어지는 일들을 기준으로 설명한다.

경영 혁신의 실패 원인을 바탕으로 저자는 혁신을 성공으로 이끄는 과정도 제시한다. 위기감을 조성하고 강력한 팀을 구성한 후 비전과 전략을 개발하는 것이다. 이렇게 만든 새로운 비전을 조직 내부에 알리고 부하직원의 권한을 확장시킨다. 이후 단기간에 가시적인 성과를 거두고 프로젝트를 본격적으로 추진하면서 새로운 제도를 정착시켜나간다. 이 8가지 단계를 거치면서 '관리'에 매몰되어 있던 기존 조직에 변화를 가져오는 새로운 모델이 정착된다. 본문에서는 이 중 부하 직원의 권한을 확장시키는 과정에서 허울만 확장하는 것을 꼬집었다. 하지만 존 코터의 책을 자세히 읽다보면 직원의 권한 확대에서뿐만 아니라 비전을 제시하는 일이나 단기적인 성과를 도모하는 것에서조차 허울이 많다는 것을 알 수 있다. 짐 콜린스의 이론서를 읽다가 이 책을 읽으면 현실적인 적용 방법에 대해 좀 더 도움을 얻을 수 있을 것이다.

책

『앙리 파욜의 경영 관리론Henri Fayol's Classic General and Industrial Management』, 앙리 파욜Henri Fayol, 탑북스, 2014 (원서 초판 1916)

앙리 파욜은 광산 회사의 사장이었고 지질학과 금속공학 분야의 발전에 기여한 프랑스 경영학자다. 그는 1841년생으로, 이 책은 그가 말년에 쓴 작품이다. 동시대에 활동했던 미국의 테일러가 공장 노동자의 작업을 과학적으로 측정함으로써 경영학의 시작을 한쪽에서 열었다면 파욜은 경영자, 관리자가 해야 할 일에 대해 정의하는 것으로 경영학의 반대쪽을 열었다고 볼 수 있다.

이 책은 경영관리의 일반 원칙과 경영관리의 요소 두 개의 챕터로 구성되어 있다. 경영관리의 일반 원칙은 14개의 경영 원칙으로 되어 있다. 아주 체계적이지는 않지만 오늘날에도 생각해보게 만드는 경영의 정수가 많이 들어 있다. 특히 관료제가 극심해지고 고용인과 피고용인의 불협화음이 빈번한 현대 기업에서 20세기 초반에 나온 이 책의 질문이 아직 유효하다는 게 책의 가치를 말해준다. 경영관리의 요소는 기획, 조직화, 지휘명령, 조정, 통제로 구성되어 있다. 하나의 일이 시작되어 실행되고 정리되는 과정을 하나의 체계로 기술한 이 책의 핵심 챕터다. 경영자의 역할은 무엇인지, 조직을 어떻게 구성해야 하는지에 대한 내용이 주를 이룬다. 이런 내용은 이후 이어지는 현대 경영학에 깊은 영향을 미치며 경영자의 역할과 기획 프로세스를 정립하는 역할을 했다. 특히 관리와 경영의 개념을 분명히 구분해 설명함으로써 이후 경영학 발전의 이론적 기초를 마련했다.

"지금까지 실적을 중간보고하세요"– 먼저 엎어지는 팀장들

『상상력: 창의적 경영의 예술Imagination: The Art of Creative Management』,
가레스 모건Gareth Morgan, Berrett-Koehler Publishers, 1993

가레스 모건은 조직 이론 분야에서 독보적이고 활발한 활동을 하고 있는 교수이자 컨설턴트다. 국내에는 『조직의 8가지 이미지Images of Organization』와 『창조 경영Imaginization: New Mindsets for Seeing, Organizing, and Managing』 등의 책이 소개되었다. 가장 먼저 쓴 『조직의 8가지 이미지』에서는 조직을 기계, 유기체, 두뇌, 문화, 정치, 심리적 감옥, 흐름과 변화, 지배 수단으로 비유하며 설명한다. 조직을 하나의 관점이 아니라 늘 다양한 관점에서 바라보는 시도를 하는 것이 중요하다고 말한다. 조직에 대한 새로운 탐구는 전통적인 관점에 머물러 있던 조직을 현대 경영에서 혁신을 만드는 틀 그 자체로 격상시켜놓았다.

뒤이어 출판된 『상상력: 창의적 경영의 예술』은 조직의 형태가 어떻게 분화되는지 7가지 모델을 소개한다. 처음에 엄격한 상하관계를 보이던 조직에서 상하 간의 소통과 의사결정 참여, 프로젝트형, 매트릭스형, 팀 단위, 나중에는 컴퓨터에 의해 연결된 거미나무 조직Spider Plant Principle까지 점점 자율성과 계약에 의한 조직의 전문화와 분화 단계로 옮겨간다. 조직 모델의 이러한 변화는 한국 기업의 1970년대부터 현재까지의 변화 양상에 대해서도 잘 설명해준다. 엄격한 수직 구조의 명령 체계만 있던 기업에서 오늘날의 자유롭고 다소 느슨한 구조의 조직까지, 기업이 어떻게 변해가고 있는지 말해준다. 하지만 경계해야 할 것은 마치 겉모습만 그다음 단계의 모델로 조직의 형태가 갖추어지는 것이다. 내부 문화는 엄격한 상하관계와 의사결정에 참여할 수 없는 구조, 특정한 수직 구조가 조직 내부의 평가에 끝까지 영향을 미치는 구조인데 직함과 조직 편제만 자유분방한 위임 구조를 보이는 기업이 적지 않기 때문이다. 문화와 제도가 보완해주지 못해 내부적으로 혼란만 가중된다. 인사 제도와 조직에 대한 큰 그림이 필요할 때 읽으면 좋을 책이다.

<SNS>

〈말콤 글래드웰Malcolm Gladwell : 노든 폭격조준경에 관한 이상한 이야기〉, TED

『아웃라이어』, 『블링크』 등으로 베스트셀러 작가 반열에 오른 말콤 글래드웰이 TED에 나와서 강연한 것 중 하나다. 문제를 해결하는 방법은 의외로 단순하고 확실한데 괜히 복잡하고 수많은 가정과 비용, 시간을 들여 비효율을 발생시키는 사례를 극적으로 말해준다. 제2차 세계대전 때 연합군이 비장의 무기로 개발했던, 폭격기에서 정밀하게 지상의 목표물에 폭탄을 투하할 수 있는 조준경을 만드는 내용이다. 많은 과학자가 어려운 이론으로 막대한 비용을 들여 개발했지만 정작 실전인 노르망디 상륙전에서는 흐린 날씨와 바람 등 여러 조건으로 아무런 쓸모가 없었다. 윤리적 평가를 떠나 제2차 세계대전은 원자폭탄이 종결지었다는 점을 말콤 글래드웰은 강조했다.

조직에서 일어나는 마이크로한 관리 방법이 종종 얼마나 쓸모없이 사람들을 소모시키는지 말해주는 데 좋은 비유가 된다. 하나의 비즈니스 로직을 만들 때 수많은 가정과 가설을 넣고 제약 조건을 창조해서 만들면 실전에서 효과가 없는 경우, 너무 많은 과정 때문에 피드백조차 할 수 없는 일도 여기에 해당된다. 결론은 단순하고 뻔한 데 있는데 하기 싫어서 혹은 몰라서 안 하고 있을지도 모른다.

"그래서 성과가 뭐예요" – 성과는 네 마음 안에 있어

논문

"Is Job Analysis Dead, Misunderstood or Both? New Forms of Work Analysis and Design", J. I. Sanchez and E. L. Levine, *Evolving Practices in Human Resource Management*, 1999

직무분석이 새로운 경영 환경 변화에 맞게 기준이 달라져야 한다고 주장한 논문이다. 노사 간의 책임이 불분명한 점이 많아지고 직무가 고정적이지 않고 역동적인 작업 할당을 받기 시작했으며 동료끼리 상호 작용이 과거보다 빈번해진 것이 변화의 내용이다. 또 상사뿐만 아니라 외부 고객 및 내부 고객과 이행해야 할 약속이 많아졌고 작업 할당에 있어서 쌍방으로 합의된 작업을 하게 되었으며 과거처럼 장기 고용이 아닌 단기간 고용으로 변화된 점도 한몫한다. 문화적 다양성이 기업 내부에서 증가하고 직무분석의 비용효율을 높여야 하는 경영 환경 변화도 원인이 된다.

이런 변화로 말미암아 과거와 같은 방식의 정적인 직무분석은 현재의 기업에는 통하지 않는다는 게 요지다. 나아가 변화하는 직무에 맞게 실제로 함께 일하고 결과물을 받는 고객을 토대로 직무가 다시 정의되는 게 맞다고 주장한다. 이는 과거 설문지 조사법 등의 방법으로 직무를 하고 있는 사람에게 표준적인 일을 하고 있는지 물어보던 방식과는 다르다고 할 수 있다.

4장

"원가도 잡으면서 품질을 올려야죠" – 배가 산으로 가는 일관성 없는 전략

책

『전략의 적은 전략이다Good Strategy Bad Strategy』, 리처드 루멜트Richard P. Rumelt, 생각연구소, 2011

대중화된 단어인 '전략'에 대해 정의하고, 바른 전략의 요건은 무엇인지 정리한 책이다. 좋은 전략과 나쁜 전략의 차이가 무엇인지 살펴보고 역량을 통한 좋은 전략을 만드는 방법을 IT 기업인 엔비디아NVIDIA를 통해 설명한다. 그리고 마지막에는 전략적으로 생각하는 방법론을 다룬다. 저자인 리처드 루멜트는 UCLA 교수로 나사NASA의 시스템 엔지니어라는 독특한 경력을 가지고 있다. 주로 경쟁 우위와 역량을 중심으로 기업 고유의 전략을 컨설팅했다. 전략을 목표 혹은 미사여구와 혼동해서 오용되는 것을 지적하고 전략은 역량을 토대로 미래를 설계하는 일관된 추진 방침이라고 설명한다.

기업의 전략이 일관된 방향성을 가지고 있지 않은 것은 눈앞의 외형 성장에만 매달려 역량을 파악하고 있지 않거나 설계하지 않고 현재 현상을 선택하는 것이 전략이라고 생각하기 때문이라 지적하고 있다. 또 책에서는 빈칸을 채우기 위한 듯한 전략도 비판한다. 기업에서는 '비전'이나 '미션'이나 '전략' 같은 단어가 많이 사용되지만 정확한 뜻과 차이를 알고 쓰는 일이 드물다. 기업에서 맹목적으로 긍정적인 메시지로 이런 것을 열거하게 만든 '신사고 운동'을 비판한다. 피터 센게Peter Senge의 『제5경영The Fifth Discipline』을 언급하며 공동의 선의에 대한 맹목적인 믿음이 현실적인 분석을 막는 원인임을 비판한다. 우수 사례들을 따라가기에 바쁜 기업들이 정말 추구해야 할 것이 무엇인지 지적한다. 많은 기업의 전략 혹은 기획 부서의 기능이 이런 데 있지 않고 경영자의 비서 역할이나 실무자들을 감독하는 기능에 그친다면 기업에서 진정한 전략이라 말할 거리가 부족한 것은 자명한 일이라는 것을 이 책은 보여준다.

"관계사와 협업해야죠" – 내부의 적은 내부"

책

『경쟁 전략Competitive Strategy』, 마이클 포터Michael E. Porter, 21세기북스, 2008 (원서 초판 1980)

경영의 정의, 조직과 경영자의 역할 등이 경영학의 주요 주제가 되었던 때에 '경쟁'을 주제로 산업 분석을 통해 오늘의 전략 프레임의 기초를 세운 마이클 포터의 대표작이다. 산업 분석론과 경쟁자 분석, 본원적 전략, 가치사슬 등 많은 전략의 콘셉트가 마이클 포터를 통해 정립되었다. 나만 잘한다고 시장에서 성공하는 것이 아니며 경쟁자와 산업을 분석해서 우위를 찾아 전략으로 연결해야 함을 강조한다.

산업 분석은 다섯 가지 힘의 모델을 정의하고 공급자와 구매자, 대체재와 잠재적 시장 진입자, 산업 내 경쟁 기업을 파악해 각각의 공급자와 구매자의 교섭력, 대체재의 위협, 새로운 시장 진입자의 위협, 산업 내 경쟁 강도를 분석하는 것이 출발점이라고 설명한다. 경쟁자는 현행 전략과 강점과 약점, 미래 목표, 제반 가정의 분석틀을 통해 분석할 것을 제시한다. 경쟁 기업의 강점과 약점은 단순히 각 기능의 퍼포먼스 수준이 아닌 시너지를 내는 가치사슬 차원에서 분석한다.

이런 분석들을 토대로 장기적으로 높은 이익을 가져다줄 수 있는 본원적 전략을 마련하게 되는데 경쟁 우위와 경쟁 영역에 따라 네 가지로 구분된다. 차별화 전략, 원가우위 전략, 차별화 집중 전략, 원가 집중화 전략이다. 간단하게 원가냐 차별화냐를 두고 산업 전체인지 세분화된 시장인지에 따라 써야하는 전략이 다르다는 것이다. 본원적 전략의 성공은 일관성 있는 경영에서 나오고 이런 관점을 바탕으로 1990년대 이후 조직문화와 역량을 주제로 한 경영 이론이 활발히 논의되게 만들었다. 하지만 산업 현장에서는 일관성 있게 본원적 전략이 진행되지 않는 경우가 많다. 특히 기업 집단을 거느리거나 영위하는 사업이 많은 기업일수록 내부 경쟁이나 서로가 서로의 발목을 잡는 일이 많아지고 있다. 한때는 컨트롤타워를 세워 중앙집권 식으로 밀어붙였지만 기업의 규모가 너무 커지면 유연성을 기반으로 한 자율 경영에 맡긴다. 기업은 같은 이름으로 다양한 곳에서 일관되지 않은 사업을 추진한다. 유연하게 할 것과 본원적 전략의 방법으로 일관되게 중앙에서 추진해야 할 것을 제대로 아는 게 중요하다.

용어

[갈라파고스화], 위키피디아

일본의 휴대전화 무선 인터넷 규격을 개발한 나쓰노 다케시 교수가 주장한 개념으로 자신들의 표준만 고집하다가 국제 표준과 동떨어지거나 경쟁력을 잃어버리는 경제적 현상을 설명한 말이다. 태평양에 있는 갈라파고스섬이 육지와 오랜 기간 떨어져 있으면서 다른 곳에서는 보기 힘든 생태계를 구성한 것을 빌려서 쓴 표현이다. 보통 어떤 사회가 무언가를 열심히 개발하지만 국제 조류를 따라가지 못할 때 많이 사용된다.

대표적으로 일본 기업 소니SONY가 한때 메모리스틱, 베타맥스, UMD, MD 등 저장 매체를 많이 만들고 독자적인 규격을 주장하다가 실패한 사례가 꼽힌다. 이 외에도 노키아나 코닥이 세계적인 기술 흐름을 무시하고 독자적 방식을 무리하게 추진하다 실패한 경우가 많이 알려진 경우다. 하지만 이런 기업뿐 아니라 주변의 많은 기업이 갈라파고스 신드롬을 겪고 있다. 기술과 인프라의 일원화를 추구하면서 외부의 우수한 기술과 협업하지 않는 현상도 갈라파고스 신드롬을 부채질하고 있다. 보안을 내세우거나 제 식구 감싸기 등 여러 이유로 최적의 의사결정을 하지 않는 것이다.

"다 입력해" – 정보의 편의, 정보의 불편

`책`

『프로페셔널의 조건The essential Drucker』, 피터 드러커Peter F. Drucker, 청림출판, 2001 (원서 초판 2000)

피터 드러커의 방대한 저술 중 핵심을 요약한 책이다. 지식 사회로의 패러다임 전환 속에서 개인은 어떻게 살아야 하는지에 대해 설명한다. 생산성을 향상시키는 것은 학습될 수 있으며 공헌에 집중하고 강점에 맞는 일을 하고 우선순위를 두고 가장 중요한 과업에 최우선으로 연속적인 시간을 쓰는 등 『성과를 향한 도전The Effective Executive』에서 다룬 내용이 초반에 나온다. 책의 중반에는 조직 내 개인이 성과를 내기 위해 필요한 습관을 다룬다. 효과적인 의사결정 방법, 리더십의 실제, 경영 혁신 등의 내용이 그것이다.

철저히 개인의 계발에 초점이 맞추어져 있지만 기본적으로 경영자, 기업인이라면 어떻게 해야 하는가에 대한 경영서에 가깝다. 특히 현대 경영에서 처음으로 목표관리management by objectives, MBO와 피드백의 개념을 주장한 것처럼 대부분의 내용이 목표를 정의하고 그것을 달성하기 위한 방안에 집중되어 있다. 또한 컴퓨터 시스템보다 그것을 다루는 경영자의 생각이 더 중요하며 혁신의 주기와 지식의 활용 등 오늘날까지도 기업에서 반복되고 있는 경영의 주요 질문들을 던지고 답한다. 마치 새로운 기술이 생기면 경영 성과가 비약적으로 좋아질 것 같지만 그것이 전부가 아니라고 드러커는 상당 분량을 할애해서 말한다. 정보의 불편에 대해 다룬 본서의 해당 꼭지도 여기서 영감을 받았다.

　이 책 외에 경영 자체에 대해 고찰했던 대표적인 저서로는 『경영의 실제The Practice of Management』가 있다. '우리의 사업은 무엇인가?'라는 질문을 통해 기업은 이윤을 추구하는 조직이라기보다는 기업 외부에 가치를 제공하는 것이 본질적인 목적임을 설명한다. 경영자의 역할을 목표를 정하고 목표에 맞는 과업을 정의하고 인적 자원을 설계하는 일련의 목표 달성을 위한 공헌에 집중해서 설명하고 있다. 근로자와 관련해서도 지식 사회라는 관점에서 기존 통제 방식이 아닌 각자의 생산성을 극대화시키는 리더십으로의 변화를 주문하고 있다. 이런 드러커의 근원적인 질문들은 이후 톰 피터스와 마이클 포터의 '경쟁 전략'의 시대, 1990년대 이후 게리 해멀 등이 주장한 '핵심역량'의 시대에도 통하는 불변의 'WHY'가 되었다. 드러커의 핵심 이론 위에 각 시대의 전략 각론과 주요 사례들을 하나씩 접목하면 효율적일 것이라 생각한다.

〈ERP 사상 최악의 실패와 소동 톱 10〉, itworld, 2009. 3. 26 [기사]

글로벌 기업에서 ERP 등 기업 전산망을 잘못 다루어 생긴 문제를 나열한 내용이다. 잘 알려진 허쉬부터 나이키, HP 등의 사례가 나와 있다. 배송 문제를 일으키거나 기존 데이터가 일시적으로 사라지면서 생긴 문제들이 기업과 조직에 얼마나 큰 영향을 미쳤는지 보여준다. 다르게 말하면 현대 기업경영과 기업정보 시스템은 불가분의 관계에 있다. 경영 전략이 일상적인 활동으로 제대로 이루어지기 위해서는 필수적으로 경영 활동에 맞는 IT의 도움이 필요하다는 것이다. 하지만 우리나라에서 대부분의 경영진은 IT에 문외한이거나 중요성을 깊이 인지하고 있지 못하다. IT 시스템이 모든 걸 해결해주지는 않지만 혁신을 이루기 위해서는 피터 드러커의 말처럼 적어도 추구하는 바를 IT를 통해 더 편리하게 할 수 있는 안목은 가져야 한다.

〈그 후로 10년, ERP가 돌아온다〉, CIOKOREA.COM, 2011. 12. 26

기업의 경영 환경이 변하면서 기업 내부에 구축한 전산 시스템도 바뀌어야 한다는 내용의 기사다. 선박을 만들면 일정한 주기로 수명이 다한 선박을 새 것으로 교체해야 하는 것처럼, 이미 도입한 지 10년 이상 된 ERP도 새로운 환경에 맞는 속도와 용량 향상 이상의 업데이트가 되어야 한다. 고무적인 것은 이미 ERP를 오랫동안 사용해본 기업 내부의 경험이 축적되어 자사에 맞는 시스템이 어떠해야 하는지 아는 회사가 많아졌다는 것이다. 비싼 비용과 많은 기능이 아닌 우리 회사에 진짜 필요한 것이 무엇인지 알 수 있게 된 것이다. 하지만 이런 내부 정리가 축적되지 못하면 높은 비용의 비효율적인 시스템이 다시 도입될 것이다.

"우수 사례를 만듭시다" – 살기 위해 사례를 만들긴 만들어야 한다.

『위대한 승리Winning』 잭 웰치Jack Welch, 청림출판, 2005

GE의 잭 웰치는 제조업 경영의 상징이었다. 1980년대와 1990년대 미국 기업의 시대를 대표하는 인물이었다. 그가 만든 GE의 경영 방식과 철학은 세계적으로 많은 기업에 영향을 끼쳤고 우리나라 역시 GE를 모방하고자 했다. 잭 웰치는 강력한 성과 평가와 인재 중심 정책으로 유명했고 정체된 사업을 과감하게 새로운 성장동력으로 갈아치우는 과단성을 보여주었다. 『위대한 승리』는 잭 웰치가 은퇴 후에 자신의 경영철학을 정리한 책 중 하나다. 경영의 기본 원칙에 해당하는 정직함이나 사명과 가치부터 기업에서 우수한 인재를 채용하고 평가하고 해고하는 데까지 이르는 인사 원칙을 다루고 있다. 기업의 경쟁력에 해당하는 전략, 전략을 뒷받침하는 예산 정책, 인수 합병할 때의 주의점, 그를 상징하는 경영 기법인 식스시그마six sigma(최고의 품질 수준을 달성하도록 고객에 초점을 맞추고 데이터에 기반을 둔 경영혁신 방법론)도 소개되어 있다. 그리고 마지막에는 개인의 삶과 진로에 대한 충고가 나와 있다. 마치 그가 가장 존경하는 경영학자라고 말한 피터 드러커의 책 구성과 유사하다.

본서에서 이 책에 주목한 부분은, 전략은 단순해야 한다는 것이다. 특히 '베스트 프랙티스Best Practice'는 성공 사례를 모방해 기업에 이식함으로써 빠른 시간에 성공의 원리를 습득할 수 있는 방법으로 소개되고 있다. 제록스Xerox에서 유래한 벤치마킹을 GE의 경영 혁신 프로그램인 '워크아웃Work-out'에 이식해 지속적인 경쟁 우위의 커다란 깨달음What을 어떻게 실행할 것인지에 대한 방법How을 찾고자 했다. GE의 캐피털, 항공, 의료 산업 진출은 이런 커다란 깨달음으로 시작되어 인재 배치, 베스트 프랙티스로 이어지는 전략을 통해 이룰 수 있었다. 성공한 전략은 자주 바꿀 필요가 없으며 역동적이지만 단순해야 한다는 관점도 제시한다. 물론 이런 방법이 지금까지도 통하느냐는 의문이 있다. 이미 GE 내부에서도 사업과 조직을 바라보는 관점이 변하고 있고 효율보다는 새로운 것을 창조하는 것이 더 숭배받는 시대가 되었기 때문이다. 하지만 한 시대를 풍미했던 성공한 이론에 대해 기본적으로 왜 이런 생각을 하게 되었을지 함께 고민할 필요가 있다. 그것이 정반합을 이루면서 새로운 경영 패러다임이 등장했고 이제 다른 것으로 대체되고 있기 때문이다.

책

『Management Information Systems: Managing the Digital Firm (14th Edition)』, Laudon, Kenneth C., Jane P., Pearson, 2015

이 책은 경영 정보 시스템Management Information Systems, MIS 교재이므로 일반 회사원들이 아니라 관련 업무 담당자를 대상으로 한 책이다. 베스트 프랙티스는 ERP와 깊은 연관이 있는 단어이기 때문에 이 책을 참고했다. 베스트 프랙티스가 산업 전반으로 퍼져나갈 수 있었던 것은 1990년대 '리엔지니어링reengineering'의 역할이 컸다. 마이클 해머Michael Hammer는 기업의 프로세스를 고객 관점에서 모조리 분해해서 거의 백지 상태에서 다시 설계해야 한다고 주장했다. 1980년대까지 고객 세분화를 하지 않던 기업들은 강화된 경쟁 강도 앞에서 새롭게 기업 내부의 프로세스를 바꿀 필요가 있었다. 그렇게 바꾼 프로세스를 유지하기 위해서는 정보 시스템의 도움이 필요한데, 그래서 ERP, CRM, SCM 등이 각광받았다. IT 솔루션을 제공하는 기업에서 아무것도 없는 상태에서 이런 시스템을 개발할 수는 없었다. 일정한 표준 모델을 정하고 그것을 기초로 각 산업별 특성을 반영한 SIsystem integration(기업에 필요한 정보 시스템을 기획하고 개발하며 운영에 대한 서비스까지 총체적으로 제공하는 일)가 이루어졌다. 그런 표준이 된 것이 베스트 프랙티스다. 산업군 내에서 가장 우수한 기업의 시스템을 토대로 다른 기업들을 고객으로 만들었다.

아직 프로세스에 대한 이해가 부족한 기업들은 우수한 사례를 토대로 한 시스템을 통해 적은 시간에 강력한 프로세스 변화를 경험할 수 있었다. 하지만 리엔지니어링의 의미를 제대로 모른 채 방법에만 급급한 기업들이 이후 몰락했듯이 베스트 프랙티스에 대한 진지한 검토 없이 받아들이는 데 혈안이 된 기업들은 뒤늦게 부작용을 경험하기 시작했다. 전략 모델이 다른 형태의 기업인데 같은 산업군이라는 이유만으로 우수 사례를 적용했다면, 정말 필요한 프로세스가 시스템에 없거나 잘못된 의사결정 과정이 이루어진 것이다. 과거보다 더 못한 꼬여버린 프로세스로 바꾼 것이다. 리엔지니어링의 필수 조건이 기업의 지향점을 명확하게 하는 데 있듯이 베스트 프랙티스도 기업의 지향점에 맞게 응용하는 것이 필수적이다.

"모두에게 공유해주세요" – 이해관계에 맞게 알려준다

『기획의 신 스티브 잡스』, 김정남, e비즈북스, 2011

책

스티브 잡스에 대한 수많은 책 중에서 특히 그의 기획 방법에 초점을 맞춰 정리한 것이다. 스티브 잡스는 흔히 고집쟁이에 소통이 안 될 것 같다고 생각할 수도 있겠지만 직원들 간의 빈번한 커뮤니케이션을 강조했다고 한다. 픽사 Pixar의 CEO로 있을 때 사옥에 화장실을 두 개만 만들어 직원들이 빈번하게 만나 많은 대화를 하도록 유도했다는 다소 괴팍한 사례도 있다. 소통은 기업

이 인적 자원을 효율적으로 활용하는 데 필요한 수단으로 점점 더 각광받고 있다. 구글은 신사옥을 지으면서 직원들이 2분 30초 안에는 반드시 동료 한 명과 마주칠 수밖에 없도록 설계했다고 한다. 자포스Zappos도 1인당 업무 공간을 줄이고 사무실 내 동선에 직원이 많이 이동하도록 설계해 대화를 유도하고 있다. 부서 간 높은 칸막이와 무슨 말이라도 하면 눈치를 주는 엄숙한 사무실 분위기를 가진 기업이 아직도 적지 않은 국내 실정과는 차이를 보인다.

5장

"누가 잘했는지 평가해야 합니다" – 버스의 목적은 무임승차 잡는 것?

〈MS가 직원들 상대평가 제도 없애는 이유〉, 월스트리트저널, 2013. 11. 13   **기사**

MS, GE 등에서 상대평가 제도를 없애고 피드백을 통한 직원의 성과 관리에 집중하는 형태로 바뀌고 있다는 기사다. 마이크로소프트의 '스택 랭킹Stack ranking'은 직원들이 상호 평가를 1~5점 사이로 채점하는 제도였다. 순위가 나오면 당연히 하위 평가자는 종종 해고 통보를 받기도 했다고 한다. 하지만 내부의 권력 투쟁이나 평가자의 성향과 변덕, 협업보다 경쟁이 강조되는 비효율이 발생해 이 제도를 없애버렸다. 다만 질적 피드백을 더 자주 하고 보너스도 융통성 있게 배분하는 것으로 방침을 바꾸었다. 모든 직원이 최고의 성과를 낼 수 있도록 목표를 분명히 정한 것이다. 스티브 발머 시대의 종언과 함께 스택 랭킹이 사라진 것처럼 잭 웰치 시대의 '20 대 70 대 10'도 제프리 이멜트 시대의 도래로 사라졌다. 상위 20퍼센트 직원에게는 먹함수로 막대한 보상을 하고, 중간 70퍼센트 직원은 격려하고, 하위 10퍼센트 직원은 과감하게 해고했던 한 시대의 상징과 같은 제도가 막을 내린 것이다. 일의 변화가 인사 제도에까지 반영되지 않으면 아직도 상대평가를 무분별하게 적용하는 우리나라의 많은 기업처럼 내부에서 투쟁과 반목이 그치지 않을 것이다.

고구마 같은 회사를 다룬 고구마 같은 책

스토리텔링은 고구마를 사이다로 만든다. 혹시라도 인터넷 신조어에 익숙하지 않은 이들을 위해 설명하자면, '고구마'는 음료 없이 찐 고구마를 먹을 때의 그 답답함을, '사이다'는 짜릿할 정도의 시원함을 의미한다. 고구마 같은 메시지도 스토리를 끼얹는 순간 사이다로 변한다. 어려운 이야기가 술술 풀린다.

경영서도 마찬가지다. 『더 골』, 『실행에 집중하라』와 같은 명저는 말할 것도 없고, 『만약 고교야구 여자 매니저가 피터 드러커를 읽는다면』도 베스트셀러에 등극했다. 딱딱한 경영서의 메시지를 스토리로 부드럽게 풀어내기 때문이리라.

『회사언어 번역기』는 국내에서 찾아보기 어려운 경영소설의 계보에 속한다. 하지만 위의 경영소설들과 차이가 있다. 경영소설은 대개 형식도 그렇지만 플롯도 사이다이다. 주인공은 경영에 어려움을 겪다가, 멘토 같은 이를 만나 가르침을 얻는다. 이를 실무에 적용하고 문제를 멋지게 해결해낸다.

반면 이 책은 내용이 끝까지 고구마 그 자체다. 주인공 피터는 새로운 조직에 들어와서 온갖 문제점에 처한다. 하지만 그것이 왜 문제임은 알 수 있지만, 제대로 된 해결책은 내지 못한다. 우와~ 이 거 완전 우리 회사생활 그 자체 아닌가. 다들 우리 회사는 뭐가 문 제고 대표는 뭘 바꿔야 하고 어떻게 해야 하고, 이런 이야기를 소주 와 삼겹살을 앞에 두고 이야기한다.

그리고 아무것도 바뀌지 않는다. 마지막에 뭔가 쪼끔 바뀌더니 결과물도 안 보여주고 책이 끝난다. 해결책이 없어서가 아니다. 현 장에서 그 답을 알고 있는 경우도 많이 있다. 하지만 바뀌지 않는 다. 이유는 간단하다. 조직이 바뀐다는 건 무척이나 어렵기 때문 이다.

고구마 이야기가 나온 김에 다이어트 이야기를 좀 해보자. 다이 어트를 하는 많은 분들이 식단을 고구마와 샐러드, 닭가슴살로 바 꾼다. 그리고 두 달 뒤, 다시 치킨과 맥주를 즐겁게 뜯는다. 너무 자 책하지 말자. 다이어트로 감량한 체중을 2년간 유지하는 사람은 200명 중 1명뿐이니. 아무튼, 고작 나 한 사람 변하기도 이렇게 어 렵다. 그런데 사람이 늘어날수록 복잡도가 높아지는 조직이 바뀐다 는 게 여간 힘든 일이겠는가.

관리의 배신, 평가의 배신, 혁신의 배신

언젠가 페이스북에 "이렇게 일을 하는데, 왜 일이 줄지 않는 거 죠?"라는 푸념을 남긴 적이 있다. 한 현인이 답했다. "돈은 돈을 낳 고 일은 일을 낳는다"고. 우리가 일상적으로 맞이하는 상황이다. 분 명 일을 줄이기 위해 조직 효율화를 꾀했는데, 이상하게 조직은 더욱 비효율적으로 흐르고 일은 더 늘어난다.

미팅으로 답을 얻으려 하지만 문제는 해결되지 않는다. 사실 직원들은 시작부터 이게 의미 없는 미팅인지 알고 있다. 자신들에게 권한이 없으니, 어차피 결론은 '답정너'다. 관리자 급은 임원진의 마음에 드는 결론을 내려 한다. 단기적으로 수치를 만들고 그것은 석세스 케이스가 되어 조직에 공유되고 새로운 지침이 된다. 단기적으로 만들어낸 성과가 반복될 리 없다. 그 사업을 주도한 직원은? 이미 다른 좋은 회사로 이직한 지 오래다.

이제 위기감을 느낀 임원진은 좀 더 관리를 철저히 하고자 보고서 제출을 정례화한다. 그런데 보고서 쓰는 게 또 일이다. 인터넷을 떠도는 직장 유머 중 하나가 '15분 단위로 무슨 일을 하는지 체크해서, 쓸모없는 일을 줄이라'는 명령을 내렸는데, 정작 직원들은 그 기록이 가장 쓸모없는 일이라 느꼈다는 것이다. 이렇게 보고서는 그저 자신이 열심히 뭔가를 하고 있다는 면피용으로 전락한다.

이제 직원들의 평가 시스템 강화로 넘어갈 차례다. 상대평가를 통해 인센티브와 패널티를 정착시켜서 더 열심히 경쟁하고 좋은 성과를 내게 하자는 취지다. 그런데 신기하게도 우수 평가를 받는 직원은 항상 좋은 평가를, 나쁜 평가를 받는 직원은 항상 나쁜 평가를 받는다. 그리고 회사의 전체적인 성과는 개선되지 않는다. 애초에 자리 따라 성과가 정해져 있는 게 아닐까? 평가 전보다 분위기만 더 나빠졌다.

이제는 새로운 인재 채용을 통해 이 문제를 해결하고자 하는 단계까지 온다. 이들은 조직 내에서 컨설턴트 같은 역할을 하며 저 높은 곳에서 멋들어진 장표로 전략을 제시한다. 그런데 갑자기 굴러온 돌이 조직에 쉬이 융화될 리 없다. 현장과의 괴리는 더욱 커진다. 수많은 문제와 답을 가지고 있는 현장에서 뛰는 직원들의 권한은 수치 앞에 무력해진다. 실무진이 전략에서 배제되며, 고객의 니즈와 더욱 멀어지게 된다.

이제 남은 건 혁신이다. 만병특효약 같은 이 단어는 대개 아무것도 바꾸지 못하는 경우가 대부분이다. 일례로 평등한 조직문화를 위해 영어 이름을 쓰는 조직이 있다. 일부 잘되는 곳도 있지만, 재미를 못 보는 곳도 많다. 정말 호칭이 문제였을까? 혁신적인 신규 ERP를 들여온다고 통합적 관리가 잘 될까? 결과적으로 혁신은 어느 순간 이걸 왜 하는지 아무도 모르는 상태로 끝나고 피로만 쌓이는 경우가 많다.

반전의 계기가 없지 않았을 것이다. 실무진들은 여러 차례 진지하게 지원 요청을 한다. 자금은 부족하고 마감일은 촉박하다. 하지만 관리부서는 이미 설정된 자원에 맞춰 실행을 요구한다. 실무진에게는 좋은 변명거리가 생겼다. '어차피 안 될 거, 위에서 시킨 대로 해야지. 내 잘못은 없어. 알아듣지 못하는데 내가 뭘 굳이 열심히 해야겠어?'

3시간에 얻어가는 회사 체질 개선법

이런 고구마 같은 이야기가 이 책의 주요 소설 파트다. 다행히도 저자는 소설의 각 장마다, 회사에 이런 일이 생기는 이유와 친절한 조언을 덧붙였다. 당연하지. 이런 조언도 없이 고구마 파트만 써두고 책값을 받는다는 건 실로 양심이 없는 행위 아니겠나.

여기서 그 내용을 떠드는 건 서점에서 여기까지 보고서 책을 사지 않을 우려가 있으니 자제하려 한다. 다만 다이어트용 고구마보다는 좀 더 나은 선택이 될 거라 확신한다. 다이어트는 어차피 요요가 오겠지만, 최소한 이 책은 머릿속에 조금이라도 각인될 것이니. 참고한 경영서와 자료들을 자세히 설명한 부록 '경영 이론과 우리의 현실'의 핵심 내용을 외우는 것만으로도 고구마 값은 뽑고도 남는다. 그리고 한국 기업의 현실에 맞게, 그 정수를 응용한 책이라면 고구마 한 박스 값은 충분하지 않겠나.

마지막으로 제목인 『회사언어 번역기』에 관해 개인적 의견을 좀 이야기하겠다. 나는 매우 작은 중소기업, 10명도 안 되는 회사의 대표다. 하지만 크기에 비해 영향력은 그럭저럭 있는 언론사이다 보니 정말 수많은 CEO를 만나게 된다. 1년에 술을 마시는 CEO만 100명은 족히 넘는다.

그들은 상상 이상으로 똑똑하고 열정적이고 끈기가 넘친다. 엄청난 스트레스와 매시간 싸우고 있으며 또 많은 시간 고민한다. 그런데 그들끼리 모이면 재미있는 일이 생긴다. 정작 남의 고민은 쉽사리 해결책을 내면서, 자기 자신의 일은 너무나 쉬운 일도 풀지 못한다. 이미 자기 고집이 머릿속을 장악하고 있기 때문이다. 어렵게 버틴 만큼 고집은 세고, 자기 생각을 유연하게 바꾸기 힘들다. 솔직히 내 경험을 봐도, 그렇게 하기엔 너무 바쁘고 너무 힘들다.

위에서 이야기한 것처럼 기업에는 문제가 잔뜩 쌓여 있고, 그 대부분은 CEO에서 나온다. 그들은 남의 이야기를 잘 듣지도 않고 들을 줄도 모른다. 대기업 높은 사람들도 마찬가지 꼰대의 모습을 잘 보인다. 당연히 CEO 한 명이 바뀌는 게 조직의 올바른 변화를 낳는 가장 좋은 길이다. 반대로 말하면 그들을 어떻게 움직일 것인지가 함께 일하는 이들의 가장 중요한 숙제이기도 하다. 그들의 이야기를 회사 상황에 맞게 잘 번역하여 받아들이고, 현장의 솔루션을 그들이 받아들이게 하는 것.

이 책은 조직의 수많은 문제와 그 조언을 잘 정리했다. 이것을 어떻게 잘 풀어내, 즉 번역하여 CEO와 회사를 변화시킬 수 있을지, 약간의 생각만 얻어간다면 3시간의 시간은 인생에서 아깝지 않을 것이다. 책값이야 고구마 좀 먹는다고 생각하고 넘어가자. 어차피 빼지도 않을 살, 그보다는 이익 아니겠는가.

이승환 〈프프ㅅㅅ〉 대표